# HISTOIRE

DE LA

# LÉGISLATION ROMAINE.

**Se trouve aussi :**

| | |
|---|---|
| *Aix*, | Aubin et Richaud. |
| *Caen*, | Mancel et Rupalley. |
| *Dijon*, | Lamarche et Decailly. |
| *Grenoble*, | Prudhomme. |
| *Lyon*, | Gourdon. |
| *Poitiers*, | Bources et Fradet. |
| *Rennes*, | Blin, libr., place du Palais. |
| *Strasbourg*, | Lagier et Drach. |
| *Toulouse*, | Lebon et Gimet. |

PARIS.—IMPRIMERIE DE FAIN ET THUNOT,
IMPRIMEURS DE L'UNIVERSITÉ ROYALE DE FRANCE,
rue Racine, 28, près de l'Odéon.

# HISTOIRE

DE LA

# LÉGISLATION ROMAINE,

DEPUIS SON ORIGINE JUSQU'A LA LÉGISLATION MODERNE.

SUIVIE

D'UNE GÉNÉRALISATION DU DROIT ROMAIN, ET DE L'EXPLICATION HISTORIQUE DES INSTITUTS DE JUSTINIEN,

D'APRÈS LES TEXTES ANCIENNEMENT CONNUS OU PLUS RÉCEMMENT DÉCOUVERTS,

**PAR M. ORTOLAN,**

PROFESSEUR A LA FACULTÉ DE DROIT DE PARIS.

**Deuxième Edition,**

REVUE ET CONSIDÉRABLEMENT AUGMENTÉE.

**Paris.**

JOUBERT, LIBRAIRE-ÉDITEUR,

**Rue des Grés, n° 14, près de l'École de Droit.**

**1842.**

## SUR CETTE ÉDITION.

---

Cet abrégé de l'histoire du droit romain a paru pour la première fois en 1827. Je le plaçai en tête de mon *Explication historique des Instituts de Justinien*, par suite de cette idée, que j'émettais alors, que je n'ai jamais abandonnée et qui a gagné bien du terrain depuis : savoir, que, pour nous, le droit romain, législation morte, entrée dans l'histoire, est à étudier historiquement; que la méthode historique seule peut nous en donner l'intelligence.

Depuis plusieurs années, cette édition, totalement épuisée, ne se trouve plus dans le commerce. Cependant je m'étais constamment refusé, jusqu'à ce jour, à une réimpression. Je voulais modifier, augmenter considérablement ce résumé; le refondre pour ainsi dire, et en faire un livre nouveau. D'année en année, le loisir m'a manqué pour ce travail; et je vois bien qu'il me manquera longtemps encore.

Je cède donc aux demandes réitérées qui m'en sont faites Je publie de nouveau l'ouvrage tel, à peu près, qu'il a paru en 1827, me contentant de quelques corrections de détail indispensables pour le mettre au courant des idées du jour. Tel qu'il est, je l'espère, il pourra rendre encore quelques services à l'étude du droit. Peut-être même son allure expéditive et son caractère de résumé, que je regrette, en contribuant à le répandre davantage, deviendront-ils des éléments de son utilité.

---

# PRÉFACE

## DE LA PREMIÈRE ÉDITION.

Le droit romain ne paraît aux esprits superficiels qu'un débris suranné des siècles passés; son étude cependant se lie à notre ancienne législation, à nos institutions modernes. C'est cette étude dont je crois utile d'apprécier ici l'utilité; je dirai ce qu'elle a été, ce qu'elle est, ce qu'elle devrait être; je serai bref de style pour être économe de temps.

### § 1. Ancien état de l'étude du droit romain en France et en Europe.

Les lourds et ignorants commentaires des glossateurs avaient couvert, étouffé les textes du droit romain, lorsqu'au XVI^e siècle parut en France un homme de génie. Cujas, par l'heureuse alliance des lettres, de l'histoire et des lois, jeta sur la jurisprudence un éclat subit et nouveau. Il débrouilla le chaos des temps historiques; sépara, classa par leur âge les écrits des anciens prudents; ses recherches constantes rendirent au monde des textes précieux. Ce grand homme, quand même il ne s'avancerait pas entouré des disciples illustres qui continuèrent ses travaux, suffirait seul pour donner, dans le passé, à l'école française le premier rang parmi les écoles des autres nations; rang honorable que Pothier, par son admirable clarté, défendait encore au XVIII^e siècle.

### § 2. État actuel chez les autres nations, surtout en Allemagne.

L'impulsion donnée en France par Cujas, mit plus de cent ans à pénétrer en Italie et en Allemagne. Aujourd'hui, tandis qu'elle est éteinte au centre de départ, elle est propagée au loin. Des savants se sont élevés à Tubingue, à Gœttingue, à Leipsick, à Berlin, à Milan, à Rome; la plupart ont entrepris des voyages pour explorer les bibliothèques de l'Europe, confronter les manuscrits antiques : plusieurs souverains ont favorisé cet élan. A l'aide d'un procédé chimique, sur de vieux parchemins grattés, surchargés de plusieurs écritures, rangés sur leurs rayons comme livres d'église, on est parvenu à retrouver des ouvrages de l'antiquité. Successivement ont paru : *la République de Cicéron*, *des Fragments inconnus d'anciens jurisconsultes romains*, découverts par M. Maï dans la bibliothèque du Vatican; *des constitutions nombreuses du Code de Théodose*, trouvées à Rome par M. Maï, à Milan par M. Clossius, à Turin par M. Peyron; mais surtout *les Commentaires de Gaïus*, remarqués à Vérone par M. Niebuhr, reconnus par M. Savigny, exhumés par les soins opiniâtres et patients de MM. Gœschen, Bekker et Bethmann, dernier manuscrit qui a dévoilé, presque dans son entier, la législation romaine au siècle d'Adrien. Ces textes précieux étaient imprimés aussitôt en Italie, en Allemagne; recueillis, étudiés avec avidité, et bientôt ils ont donné naissance à des ouvrages remarquables, parmi lesquels s'élèvent ceux de Haubold, de Savigny, de Niebuhr, de Hugo (1). La science du droit romain antérieur à

(1) D'autres noms, depuis, sont encore venus se joindre à ceux-là.

Justinien a pris une face nouvelle; tout, jusqu'au langage même, a subi de grands changements.

### § 3. État actuel en France.

Dans ce mouvement rapide, qu'a fait la France? Elle est restée stationnaire. La publication de nos Codes a tourné vers la législation nationale tous les esprits, et jeté sur le droit romain une défaveur subite. *Dans la société*, dans ce qu'on appelle le monde, on se demande à quoi sert le droit romain aujourd'hui, et l'on plaint ceux qui paraissent condamnés à en apprendre les dispositions. Telles sont nos mœurs. — *Au Barreau*, les jurisconsultes que l'âge et la science placent à la tête de l'ordre, nourris dans l'étude des lois romaines, auxquelles ils doivent leurs grades, y cherchent encore les vérités fondamentales, s'appuient dans leurs plaidoiries sur la citation de ces lois, tandis que la plupart des jeunes avocats secouent le droit romain comme une poussière antique qui, dans les Facultés, s'est arrêtée sur eux sans les pénétrer, et dirigent toutes leurs idées vers l'étude des lois nouvelles. Du reste, le nombre des premiers diminue, celui des seconds augmente chaque jour; les uns ne connaissent la législation de Rome que dans l'état où elle était connue il y a trente ans, les autres ne la connaissent pas, presque tous sont étrangers à la révolution que cette science a subie au sein des autres nations. —*Dans les Facultés*, qu'explique-t-on aux élèves? Une portion de la législation de Justinien, isolée du droit français, isolée même du droit romain. Quelque singulière que puisse paraître cette dernière assertion, elle est vraie. En effet, cette portion de législation ne se lie par aucune étude, ni aux lois de Rome sous les rois, sous la république, sous l'empire; ni aux lois primitives de la France, ni à ses coutumes, ni à ses codes. C'est un point isolé sur lequel les élèves s'arrêtent sans savoir où il était placé. Ténèbres historiques en avant, ténèbres en arrière. Ils apprennent le tout comme des lois abstraites qui restent sans application. (J'affirme en avoir vu plus de la moitié savoir à peine à quelle époque et sur quelles contrées régnait Justinien.) De là leur peu d'ardeur pour le droit romain. Les professeurs, il est vrai, cherchent à pallier ces vices d'enseignement; mais le temps les presse, ils ne peuvent que jeter quelques idées sommaires, tout à fait insuffisantes pour atteindre le but (1). Et nos écoles en général sont étrangères aux connaissances nouvelles, autant que le barreau, presque autant que la société. S'il en est ainsi dans les Facultés de droit, à plus forte raison dans les autres. L'histoire et la littérature en sont encore à leurs opinions scolastiques, traditionnelles et fausses, ignorantes qu'elles sont de ces documents contemporains dont la découverte jette un jour si précieux sur la société romaine.

Il est juste ici de reconnaître les efforts que quelques hommes, presque tous professeurs à la Faculté de droit de Paris, ont faits seuls depuis six ans. Dans un journal intitulé *la Thémis*, ils ont consigné les progrès faits par les Allemands et les Italiens, donné l'analyse des ouvrages publiés dans ces pays. On leur doit l'impression des *Commentaires de Gaïus*, celle des *Fragments de M. Maï*. S'ils n'ont pas fait eux-mêmes des découvertes de monuments ou de textes, ils ont répandu chez nous celles des étrangers; s'ils n'ont pas fait

---

(1) Depuis que cette préface a paru pour la première fois, les études historiques du droit ont fait de notables progrès parmi nous, des publications remarquables ont eu lieu, et une chaire spéciale d'Histoire du droit romain et du droit français a été créée dans la Faculté de Paris.

avancer la science historique, ils ont fidèlement constaté sa marche; c'est par eux que nous avons été initiés aux progrès de cette science. C'est à leur enseignement et à leurs écrits que nous devons la direction que quelques bons esprits, quoiqu'en petit nombre, se sont hâtés de suivre dans l'étude de la législation romaine. Mais nous sommes forcés de l'avouer, ils n'ont pas été payés de leur zèle autant qu'ils le méritaient, et c'est encore chez l'étranger qu'ils ont recueilli le plus digne prix de leurs travaux.

### § 4. Utilité du droit romain en France; sous quels rapports on doit l'enseigner.

Nous possédons une législation nationale; chaque jour les tribunaux, et par-dessus tous la cour de cassation, la consolident; nos grands jurisconsultes la méditent; ils doivent la faire briller par elle-même comme les prudents firent jadis briller celle de Rome. Le droit romain ne doit donc être apprécié, ne doit donc être enseigné que dans ses rapports avec cette législation. Le problème consiste à trouver quels sont ces rapports.

Ils sont entièrement historiques. Les Romains furent le plus grand des peuples. L'existence de presque toutes les nations de l'Europe date de la chute de leur empire, et la législation de tous ces pays s'unit à leur législation. Ainsi, dans la suite des siècles, après le droit romain paraît le droit national de la France : ils sont enchaînés l'un à l'autre par la main du temps; le lien qui les attache est un lien d'histoire.

Ira-t-on comparer, en les étudiant ensemble, les lois de Rome sur la puissance paternelle, sur le mariage, sur les successions, aux dispositions de notre Code civil sur ces matières? Non. Ce serait confondre les idées, dépouiller chacune de ces législations de la physionomie qui lui est propre. Montrez comment elles se sont succédées, suivez leur marche progressive, tracez fortement leur caractère; ensuite les comparaisons de détail viendront d'elles-mêmes, et alors elles seront justes. — Tel est le point de vue sous lequel il faut enseigner le droit romain. Telle est l'idée qui m'a dominé dans le travail que je publie.

La législation romaine étant, pour nous, une législation morte, elle est tombée dans le domaine de l'histoire. J'ai donc voulu expliquer les Instituts de Justinien historiquement, par les souvenirs que nous ont laissés les Romains de Rome et de Constantinople; j'ai fait tous mes efforts pour que le lecteur soit transporté au milieu de la nation dont il étudiera les lois. J'ai fait précéder cette explication d'un résumé de l'histoire de la législation.

Un livre remarquable a paru en Allemagne sur l'histoire romaine; il est de M. Niebuhr (1). Ceux qui le connaissent me reprocheront peut-être de ne point l'avoir suivi en retraçant la fondation de Rome et le règne de ses premiers rois. La nature de ce résumé n'admettait pas de discussions d'antiquaire. Il fallait ici peindre les Romains, montrer les croyances, vraies ou fausses, qu'ils avaient eux-mêmes sur leur origine, sur leurs institutions premières; celles que nous ont transmises leurs historiens, leurs jurisconsultes; celles auxquelles leurs lois font de fréquentes allusions. C'est à une autre science à en discuter la fausseté ou le fondement. Voilà pourquoi je n'ai pas introduit dans mon ouvrage les aperçus savants et ingénieux, mais souvent

(1) A l'époque où ceci était écrit, le livre de M. Niebuhr était fort peu connu en France, et il n'en existait aucune traduction.

hypothétiques, de M. Niebuhr; il est bon néanmoins d'en dire quelques mots.

M. Niebuhr distingue, dans ce qu'on nous raconte de Rome, trois parties : l'une purement fabuleuse, il la nomme *mythologique*; l'autre *mytho-historique*: elle est un mélange de fables et de faits; la dernière enfin réellement *historique*.

L'origine de Rome, Romulus, ses guerres, ses institutions, Numa Pompilius, son caractère religieux, sa nymphe Égérie, sont autant de fables poétiques qui appartiennent à la mythologie.

A Tullus Hostilius, le troisième roi de Rome d'après la fable, commence la seconde partie *mytho-historique*. Ici l'on trouve quelques traces de la vérité, quelques monuments, la plupart des noms ne sont point inventés; mais les gestes plus ou moins brillants dont on les entoure, le combat des Horaces, l'arrivée à Rome de Tarquin, ses actions et ses victoires, sa mort, le meurtre de Servius, l'orgueil et les cruautés du dernier Tarquin, la vertu de Lucrèce, la chute des rois, la dissimulation de Brutus, les guerres contre Porsenna, ne sont que des fictions basées sur quelques faits, embellies de tout le merveilleux de la poésie. Elles formaient le sujet de vieilles chansons populaires conservées par la tradition, et de divers chants héroïques répétés à la table des grands qui prétendaient descendre de ces héros. Ennius le premier les mit en vers hexamètres, et Tite-Live les traduisit en prose. La partie *historique* commence au moment où des auteurs ont écrit sur l'époque à laquelle ils assistaient et sur celle qui les avait précédés de peu d'années.

Après avoir ainsi rejeté tout le fabuleux, voici les idées plus vraisemblables que M. Niebuhr met à sa place. Rome est une colonie étrusque (1); à quelle époque précise elle commença, et combien d'années précédèrent Tullus, c'est ce qu'on ignore entièrement. Les Étrusques formaient un des peuples les plus puissants de l'Italie. Ils jouissaient déjà d'une civilisation avancée : l'architecture, les arts, quelques sciences, le calendrier ne leur étaient point étrangers. Ceux qui s'établirent au bord du Tibre apportèrent dans leur colonie les mœurs, la religion, les rites et le gouvernement des villes d'Étrurie. Par la suite quelques Sabins, s'étant unis à eux, mêlèrent une partie de leurs coutumes à celles qui existaient déjà. Ce ne fut que sous Tullus, lorsque Albe fut détruite, que Rome commença à recevoir des Latins. Ce fut ainsi que ses usages et ses institutions se trouvèrent un mélange d'usages et d'institutions étrusques, sabines et latines, parmi lesquelles dominaient surtout celles des fondateurs.

Une fois parti de cette donnée, M. Niebuhr, par les investigations savantes auxquelles il se livre, et par les conclusions ingénieuses qu'il en tire, s'efforce de démontrer l'origine de ces diverses institutions, et de prouver qu'elles dérivent réellement de la société et de la civilisation étrusques.

Cet aperçu suffira pour faire naître le désir de s'éclairer sur ces questions, et pour empêcher qu'on ne prenne le tableau des premiers temps, que j'ai présenté d'après les croyances romaines, sous un autre jour que celui qui lui appartient.

---

(1) Telle était, en effet, à l'époque où j'écrivais cette préface, l'opinion émise par M. Niebuhr, dans la première édition de son histoire ; mais depuis il l'a modifiée. A ses premières conjectures, il en a substitué de nouvelles. Rome, dans cette seconde hypothèse, serait d'origine pélasgique, unie à la ville sabine qui était construite sur la colline opposée, et influencée plus tard par l'élément étrusque.

Le résumé historique qui précède l'explication des Instituts, ne contient qu'un premier coup d'œil jeté sur la marche extérieure de la législation. J'ai cherché à peindre les moments d'élévation, de repos ou de décadence; à peser l'influence des événements, à signaler l'apparition des jurisconsultes, l'origine des lois diverses, leur caractère principal, mais sans étudier positivement leur texte. C'est à peu près ce qu'on nomme en Allemagne l'*histoire externe du Droit.*

Il est une autre étude qui devrait succéder à celle-ci : ce serait le développement historique des lois appréciées en elles-mêmes. Là on s'attacherait à étudier textuellement, aux époques les plus saillantes, la législation politique et la législation civile. On ne rappellerait les événements que d'une manière sommaire, comme moyen de transition d'une législation à l'autre. C'est à peu près ce que les Allemands nomment *histoire interne du Droit.* J'en signalerai ici les points essentiels, parce que ce tableau montrera l'enchaînement de la législation romaine à la nôtre, et fera connaître ce qui forme l'un des objets les plus importants dans l'étude des législations : je veux dire les *Sources* où l'on en doit puiser la connaissance.

| ÉVÉNEMENTS ET INSTITUTIONS POLITIQUES. | LOIS, ET SOURCES PRINCIPALES DU DROIT. |
|---|---|
| *Rome sous les rois.* | *Mœurs et coutumes*, première source des lois. *Lois royales* (Leges regiæ — Jus Papirianum). Critique des morceaux donnés sous ce titre. |
| *République.* Ses institutions. | *Loi des Douze Tables.* Essais faits jusqu'à ce jour pour en réunir les fragments. Sources où on les retrouve. Leur explication. |

*Fin de la République.* Présenter le tableau des modifications survenues pendant cette période dans les institutions politiques et dans le droit civil. Faire connaître les divers actes législatifs parvenus jusqu'à nous, l'époque, les circonstances et l'auteur de leur découverte. Le sénatus-consulte de *Bacchanalibus* (an de R. 568). La loi agraire *Thoria* (an de R. 647). Les fragments de la loi *Servilia*, sur les exactions (*repetundarum*, an de R. 654), réunis en 1825 par M. Klense. La loi *Miscellia*, connue sous le nom de *Table d'Héraclée* (Tabula Heracleensis; an de R. 664 ou 680?) dont une moitié, tracée sur le bronze, fut trouvée en 1732, par un paysan, dans une rivière, près du golfe de Tarente. Enfin la loi *Rubria*, pour la Gaule Cisalpine (*de Gallia Cisalpina*, an de R. 708), trouvée peu de temps après, dans les ruines de Veleia. C'est ici que se rangent toutes les notions que nous fournissent les ouvrages de Cicéron et des autres écrivains à peu près contemporains, ou ayant écrit sur l'histoire de ces temps; Aulu-Gelle et Festus donnent de bonnes indications.

| ÉVÉNEMENTS ET INSTITUTIONS POLITIQUES. | LOIS, ET SOURCES PRINCIPALES DU DROIT. |
|---|---|
| *Empire.* Institutions politiques d'Auguste et de ses premiers successeurs. | *Commentaires de Gaïus.* Découverts, en 1816, dans la bibliothèque du chapitre de Vérone. Influence de cette découverte. Explication des Commentaires.<br>*Sentences de Paul, Règles d'Ulpien*, Fragments divers des grands jurisconsultes de cette époque; travaux de Cujas sur ces objets.<br>*Fragments du Vatican* découverts par M. Maï. |
| *Constantinople.* Institutions politiques de Constantin, établissement de la religion chrétienne. | *Code Grégorien. Code Hermogénien.* Nature de ces recueils, époque à laquelle ils furent publiés. Ouvrages dans lesquels on en trouve des fragments.<br>*Consultatio veteris jurisconsulti;* et *Collatio legum mosaicarum et romanarum*, nous transmettant quelques extraits, soit des écrits des anciens jurisconsultes, soit des constitutions impériales. |

| ÉVÉNEMENTS ET INSTITUTIONS POLITIQUES. | LOIS, ET SOURCES PRINCIPALES DU DROIT. |
|---|---|
| Division de l'Empire. Irruption des Barbares en Occident. | |
| *Établissement* des Francs, des Visigoths, des Bourguignons, dans les Gaules. | *Loi Salique. Loi des Ripuaires.* Comment le texte de ces lois nous est parvenu. Analyse et étude de leurs principales dispositions. |

C'est ici qu'on signalera le premier mélange opéré dans les Gaules entre les lois et coutumes des barbares et le droit romain.

| | |
|---|---|
| | *Code Théodosien.* Fragments qui nous sont connus. Travaux de Cujas. Découvertes récentes faites à Rome, à Milan, à Turin. Analyse et principales dispositions de ce Code. |
| Fin de l'empire d'Occident. | *Edit de Théodoric. Loi romaine des Visigoths. Loi romaine des Bourguignons.* Manuscrits et éditions de ces recueils; but dans lequel ils furent composés; leur utilité; leur analyse. |

On aura grand soin de noter l'alliance toujours croissante des lois et coutumes barbares avec le droit romain; d'en apprécier l'étendue; et surtout de faire remarquer que ce sont les écrits des anciens jurisconsultes de Rome, les constitutions du Code Théodosien, qui sont recueillis par les Barbares et publiés par leurs rois.

| | |
|---|---|
| *Justinien en Orient.* | *Corps de droit de Justinien.* Diverses parties qui le composent; époque de leur publication; auteurs qui y travaillèrent; pays sur lesquels leur autorité s'étendit. |

On n'oubliera pas de montrer que ce corps de droit, publié à Constantinople, pour les sujets de l'empire grec, ne fut importé en Italie que par les victoires de Bélisaire; qu'il ne pénétra pas alors dans les Gaules, où continuèrent à régner la loi romaine des Visigoths et

2

celle des Bourguignons. J'insiste sur ces idées, parce que généralement on y fait peu d'attention. Nous étudions dans nos Facultés les lois de Justinien seules, et cependant ce ne sont point ces lois que l'on rencontre en remontant les âges de notre monarchie.

| ÉVÈNEMENTS ET INSTITUTIONS POLITIQUES. | LOIS, ET SOURCES PRINCIPALES DU DROIT. |
|---|---|
| | *Instituts de Justinien.* Leur explication, qui, ayant été précédée par celle des Commentaires de Gaïus, se réduira de beaucoup. |
| | *Pandectes* ou *Digeste*; *Code*; *Novelles.* Il est impossible, il serait même inutile, d'étudier régulièrement et d'une manière suivie tout ce corps de droit; mais il faut, par le rapprochement de ses dispositions avec celles des Instituts, en prendre une connaissance suffisante pour le bien juger. Il faut remarquer que les principes du droit primitif des Romains, dépaysés par le changement de capitale, altérés chaque jour par les constitutions impériales, le sont encore davantage par le Digeste, par les Instituts, par le Code de Justinien, et que leurs dernières traces sont effacées par les Novelles de cet empereur. |

Ici, après avoir indiqué dans une courte digression la destinée du droit de Justinien en Orient, la publication des *Basiliques* par Léon le Philosophe, la prise de Constantinople par Mahomet II, on reviendra à l'Occident pour ne plus s'occuper spécialement que de la législation des Gaules.

Parcourant les phases diverses de notre monarchie, on développera ses institutions politiques et ses lois privées; on passera en revue ses principaux actes législatifs; les circonstances dans lesquelles ces actes furent publiés, leur influence, les manuscrits et éditions qui nous en restent; on donnera, selon leur importance plus ou moins grande, l'analyse ou l'explication entière de leurs dispositions.

Voici les matières principales qui se rangent dans ce cadre :

*Capitulaires de Charlemagne*, et de nos rois de la deuxième race. Institutions politiques, lois et mœurs privées pendant cette époque.

*Régime féodal*, et *Droit coutumier primitif.* Naissance, progrès et résultats de ce régime.

Introduction du droit de Justinien dans la monarchie. On peindra l'étude du droit romain réveillée en Italie au XII^e^ siècle. De cette contrée partent plusieurs jurisconsultes qui se dispersent dans les états de l'Europe, portant avec eux les lois de Justinien et l'explication qu'ils en donnent. C'est ainsi que les recueils de cet empereur d'Orient sont introduits dans la monarchie française. On s'attachera à bien caractériser cet événement et ses conséquences, à calculer fidèlement l'espèce et le degré d'influence que le droit de Justinien prit sur la législation, à expliquer comment il parvint à usurper la place qu'avaient occupée les écrits des anciens jurisconsultes de Rome et le Code de Théodose. On fera connaître l'école des glossateurs Irnérius, Accurse, leur méthode, leurs travaux.

*Assises de Jérusalem*, Cour des Barons, Cour des Bourgeois : relation de ce monument avec l'histoire de notre droit féodal et coutumier, ses manuscrits, ses éditions, son utilité. En donner la notion générale et le trait distinctif. — *Etablissements de saint Louis*. Discuter si ces établissements appartiennent réellement à saint Louis. Assigner leur véritable caractère; donner leur analyse, et celle des institutions de ce roi. — *Monuments divers*, qui se réfèrent au droit coutumier primitif; notamment, *Beaumanoir*, coutumes de Beauvoisis.

*Coutumes écrites des provinces.* Leur caractère général et le caractère particulier de chacune d'elles. Comparaison avec le système suivi dans les pays de droit écrit.

Alciat et Cujas au XVIe siècle. Nouvelle école fondée par eux.

*Ordonnances et Édits remarquables* des rois de la troisième race.

On arrivera à la révolution française. On indiquera les traits principaux de ces constitutions qui, créées et détruites au milieu de la lutte des partis, établirent successivement la monarchie constitutionnelle de Louis XVI, la république sanglante des montagnards, le directoire exécutif, le consulat à terme, à vie, l'empire héréditaire. On montrera la naissance du *Code civil*, du *Code de procédure civile*, du *Code de commerce*, du *Code d'instruction criminelle*, du *Code pénal*. On appréciera le changement total survenu ainsi dans la législation, le déplacement subi par le droit romain, le genre d'utilité que doivent avoir chez nous les recueils de ce droit.

Enfin parvenu à la restauration, et de là à la révolution de juillet, on terminera par l'étude de la *Charte* et des *lois constitutionnelles*, en rapprochant de nos codes les lois nouvelles qui y ont introduit quelques modifications.

Dans ce système, je vois le professeur transporté à l'origine du peuple romain : il suit ce peuple, il le montre s'avançant dans les siècles avec ses victoires, ses institutions; il pénètre sur ses traces jusque dans les Gaules; il s'arrête pour voir, dans cette contrée, l'établissement des Francs, des Bourguignons, des Visigoths, la monarchie qui se forme, ses lois naissantes, produit des coutumes barbares et de la législation empreinte sur le pays par la domination romaine. Il marche de nouveau avec le peuple français ; il suit la filière de nos coutumes provinciales et des ordonnances de nos rois; il arrive enfin à la publication de nos codes, à notre charte; développant aux élèves qu'il guide dans cette longue carrière toutes les lois qu'ils rencontrent et qui se succèdent, engendrées les unes par les autres.

Mais cette tâche immense n'est qu'une hypothèse : le tableau que j'en ai tracé n'a d'autre but que de montrer la voie. Une bonne inspiration, une bonne impulsion primitive suffisent aux étudiants ; le travail s'opère en eux. S'il en est qui soient amenés par cette lecture à mettre quelque philosophie et quelque portée historique dans l'étude du droit, je m'estimerai heureux.

Je n'ai pas voulu spéculer sur la paresse, mais sur l'étude; bien que je sache que les premières spéculations sont les meilleures. Toutefois, je n'ai pas oublié que cet ouvrage est destiné principalement à préparer les étudiants aux épreuves scolastiques qu'ils doivent subir. J'ai dû réunir tout ce qui peut leur être utile dans ce but, et dans l'intérêt de leur véritable instruction : un résumé historique; le texte de la loi, dont on ne doit jamais se séparer; la traduction en regard, et les explications. J'ai fait suivre chaque matière différente de l'indication sommaire des *actions* qui lui sont propres. On ne comprend bien le droit, qu'en plaçant à côté ses moyens de sanction. Enfin, j'ai terminé chacune de ces matières par un résumé qui fait passer rapidement en revue ce qu'on a déjà examiné en détail.

La lecture de ces résumés doit avoir lieu, surtout lorsqu'on est à la veille de subir un examen : le tableau est raccourci, il devient plus facile à saisir, et les idées se classent nettement dans l'esprit; pour celles dont l'intelligence serait déjà obscurcie, on reviendrait aux explications antérieures où elles sont développées.

# HISTOIRE

DE LA

# LÉGISLATION ROMAINE.

---

Tout historien devrait être jurisconsulte, tout jurisconsulte devrait être historien. On ne peut bien connaître une législation sans bien connaître son histoire; mais qu'est-ce que cette histoire? le tableau aride des lois classées par ordre chronologique? Non sans doute. Les mœurs de la nation, ses mouvements, ses guerres, son accroissement, sa civilisation, sont autant de causes qui modifient le droit dont elle se sert; développez ces causes, indiquez leur influence, présentez les variations qu'elles ont amenées. Dans ces développements, faut-il subordonner l'histoire du peuple à celle du droit, et, sans avoir égard aux autres événements, marquer les divisions de son ouvrage aux époques où la jurisprudence a éprouvé de grandes modifications? La plupart des auteurs l'ont fait ainsi. Cependant j'aimerais mieux, à l'inverse, subordonner l'histoire du droit à celle du peuple, et m'attacher pour points de division à ces grands événements politiques qui changent l'aspect d'une nation en changeant son gouvernement. Dans ces secousses, le droit public est renouvelé; et, si quelquefois les mœurs et le droit civil paraissent rester les mêmes, qu'on ne s'y trompe pas: le germe qui doit les modifier plus tard est apporté.

En suivant ce système pour le droit romain, nous aurons à le considérer dans ce résumé sous trois époques : sous les rois, sous la république, sous les empereurs (1).

---

(1) Je donnerai cependant, par appendice, à la fin du volume, les divisions plus communément adoptées pour l'histoire du droit.

# PREMIÈRE ÉPOQUE.

## LES ROIS.

### 1. Origines de Rome.

L'enfance de tous les peuples est inconnue; les premières années de leur existence sont remplies par des traditions douteuses et des fables invraisemblables. C'est surtout aux Romains qu'il faut appliquer cette réflexion : leurs origines, bien qu'elles n'aient pas une haute antiquité, sont restées voilées à leurs propres yeux. Des narrations populaires, des chants héroïques, des annales pontificales où la constatation de prodiges et de faits surhumains n'était pas épargnée, ont formé, pour les Romains eux-mêmes, une base première. Là-dessus s'est assise une sorte d'histoire, que leurs poëtes, leurs historiens, leurs publicistes, leurs jurisconsultes, indistinctement, adoptent, répètent, sans hésitation, comme chose reçue et connue de tous. C'est la croyance nationale; on la trouve partout dans leur littérature.

Cependant la critique et le scepticisme modernes sont venus battre en brèche toutes ces croyances romaines, et les reléguer au rang des mythes, non-seulement dans leur partie fabuleuse, qui se révèle d'elle-même, mais même dans ce qu'elles ont, en apparence, de plus sérieux. Les efforts ne se sont pas bornés à renverser; la critique a voulu reconstruire : elle s'est travaillée à faire surgir de sa tombe séculaire cette Rome primitive, cette

Rome véritable, inconnue aux Romains eux-mêmes. Ce travail ne date pas d'hier : voici plus de trois cents ans qu'il dure; mais deux hommes, deux érudits, quelquefois deux rêveurs, éminemment poétiques, Vico, au commencement du siècle dernier, et Niebuhr, dans le nôtre, en ont remis en vogue la pensée.

On a été plus loin encore, on a poussé plus avant dans le passé des siècles. On a tenté de retrouver la trace d'une civilisation même antérieure à celle-là ; d'évoquer à résurrection ces nationalités italiques, mortes, étouffées sous le colosse romain, et de faire revivre à nos yeux, avec ses populations, ses états divers, ses institutions, ses langues perdues, l'Italie, telle qu'elle se trouvait avant la fondation de Rome (1).

Belles investigations! qui devraient trouver quelque place, sans doute, dans une histoire du droit romain moins abrégée que celle-ci.

Parmi ces civilisations italiennes antérieures à l'existence de Rome, il en est trois qu'il faut distinguer : celles des Latins, des Sabins et des Étrusques. En effet, ce fut au milieu d'elles, ce fut au moyen de fragments détachés de l'une et de l'autre, que la nouvelle agrégation politique prit naissance. Ce sont les trois éléments auxquels, de quelque manière que les faits se soient accomplis, la cité romaine paraît devoir sa formation.

L'élément latin y eut l'avantage du territoire et de l'origine première; l'élément sabin, celui de la force et de l'indépendance montagnardes; l'élément étrus-

---

(1) Notamment MICALI, dans son ouvrage spécial : *L'Italia avanti il dominio dei Romani*, 2ᵉ édit., 1821 ; et l'*Istoria degli antichi popoli italiani*, 1832, dans lequel le précédent se trouve refondu ; — LANZI, dans son Essai sur la langue étrusque et sur les autres langues antiques de l'Italie (*Saggio di lingua etrusca e di altre antiche d'Italia*), 2ᵉ édit., 1824; — NIEBUHR, dans son Introduction à l'histoire romaine ; — Ottfried MULLER, dans son livre sur les Étrusques (*die Etrusker*), 1828.

que, qui paraît n'y être entré que plus tard, et d'une manière moins directe, celui de la civilisation et des institutions religieuses et politiques le plus fermement arrêtées.

Nous allons suivre ce composé dans sa marche progressive. Le droit public, le droit sacré, le droit privé et les mœurs arrêteront tour à tour notre attention : Le droit public, qui forme la constitution de l'État, qui détermine le mode de faire les lois, de rendre la justice, de nommer aux emplois, de faire la paix ou la guerre; Le droit sacré, qui, lié intimement chez les Romains au droit politique, dont il n'est qu'une partie, régit les cérémonies de la religion, leur nécessité dans la vie publique ou privée, la nomination ou l'autorité des pontifes; Le droit civil, qui règle les intérêts des particuliers dans les relations qu'ils ont entre eux, comme dans leurs mariages, dans leurs contrats, dans leurs successions; Enfin les mœurs, qui ont une influence si grande et sur le droit public, et sur le droit sacré, et sur le droit privé.

Division du peuple en patriciens et plébéiens; — Sa distribution en trois tribus et en trente curies; — Assemblées de ces curies; — Sénat; — Royauté : telles sont les institutions politiques dont la tradition romaine attribuait l'origine à l'époque de Romulus, et que les historiens nous présentent naïvement comme des créations instantanées de ce premier roi (1). De siècle en siècle, tout en se modifiant, tout en se transformant, leur existence ou leurs vestiges se sont maintenus, et la réalité n'en saurait être déniée; mais quant aux détails d'origine et d'organisation en ces temps primitifs, il est impossible de s'y aventurer : les documents dignes de confiance manquent véritablement.

(1) Voir CICÉRON, lui-même, dans son traité sur la République, liv. II, 8.

**2. Patriciens et Plébéiens** (*patres, patricii; plebs, plebeii*).

Les civilisations humaines n'ont point commencé par le savoir, par l'égalité, par la liberté : par l'âge d'or, comme dit la fiction des poëtes. La marche de l'humanité est en sens inverse. La nature veut qu'en toutes choses, ses commencements soient informes et grossiers. Les sociétés offrent, à leur berceau, l'ignorance, la servitude, l'inégalité. Tels sont les principes des nations antiques. Tel était le régime des peuples italiques au milieu desquels la cité romaine s'est formée : esclavage et aristocratie. Qu'on ne s'étonne donc pas d'y trouver dès l'origine la population divisée en classes de destinée bien diverse : Une caste supérieure et dominante, ayant ses mariages, ses rites, son droit privilégié, avec le monopole des fonctions sacerdotales, politiques et judiciaires : les Patriciens (*patres, patricii*); Une caste inférieure et dominée, ne pouvant s'allier à la précédente, non admise à ses rites ni à son droit, distribuée de famille en famille sous sa protection par le lien de la clientèle, et exclue des fonctions publiques : les Plébéiens ou la Plèbe (*plebs, plebeii*); Enfin, une autre population qui ne fait partie de la cité à aucun degré, qui n'a aucun droit, qui ne vit que de la vie animale, et qui, pour le citoyen, est une chose : les esclaves (*servi, mancipia*). Qu'on cherche à expliquer cette classification des hommes par la variété d'origine de la population romaine, composée d'éléments distincts, par l'asile ouvert aux fuyards, aux esclaves, aux larrons de tous les pays, par les coutumes d'alors sur la guerre et sur le sort des vaincus et des captifs; qu'on dise, avec Plutarque et Tite-Live, que les patriciens furent ceux qui pouvaient désigner leur père (*patrem scientes*, c'est-à-dire leur origine libre et ingénue; ou bien, avec Festus et Cicéron, qu'on leur donna ce nom parce qu'ils étaient comme les pères, les chefs de famille des plébéiens placés sous leur clientèle (1) : c'est un champ de conjectures plus ou moins fondées. Mais c'est par cette division du peuple romain qu'il faut ouvrir l'étude de son histoire et de son droit public ou privé. La caste des Patriciens, d'une part; et la Plèbe, de l'autre : voilà deux éléments bien tranchés, qui vont surgir et lutter l'un contre l'autre, jusqu'à ce que le niveau, dans les faits, dans les institutions et dans les mœurs, ait, à peu près, passé sur eux.

### 3. Tribus et curies (*tribus*, *curiæ*).

Le peuple romain est présenté comme divisé à son origine en trois tribus. Faut-il y voir les trois nationalités distinctes qui, par leur agrégation, formèrent la cité romaine : la tribu des Latins, *Rhamnenses*; celle des Sabins, *Titienses*; et celle des Étrusques, *Luceres*? Faut-il dire que le nom de l'une de ces agrégations, celui de la ville sabine, *Quirium* (Cures), resta la dénomination sacrée de Rome, et que c'est de ce point de départ qu'est venu aux Romains leur nom antique et caractéristique, *Quirites* (2), les Quirites, les hommes à la lance? Cicéron, en attribuant à Romulus la distribution du peuple en trois tribus, rapporte qu'il nomma ces tribus, l'une de son nom (il est le chef latin); l'autre, du nom de Tatius (c'est le chef sabin); et la troisième, de celui de son associé Lucumon (ce qui désigne incontestablement un Étrusque) (3). D'autres

---

(1) Festus, au mot *Patres*; — Cicero, *de Re publ.*, lib. II, § 8 : « In regium consilium (Romulus) delegerat principes, qui appellati sunt propter caritatem Patres. »

(2) Dérivé, sans doute, lui-même de *curis*, ou *quiris*, la lance. — Ovid, *Fast.*, II, v. 477. — Varro, *de Ling. lat.*, V. 51.

(3) Cicero, *de Re publ.*, lib. II, § 8 : « Populumque et suo et Tatii nomine, et Lucumonis, qui Romuli socius in sabino prælio occiderat, in tribus tres, curiasque triginta, descripserat. » — Voir *ibid.*, § 20. — Varron, *de Ling. lat.*, V. 59, en dit autant, en ajoutant que, du reste, ces trois noms

ont cherché un autre sens dans ces tribus et dans leurs dénominations. L'adjonction d'une ville ou d'une tribu entièrement étrusque, est bien moins certaine que celle de la ville Sabine, que la tradition elle-même raconte. Quoiqu'il en soit, par la suite des temps, la fusion des races s'étant opérée et l'unité de peuple s'étant constituée, la division par tribus n'eut plus la même signification. Elle ne resta pas même bornée au nombre de trois; on compta successivement trente, trente-cinq tribus; et cette nouvelle classification par tribus, sur laquelle nous aurons à revenir, se présenta avec un caractère tout différent.

A cette distinction du peuple romain en trois tribus, il en faut joindre une seconde, en trente curies (1) : soit que chaque tribu se trouvât partagée en dix curies, soit que ces deux divisions fussent indépendantes l'une de l'autre. Sur quelle base était assise la distribution du peuple dans ces trente curies? Était-ce une division purement aristocratique? Les patriciens seuls y étaient-ils admis, et la plèbe s'en trouvait-elle radicalement exclue? Les documents anciens parlent toujours du peuple dans son ensemble, *populus*, comme compris dans les curies. Mais à cette époque, peut-être, la classe patricienne seule était-elle le peuple romain. Cependant, même en prenant ce mot de peuple dans sa généralité, ce qu'il y a d'indubitable, selon l'esprit de ces temps, c'est que la composition religieuse et organique des curies, bien qu'il nous soit impossible d'en préciser la notion, devait être telle, que la caste aris-

---

étaient signalés comme tous trois étrusques. — Le mot de Lucumon, pris par les historiens pour un nom propre, ne désigne qu'une qualification honorifique des nobles étrusques.

(1) Quelques écrivains font dériver le nom de *curies*, du mot *curare*, prendre soin. Selon d'autres, il tirerait encore son origine du nom de la ville sabine, *Quirium*, *Cures*, et de la qualification consacrée des Romains, *Quirites*, les Quirites.

tocratique y avait la suprématie, chaque famille patricienne entraînant et absorbant dans sa sphère les plébéiens ses subordonnés.

### 4. Comices par curies (*comitia curiata*).

La réunion des trente curies, convoquées pour délibérer et décider, forme les plus anciennes assemblées du peuple romain. Ce sont les comices religieux et aristocratiques (1), qui sont convoqués par le ministère des licteurs, qui se tiennent dans l'intérieur de la ville, au forum, sous l'empire de certains rites sacerdotaux, et où la caste patricienne absorbe et domine la plèbe. Ce sont les comices électoraux, qui défèrent le commandement, qui nomment aux pouvoirs publics, aux dignités pontificales. Ce sont eux qui statuent sur ce qui intéresse la composition des familles dans la cité, et les successions testamentaires. C'est la première puissance législative. Les voix, pour composer le vote de chaque curie, s'y donnaient-elles par tête (*viritim*), ou par famille patricienne comprenant sous sa domination un certain nombre de plébéiens (par *gentes*)? C'est ce qui peut être discuté (2). Lorsque ces antiques comices par curies auront cessé d'exister en réalité, longtemps encore, pour l'expédition de certaines affaires, ils survivront en symbole. Trente licteurs représenteront les trente curies, et donneront fictivement leur suffrage.

### 5. Sénat (*senatus*).

Le sénat était une institution commune aux villes de l'antiquité : à celles de l'Italie, comme à celles de la

---

(1) *Comitia* vient de *cum ire*, aller ensemble, se rassembler. Notre mot *assemblée* en est la traduction exacte.

(2) Aulu-Gell., *Noct. attic.*, XV, 27 : « Cum ex *generibus hominum* suffragium feratur, comitia curiata esse. »

Grèce (1). La cité romaine se forma dans ces conditions générales. Les chefs, les principaux de la caste patricienne étaient les sénateurs. Étaient-ils nommés par le roi, ou bien par les curies, c'est-à-dire par la classe aristocratique à laquelle ils appartenaient et qui était dominante? Le dire des historiens les présente comme de création royale, quoique l'autre opinion soit plus vraisemblable. Leur nombre de trois cents autorise à penser que chaque tribu apporta son contingent égal; c'est-à-dire que les trois nationalités distinctes, la ville latine, la ville sabine et la ville étrusque, si l'on admet l'existence conjecturale de cette dernière, versèrent chacune dans l'agrégation leur sénat particulier, leurs cent sénateurs, à mesure de leur adjonction à la cité. Ce nombre de trois cents sénateurs était subdivisé en décuries, c'est-à-dire dix par dix; d'où trente décuries sénatoriales, une sans doute par chaque curie des comices. Toutefois ces rapports que nous indiquons ne se présentent pas nettement dans les historiens romains. Il y a même chez eux variation sur le chiffre. Selon les uns, tels que Tite-Live et Denys d'Halicarnasse, le nombre des sénateurs, à la mort de Romulus était de deux cents; selon d'autres, tels que Plutarque, de cent cinquante: et ce serait Tarquin l'Ancien qui l'aurait porté à trois cents, par l'adjonction de nouveaux sénateurs de sa création, pris dans la classe des plébéiens.

Le sénat est appelé par Cicéron le conseil royal (*regium consilium*) (2). Il délibère sur la chose publique,

---

(1) Les Grecs donnaient aux membres qui composaient ces conseils de la cité un nom qui signifiait *vieillards* (γέροντας). C'est, d'après Cicéron (*de Re publ.*, lib. II, §28), par traduction de ce mot que les Romains ont adopté celui de *senatus*. Les sénateurs se nommaient aussi *Patres*. Ils durent, dit Florus, à leur autorité le nom de Pères, à leur âge celui de sénateurs: *qui ex auctōritate Patres, ob ætatem senatus vocabantur.*

(2) Cicero, *de Re publ.*, lib. II, § 8.

sur les propositions à soumettre au peuple dans les curies. Assemblée aristocratique, sa tendance est de faire de ceux qui gouvernent ses instruments. Le roi règne, pour ainsi dire, sous son autorité. Cicéron le dit de Romulus lui-même, du roi fondateur, selon la tradition héroïque (1).

### 6. Le roi (*rex*).

Le roi est le régisseur (rex), l'administrateur d'une république aristocratique. Les curies, où domine la caste patricienne, le nomment; le sénat le conseille et le maintient. La guerre, les choses sacrées, la juridiction, sont les trois sphères de son pouvoir : il est général, grand prêtre et magistrat judiciaire. Sa destinée sera, ou de se livrer entièrement à l'influence patricienne et sénatoriale, ou de chercher dans la faveur populaire, et dans la protection accordée aux intérêts de la plèbe, un point d'appui contre cette influence. Cependant la narration héroïque le présente avec une part plus large d'autorité. Elle lui fait fonder les institutions, créer les sénateurs, partager les terres conquises, établir des lois, sans doute en les proposant aux comices.

### 7. Éléments originaires du droit civil privé

C'est à Romulus lui-même que l'histoire et les jurisconsultes romains aussi attribuent la publication de lois positives sur la puissance maritale et sur la puissance paternelle : c'est-à-dire sur la composition de la famille romaine (2). Sans recourir à des lois écrites restées inconnues, fabuleuses peut-être comme l'épo-

(1) Cicero., *de Re publ.*, lib. II, § 8 : « Multo etiam magis Romulus Patrum auctoritate consilioque regnavit. »

(2) Den. d'Halic. II, 26 et 27.—Dig. 1. 2, *de origine juris*, 2, § 2, fragment de Pomponius. — *Collatio leg. Mos. et Rom.* 4. 8, fragment de Papinien.

à laquelle elles se rattachent, ne trouvons-nous pas suffisamment les éléments primitifs du droit privé quiritaire, dans la vie guerrière, dans les mœurs rudes de ces temps, et en particulier de la cité romaine (1)? La famille, comme l'État, dans l'humanité, a commencé par la servitude. Les Romains étaient les *Quirites*, les hommes à la lance. Par la lance, ils acquirent leur territoire, leur avoir, leurs compagnons, même leurs femmes, selon leur propre épopée nationale. Aussi la lance devint-elle chez eux le symbole de la propriété, et passa-t-elle jusque dans leur procédure judiciaire. Leurs esclaves étaient un butin, leurs femmes étaient un butin, leurs enfants en étaient un produit; est-il étonnant que le chef de famille, *pater familias*, eut sur ses esclaves, sur sa femme, sur ses enfants, non pas une puissance ordinaire, mais un droit de propriété pleine et entière? droit de vie et de mort sur ses esclaves; droit de condamnation sur sa femme et ses enfants; droit de vendre ces derniers, de les exposer surtout lorsqu'ils étaient difformes. D'autant mieux qu'il est certain que cette propriété, cette exposition des enfants étaient alors dans les coutumes de presque tous les peuples de ces contrées, sinon avec toute l'énergie qu'elles acquirent chez les Romains, du moins en principe.

De quelque faible importance que nous paraissent ces institutions naissantes, elles forment cependant la base fondamentale du droit politique comme du droit civil privé des Romains; et nous trouverons à toujours leurs traces imprimées sur toute la législation. Mais ce ne sont encore ici que des germes qui commencent à poindre. Leur attribuer dès cette époque le dé-

(1) Ainsi le dit Ulpien : « Nam cum jus potestatis moribus sit receptum. » Dig., 1. 6. *de his qui sui*, etc., 8, fr. Ulp.

veloppement avec lequel ils apparaissent plus tard, ce serait commettre un anachronisme.

(An 39.) La tradition héroïque des Romains, après avoir raconté la disparition de Romulus emporté au ciel, au rang des dieux, et après une année d'interrègne, pendant laquelle certains sénateurs auraient exercé tour à tour le pouvoir chacun pendant cinq jours, raconte que le peuple, assemblé par curies, appela sur le trône un Sabin, Numa Pompilius. Elle représente ce roi, aussi pacifique que son prédécesseur avait été guerrier, s'appliquant à adoucir les coutumes sauvages des Romains, favorisant la culture des champs, et développant les premiers germes du droit sacré; car c'est à lui qu'elle attribue la plupart des institutions religieuses de Rome.

### 8. Institutions religieuses (*Sacra publica, Sacra privata*).

Il est plus important qu'on ne le pense peut-être d'examiner dès sa naissance le caractère que prend la religion dans un état qui se forme. A Rome elle se lia intimement au droit politique et au gouvernement des affaires de l'État. Les fonctions sacerdotales furent considérées, pour la plupart, comme des charges civiles, privilége de la caste patricienne. Elles ne séparèrent point de la société celui qui en fut revêtu; il resta semblable aux autres citoyens, capable de se marier, pouvant aspirer en général aux autres dignités, et soumis du reste à presque toutes les obligations publiques. Les pontifes formèrent des colléges dont le roi fut le premier magistrat. Aucune entreprise importante n'eût été faite sans immoler des victimes aux dieux et sans consulter les augures; et souvent la validité d'un acte public, son maintien ou sa cassation, dépendirent des décisions pontificales. Cette magistrature des augures, dont nous aurons à suivre le développement, consistait à présager le résultat de l'entreprise sur l'aspect du ciel, sur le vol et le chant des oiseaux. Les sacrifices et les rites à accomplir au nom et aux frais de la cité (*sacra publica*) formaient un ensemble religieusement réglé, suivant chaque occasion, chaque dieu, chaque temps.

Ce ne fut pas seulement dans les affaires publiques que la religion intervint, mais encore dans les affaires privées. Tous les actes importants des Romains prirent un caractère religieux. Ce fut là que les citoyens puisèrent cette foi inviolable du serment, ce respect des choses sacrées, la vénération des tombeaux, le culte de leurs lares et de leurs dieux domestiques : culte qui, avec l'obligation aux sacrifices qu'il entraînait (*sacra privata*), se transmettait dans les familles comme une partie de l'hérédité, et qui devait rester éternel : « *Ritus familiæ, patrumque servanto; sacra privata perpetuo manento,* » dit Cicéron dans son Traité des Lois (1).

**9. Calendrier. Jours fastes ou néfastes.**

La fixation du calendrier fut confiée aux pontifes. Pour que cette fixation n'offre aucun inconvénient, il faut que l'année comprenne tout le temps précis que la

(1) Cicero, *de Legib.*, lib. II. — Voici comment, dans son Traité de la République il parle des lois religieuses de Numa, en ajoutant qu'on les conserve encore dans les monuments, et en les louant d'avoir organisé les sacrifices, de manière à en écarter les dépenses. « Idemque Pompilius et auspiciis majoribus inventis, ad pristinum numerum duo augures addidit; et sacris *e principum numero* pontifices quinque præfecit; et animos, propositis legibus, *his quas in monumentis habemus*, ardentes consuetudine et cupiditate bellandi, religionum cærimoniis mitigavit; adjunxitque præterea flamines, salios, virginesque vestales; omnesque partes religionis statuit sanctissime. Sacrorum autem ipsorum diligentiam difficilem, apparatum perfacilem esse voluit. Nam quæ perdiscenda, quæque observanda essent multa constituit, *sed ea sine impensa*. Sic religionibus colendis operam addidit, *sumptum removit.* » (*De Republ.*, lib. II, § 14.)

Festus : « *Publica sacra*, quæ publico sumptu pro populo fiunt, quæque pro montibus, pagis, curiis, sacellis; *at privata*, quæ pro singulis hominibus, familiis, gentibus, fiunt. »

terre met à tourner autour du soleil. Alors les diverses époques se développent avec les diverses saisons ; quand la terre achève son cours, l'année termine le sien, et toutes les deux recommencent périodiquement leurs révolutions qui s'accordent toujours. La première année des Romains était loin de présenter cet avantage; elle était basée sur la révolution lunaire, et composée seulement de dix mois, dont le premier était celui de mars et le dernier celui de décembre. Ces dix mois ne formaient que trois cent quatre jours ; et, comme le temps que la terre met à tourner autour du soleil est de trois cent soixante-cinq jours un quart, le mois de mars, qui avait commencé l'année, reparaissait avant que la terre eût achevé sa révolution et que les quatre saisons fussent terminées : ainsi il se trouvait successiment en hiver, en automne, en été, etc., et chaque mois subissait un déplacement pareil. Ce désaccord entre les mois et les saisons ne pouvait qu'entraîner une confusion déplorable. C'est à Numa qu'on attribue la première correction ; aux dix mois qui existaient déjà, il en joignit deux autres, janvier et février, l'un au commencement, l'autre à la fin de l'année; mais ces douze mois ne contenaient que trois cent cinquante-quatre jours, et, d'après quelques écrivains, trois cent cinquante-cinq : la différence avec le cours de la terre autour du soleil était donc encore de onze ou de dix jours, et un quart. Les pontifes furent chargés de corriger cette inexactitude en intercalant des jours de plus dans le courant de l'année. Comment se faisait cette intercalation ? C'est un point qui est bien loin d'être éclairci. Plutarque rapporte que Numa avait ordonné lui-même qu'on ajouterait tous les deux ans un mois intercalaire de vingt-deux ou vingt-trois jours alternativement. Cette méthode, qui du reste n'était pas entièrement exacte, a-t-elle été suivie par les pontifes ? Les historiens de Rome sont trop peu d'accord là-dessus pour qu'on puisse rien affirmer; toujours est-il qu'on voit ces historiens se plaindre souvent de l'arbitraire des intercalations et de l'irrégularité du calcul du temps. Ce calcul se liait intimement au droit privé; la classification des jours de fêtes en dépendait, classification qui naturellement devait appartenir aux pontifes et qui n'était pas sans difficulté, car si le peuple avait ses fêtes publiques pour les dieux de la nation, chaque famille avait aussi ses fêtes privées pour les dieux de la famille. Ces fêtes, et peut-être aussi quelques considérations qui ne nous sont pas bien connues, donnaient naissance à la division des jours en *fastes* et *néfastes*. Les premiers étaient ceux où il était permis de vaquer librement à ses affaires, les seconds ceux où l'on ne pouvait agir en justice ni procéder à aucun de ces actes juridiques qu'avaient les Romains. La fixation des fastes était encore du ressort des pontifes, et les citoyens se voyaient obligés de les consulter souvent pour savoir si tel jour il était permis d'intenter telle action, de procéder à tel acte, prérogative majeure qui donnait à ces patriciens une espèce de suprématie dans les affaires privées.

Après Numa un espace de plus de quatre-vingt-dix années est occupé, selon la narration romaine, par les trois règnes de

TULLUS HOSTILIUS; (An 81).
ANCUS MARTIUS; (An 113).
TARQUIN L'ANCIEN, (An 136).

**10. Nomination des rois, d'après les données de Cicéron, dans son Traité de la République. — Loi *Regia*.**

Le manuscrit de Cicéron sur la république nous a révélé, quant à la nomination de ces rois, des notions bien dignes de remarque. Cicéron ne manque jamais de répéter soigneusement pour Tullus, pour Ancus, pour Tarquin, pour Servius, ce qu'il avait dit de Numa : *Quanquàm populus curiatis eum comitiis regem esse jusserat, tamen ipse de suo imperio curiatam legem tulit* (1). Il y revient, à chaque nouveau règne, avec une régularité, une identité de termes, tellement constantes, qu'on est autorisé à penser qu'il puise à quelques documents publics et légaux. Pourquoi ces deux décisions sur le même sujet? Qu'est-ce que cette loi curiate *de imperio regis*, répétée à chaque règne? Les curies ne pouvaient d'elles-mêmes s'assembler en comices, prendre de décision ni rendre des lois; elles étaient convoquées par le roi et délibéraient simplement sur l'admission ou le rejet de ses propositions, qui avaient été décrétées préalablement par le conseil aristocratique, le sénat. Lors donc que le roi faisait défaut, dans l'intervalle d'un règne à l'autre, pour remplir la lacune, un patricien, pris successivement parmi les sénateurs selon des règles incertaines pour nous, était chargé de tenir provisoirement les rênes du gouvernement. C'était par un de ces entre-rois que les curies étaient convoquées et que le nom du nouveau chef, désigné par le sénat, était soumis à leur suffrage. Je pense que cette première décision des curies, rendue sur la proposition de l'entre-roi, n'était point une loi et n'avait rien de définitif : elle n'exprimait que le suffrage du peuple, l'appel du nouveau roi, sans constituer celui-ci dans ses pouvoirs, parce que son acceptation était nécessaire, et sa propre intervention indispensable pour l'existence d'une loi curiate. Mais du moment que, recevant le rang qu'on lui déférait, il convoquait les curies et les faisait statuer, l'acte émané de ces comices était une véritable loi curiate, qui installait le roi dans tous ses droits et sanctionnait son autorité. C'est là, à n'en pouvoir douter, selon nous,

(1) CICER., *de Republ.*, lib. II, §§ 13, 17, 18, 20 et 21.

la *lex regia*, dont le nom survécut à la haine contre la royauté, et se conserva jusque sous l'empire.

### 11. Droit des gens. Collége des Féciaux.

Sous les trois règnes dont nous venons de parler, l'esprit de conquête reprit sa première énergie; le territoire et les habitants de Rome furent augmentés du territoire et des habitants de quelques cités voisines. Les historiens romains rapportent, les uns à Numa, d'autres à Tullus Hostilius, une institution relative au droit entre nations, celle du collége des Féciaux. Cicéron, dans son Traité des Lois, livre second, indique rapidement toutes les attributions de ces pontifes : « *Fœderum, pacis, belli, induciarum, oratorum feciales judices sunto; bella disceptanto.* « Que les Féciaux soient juges sur les traités, la paix, la guerre, les trêves, les ambassades; qu'ils déclarent la guerre. » Ainsi ces pontifes étaient consultés sur tous ces points du droit international. Ils intervenaient dans les traités d'alliance pour en jurer l'observation; ils étaient chargés des déclarations de guerre. Un fécial, accompagné quelquefois d'un ambassadeur, demandait au peuple qu'on voulait attaquer, réparation des griefs, vrais ou faux, qui étaient le motif ou le prétexte de l'attaque, et lorsqu'après trente-trois jours le peuple n'avait point obéi, le fécial prononçait cette formule que les historiens nous ont transmise : « *Jupiter, et toi, Junon, Quirinus, vous tous dieux du ciel, de la terre et des enfers, entendez-moi! Je vous prends à témoin que ce peuple est injuste, qu'il refuse de nous rendre nos droits; le sénat de ma patrie délibérera sur les moyens de l'y contraindre.* » Après la délibération du sénat, si la guerre était décidée, le fécial placé sur la frontière ennemie lançait contre elle un javelot et faisait ainsi la déclaration solennelle de la guerre : « *Puisque cette nation s'est permis contre le peuple romain d'injustes agressions, puisque le peuple romain a ordonné la guerre contre elle, puisque le sénat a proposé, décrété, arrêté cette guerre, moi, au nom du peuple romain, je la déclare et je commence les hostilités* (1). »

N'est-il pas surprenant qu'une nation qui ne vécut que des dépouilles des autres nations, qui commença par les peuplades qui la touchaient, et finit par les peuples les plus éloignés, eut, dans ses injustices, des institutions protectrices de la justice et de la bonne foi? Non, car le génie politique du peuple romain a presque toujours été de mettre de son côté les apparences du bon droit. Cette justice et cette bonne foi n'étaient que dans les formes : si bien que, postérieurement à l'établissement des féciaux, on consacra, près de Rome, un champ nommé *le Champ ennemi*, et c'était là que le fécial, pour ne point perdre un temps précieux dans un voyage trop long, allait faire sa déclaration de guerre.

Sous Ancus Martius, les arts se répandirent rapidement de la Grèce dans le Latium. Ce ne fut point comme un faible ruisseau, dit Cicéron, mais comme un fleuve immense, que les arts et les sciences de la Grèce affluèrent alors dans nos murs (2). Rome, qui n'avait été, dans son origine, qu'un amas de cabanes formant un camp plutôt qu'une ville, commençait à s'embellir. C'était à ce prince que la tradition populaire rapportait la construction de ces superbes aqueducs, décorés de son nom, qui existent encore aujourd'hui, et qui ont paru à quelques imaginations, des créations cyclopéennes, vestiges mystérieux de civilisations inconnues.

Tarquin l'Ancien apparaît dans l'histoire romaine

(1) Tit. Liv., *Hist. rom.*, lib. I, § 32.

(2) « Influxit enim non tenuis quidam e Græcia rivulus in hanc urbem, sed abundantissimus amnis illarum disciplinarum et artium. » (Cicer., *de Republ.*, lib. II, § 19.)

comme ayant commencé contre la domination aristocratique de la caste patricienne une révolution que son successeur, Servius Tullius, poussa plus avant, et que la plèbe devait poursuivre jusqu'à extinction. Cent plébéiens, peut-être la représentation de la troisième tribu, peut-être de la troisième tribu toute plébéienne, furent introduits dans le sénat, dont le nombre des membres se trouva dès lors porté à trois cents. Ainsi la classe inférieure a fait brèche dans le conseil aristocratique, dans les rangs supérieurs. Cent de ses membres sont élevés au patriciat; mais l'orgueil patricien ne les admet pas sur le pied de l'égalité. Dans le sénat ils ne recevront pas le titre de *patres* : ils n'y seront que des *conscripti*; ils y opineront les derniers; l'assemblée entière portera la dénomination de *patres et conscripti*, et, par la suite, simplement *patres conscripti*. Dans le patriciat, leur généalogie, comme celle de tous les parvenus qui surviendront encore, formera ces *gentes* inférieures, ces *minores gentes*, qui, de génération en génération, resteront toujours distinctes des *gentes majores*, dont la souche ingénue et nobiliaire va se perdre dans les origines de Rome (1).

(An 176) Servius Tullius, qui se fit élever à la dignité de roi par un détour, sans se commettre aux patriciens (*non commisit se patribus*), sans passer par la désignation préalable du sénat, mais en s'appuyant sur la faveur populaire (2), porta un coup plus rude encore à la suprématie patricienne. Il opéra dans la constitution politique une innovation profonde, dont la portée ne fut peut-être pas aussi sensible dès les premiers temps, mais qui venait placer à côté de l'aristocratie de race, renfermée dans la caste supérieure, l'aristocratie d'argent, ouverte à tous.

(1) Cicer., *de Republ.*, lib. II, § 20.
(2) *Ibid.*, § 21.

L'impôt jusqu'alors était une capitation, c'est-à-dire un tribut par tête, sans distinction du pauvre ni du riche. La division du peuple par tribus et par curies était une division de races, et les comices, assises sur cette division (*comitia curiata*), une assemblée votant par races, où, n'importe par quel mécanisme resté inconnu dans ses détails, la suprématie était dévolue à la caste patricienne. Il s'agit, pour Servius, de substituer à la division et au vote par races, une division et un vote par fortunes, et de proportionner, en définitive, le tribut et le vote de chaque citoyen à l'importance de son avoir.

L'institution du cens, la distribution du peuple par classes et par centuries, les comices par centuries, l'ordre naissant des chevaliers, et la nouvelle organisation de trente tribus plébéiennes, appellent ici notre attention.

### 12. Le cens (*census*).

Chaque chef de famille fut obligé de se faire inscrire sur un tableau, en indiquant, sous la foi du serment, le nombre des personnes qui composaient sa famille, et ses biens de toute nature, fidèlement estimés, sous peine de confiscation pour ceux qu'il aurait omis (1). L'opération terminée, le peuple, passé en revue dans le champ de Mars, fut religieusement purifié par une lustration (*populum lustrare*); et tous les cinq ans, la même solennité dut se reproduire : d'où le nom de lustre (*lustrum*) pour désigner un espace d'années quinquennal. Ce tableau, ce registre, qu'on nomma cens (*census*), dans lequel un chapitre (*caput*) était ouvert à chaque chef de famille, fit connaître à des époques périodiques la population des Romains, et leurs fortunes respectives. L'inscription sur le cens fut l'ap-

(1) DENYS D'HALIC., IV, 16.

panage des seuls citoyens romains ; les enfants au-dessous de dix-sept ans n'y figuraient que pour le dénombrement; les esclaves n'y étaient indiqués que par leur quotité, parmi les choses mobilières de leurs maîtres; et par la suite, le mode de les affranchir consista simplement à les faire inscrire sur ce tableau.

### 13. Les classes (*classes*), et les centuries (*centuriæ*).

De l'institution du cens, qui avait déterminé la fortune de chaque citoyen, dériva la distribution du peuple par *classes* et par *centuries*, assise principalement sur l'ordre des richesses. Cette distribution fut conçue de manière à répondre à ces trois nécessités sociales : le tribut, le service militaire, et le vote politique. Les classes et les centuries furent donc une organisation du peuple, pour l'impôt, pour le combat, et pour les comices.

Les classes sont au nombre de six, ou, selon une autre version, de cinq. Quelle était la gradation de fortune d'une classe à l'autre? c'est ce qu'on ne saurait sans doute préciser bien exactement, quoique Tite-Live nous en donne le tableau (1). Ces classes furent diversement imposées et les charges de l'État se trouvèrent ainsi peser sur chacun proportionnellement à ses moyens. La dernière classe, composée de gens qui n'avaient rien ou presque rien, fut dispensée de toute contribution; elle ne dut pas même aller à la guerre, car alors on ne voulait que des soldats citoyens, qui combattissent

(1) D'après Tite-Live (*Hist. rom.*, lib. I, § 43), la proportion des fortunes était celle-ci :

1re classe, composée des citoyens qui possédaient 100 mille as.
2e . . . . . . . . . . . . . . . . . . . . . . . 75
3e . . . . . . . . . . . . . . . . . . . . . . . 50
4e . . . . . . . . . . . . . . . . . . . . . . . 25
5e . . . . . . . . . . . . . . . . . . . . . . . 11
6e . . . . . . . . . . . . . . . . . moins de 11 mille as.

sans paye, par amour pour la cité et non par métier. On nommait *assidui* (de *asses dare*, payer de l'argent) les riches, tandis que les membres de la dernière classe s'appelaient *proletarii*, parce qu'on ne leur demandait pour toutes contributions que de donner des enfants à l'État (1).

Les classes se subdivisaient ensuite en centuries, en tout cent quatre-vingt-treize centuries, ou, suivant une autre version, cent quatre-vingt-quatorze; mais de telle sorte que la première classe, celle des citoyens les plus riches, contenait, quoiqu'elle fût la moins nombreuse, plus de centuries que toutes les autres réunies ensemble, tandis que les prolétaires, qui composaient la dernière classe, avaient tous été rejetés et accumulés en masse dans une seule et dernière centurie.

Ainsi pour l'impôt, les classes vous offrent les citoyens suivant la proportion de leur fortune; on ne demande rien à la dernière classe, aux prolétaires, pas même le service des armes.

Pour le combat, examinez les classes et les centuries : vous y trouvez la cavalerie (*equites*), les fantassins, les charpentiers, les musiciens; même la séparation des vieillards et des jeunes hommes (*senioresque a junioribus divisit*, dit Cicéron), une sorte de ban et d'arrière-ban. La dernière centurie, toute la dernière classe, n'y est pas admise.

Enfin, pour les comices, vous n'avez qu'à assembler le peuple, qu'à le faire marcher au vote, centurie par centurie : la majorité des suffrages est assurée à la richesse (2).

---

(1) CICER., *de Republ.*, lib. II, § 22.

(2) Voici, d'après TITE-LIVE, le tableau des centuries :

| | |
|---|---|
| 1re classe, y compris les 18 centuries de chevaliers, | 98 centuries. |
| On y joignit 2 centuries d'ouvriers. . . . . . . | 2 |
| 2e classe. . . . . . . . . . . . . . . . . . . . . . | 20 |

**14. Comices par centuries** ( *comitia centuriata* ).

Ce sont les comices de l'aristocratie de fortune; comme le peuple y est dans un ordre militaire, et sous les armes, ces assemblées ne peuvent pas se tenir dans l'intérieur de la ville, au Forum; elles se réunissent au Champ de Mars, convoquées, non par les licteurs, mais au son de la trompette (1). Les suffrages s'y donnent, non d'après les races, comme dans les comices par curies, mais d'après le cens (2); ils s'y comptent par centuries. Les riches y ont à eux seuls plus de centuries, et partant plus de voix que tous les autres citoyens. Les prolétaires n'y ont à eux tous qu'une centurie, c'est-à-dire qu'une voix. Encore cette voix, ne peuvent-ils jamais la donner: en effet, chaque centurie, en commençant par la première classe, était appelée à son tour à donner son vote, qu'on proclamait aussitôt; dès qu'on avait ainsi obtenu dans un sens quelconque la majorité nécessaire, on s'arrêtait, et les centuries suivantes n'étaient plus consultées. De cette sorte il ne dut jamais arriver que les prolétaires fussent

---

| | |
|---|---|
| 3e . . . . . . . . . . . . . . . . . . . . . . . . | 20 |
| 4e . . . . . . . . . . . . . . . . . . . . . . . . | 20 |
| 5e . . . . . . . . . . . . . . . . . . . . . . . . | 30 |
| On y joignit 3 centuries de musiciens. . . . . | 3 |
| 6e . . . . . . . . . . . . . . . . . . . . . . . . | 1 |
| Total des centuries. . . . . . | 194 |

Denys d'Halicarnasse n'est pas d'accord en cela avec Tite-Live; il ne compte en tout que 193 centuries, parce qu'il ne met que deux centurie de musiciens; il place les centuries d'ouvriers dans la 2e classe, et non dans la 1re. Cicéron diffère encore de ces deux auteurs (*de Republ.*, lib. II, § 22). D'après lui, il y avait bien 193 centuries, mais la 1re classe n'en comprenait que 88, plus une centurie d'ouvriers; de sorte qu'il fallait, pour avoir la majorité, y joindre encore 8 centuries des classes suivantes.

(1) Aul. Gell., *Noct. attic.*, xv, 27.

(2) Aul. Gell., *ibid.* : « Cum *ex generibus* hominum suffragium feratur curiata comitia esse; cum *ex censu et ætate*, centuriata. »

appelés à voter (1). Ils ne se rendaient au Champ de Mars que comme spectateurs, pour entendre la décision du peuple qui était prise avant d'arriver jusqu'à eux, et leur droit de suffrage devenait une espèce de dérision. La chose eût été moins choquante pour eux, si l'on n'avait proclamé le résultat qu'après avoir fait voter toutes les centuries. Les pauvres alors auraient toujours donné leur suffrage, et quoiqu'il n'eût en réalité rien fait à la décision, n'importe, ils auraient pu dire qu'ils avaient pris part à cette décision, les formes du moins auraient été sauvées; tandis qu'ils pouvaient se regarder comme nuls dans l'État, car pour eux point d'impôt sur le cens, point de service aux armées, point de vote dans les comices.

Les *comitia centuriata*, dans le principe, ne se substituent pas entièrement aux *comitia curiata*; ils se placent à côté. Il serait difficile de dire quelles attributions leur ont été déférées dès leur première création; mais avec le temps le pouvoir de faire les lois, de statuer sur les accusations criminelles, de créer les magistrats, est passé à eux : on les nomme les grands comices (*maximus comitiatus*). Quant aux *comitia curiata*, successivement dépouillés, ils ne fonctionnent plus que pour des élections, des institutions sacerdotales, ou pour quelques actes intéressant l'ordre des familles, les testaments, les adoptions; et ils finissent par être réduits à un état purement symbolique.

Toutefois les actes des comices ne sont définitifs que moyennant l'approbation du sénat (*patrum auctoritas* (2).

### 15. Chevaliers (*equites*).

Tandis que les citoyens se divisent ainsi en diffé-

---

(1) Tite-Live dit qu'on n'arriva presque jamais à la deuxième classe. (*Hist. rom.*, I, 43). — Denys d'Halic., VII, 59.
(2) Tit. Liv., I, 17. — Cicer, *de Republ.*, II, § 32.

rentes classes de fortune ; un ordre destiné à se placer par la suite entre les sénateurs et les plébéiens prend chaque jour un accroissement progressif, je veux parler des Chevaliers.

La première cavalerie des Romains ne fut composée que des chevaux pris à la guerre. Ainsi que tout autre butin, ces chevaux auraient pu être partagés, mais ils furent gardés comme propriété publique, et le cheval de l'État fut confié à un cavalier chargé de le soigner. Ce sont ces cavaliers qui, sous le nom de Célères, nous sont présentés par la tradition comme formant la garde de Romulus. Leur nombre s'accrut avec les forces de Rome : les fils des sénateurs, les jeunes patriciens, s'empressèrent d'entrer dans ce corps d'armée plus brillant que les autres, et dont l'équipement exigeaït plus de fortune. Servius, en augmentant de nouveau leur nombre, les rangea, par leur seule qualité, dans la première classe, parmi ceux des citoyens qui payaient le cens le plus élevé de cette classe ; ils y formèrent à eux seuls dix-huit centuries. Tous patriciens ou riches plébéiens, appelés les premiers lorsqu'on délibérait, composant une grande partie de la classe qui faisait presque à elle seule les décisions, ils ne purent manquer d'acquérir une prépondérance parmi les autres citoyens : voilà comment, destinés dans le principe à n'être qu'un corps de l'armée, ils devinrent par la suite une sorte de corps politique.

### 16. Tribus nouvelles, ou les xxx tribus plébéiennes.

Les tribus, que la tradition romaine nous présente au nombre de trois seulement sous Romulus, apparaissent déjà ici sous un jour tout différent, comme ayant changé complétement de caractère. C'est le même mot, mais ce n'est plus la même institution; et cette identité de termes entre deux choses tout à fait différentes a souvent jeté de la confusion dans les esprits. Soit que les tribus nouvelles dérivent directement ou indirectement des premières, soit qu'elles doivent en être radicalement séparées, le fait est que l'adjonction, l'accroissement continu de la population plébéienne, l'extension successive du territoire urbain ou rural de la cité en ont multiplié le nombre. Elles sont devenues une division territoriale, par cantons, par régions : la tribu de tel ou tel quartier; et elles se distinguent en tribus de la ville et tribus de la campagne. Faut-il dire, suivant l'opinion vulgairement reçue autrefois, que tous les citoyens, même les patriciens y sont compris sans distinction, chacun dans sa localité? ou faut-il, adoptant les idées d'une critique plus moderne, émises par Niebuhr, y voir une distribution exclusivement plébéienne due à Servius Tullius? Ce roi, qui tenta et qui fit tant de choses contre l'aristocratie de race, en même temps qu'il a divisé tout le peuple par classes et par centuries a-t-il organisé la plèbe, selon ses quartiers, en trente tribus, comme la caste patricienne l'était en trente curies? De sorte que les trente tribus plébéiennes seraient le pendant et la contre-partie des trente curies patriciennes? Quoi qu'il en soit, il est certain que l'aristocratie de race était, ou noyée dans les tribus, si l'on s'en tient à la première opinion; ou qu'elle en était même totalement exclue, si l'on adopte la seconde. Le nombre de ces tribus n'est pas indiqué d'une manière précise ni uniforme par les historiens : on peut conjecturer qu'il fut déjà porté à trente par Servius Tullius; plus tard on le verra s'élever jusqu'à trente-cinq. C'est de là que sortiront, avec le temps, de nouveaux magistrats et de nouveaux comices, purement plébéiens.

**17. Les lois royales (*leges regiæ*). — Leur collection par Papirius, (*Jus civile Papirianum* ou *lex Papiria*).**

(An 220.) La période royale est près d'expirer, et l'histoire du droit, sur la foi de Denys d'Halicarnasse et du jurisconsulte Pomponius, place ici, sous le règne de Tarquin le Superbe, successeur de Servius, un monument littéraire qui aurait été comme le code de cette période. Pomponius raconte que les lois curiates portées par Romulus et par ses successeurs furent, au temps de Démarate, réunies par le pontife Sextus Papirius, en un seul corps de livre, qui reçut le nom de droit civil Papirien (*jus civile Papirianum*). En conséquence, Pomponius ouvre la série des sources du droit romain par l'indication de ce monument, et celle des jurisconsultes par le nom de Papirius (1). Un fragment de Paul cite un commentaire que Granius Flaccus, contemporain de Cicéron, aurait fait sur le droit Papirien (2); et Cicéron lui-même parle des lois religieuses de Numa comme conservées encore de son temps dans les monuments (3). Mais le scepticisme scientifique, pour qui la réalité des rois de Rome elle-même est une question, a jeté tous ses doutes sur l'existence des lois royales, et sur celle même du recueil de Papirius. Qu'était-ce que ces lois royales conservées? N'était-ce pas uniquement des lois relatives à des règlements religieux, ou bien même une version postérieure et apocryphe rédigée par les pontifes? Le recueil de Papirius se bornait-il au droit pontifical, où s'étendait-il, comme son titre semble l'indiquer, à des matières de droit civil? Ne se réduisait-il pas à l'exposition de quelques coutumes et de quelques règles non écrites? Voilà des questions auxquelles, sans dénier le témoignage si positif de Pomponius et de Paul, quant à l'existence du livre de Papirius, il est impossible de

(1) Dig. 1, 2, *de Origine juris*, 2, §§ 2 et 36 fr. Pompon.

(2) Dig. 50, 16, *de Verbor. signif.*, 144 fr. Paul. — Voir aussi un fragment de Marcellus, Dig. 11, 8, *de mortuo inferendo*, 2 fr. Marcell., et un fragment de Papirien, *Collat., leg. mos.* et *Rom.*, 4, § 8, qui parlent d'une *lex regia*.

(3) Cicér., *de Republ.*, lib. II, § 14; et lib. V, § 2.

répondre avec certitude. Ces monuments sont complétement perdus pour nous. Les lois royales (*leges regiæ*) sont restées dans le champ de l'inconnu. La reconstruction qu'on s'est efforcé d'en faire sur quelques indications d'historiens ou d'écrivains anciens, n'est qu'une fabrication moderne.

Pomponius n'attribue pas une longue durée à ces lois royales, il les présente comme toutes abolies, après l'expulsion des rois, par la loi TRIBUNICIA (1).

(An 244.) Cependant deux siècles et demi, selon la narration romaine, n'étaient pas encore écoulés depuis l'établissement de la cité ; le peuple ne comptait encore que sept rois, et déjà un grand changement politique se préparait. L'autorité royale avait tendu à s'affranchir de l'influence dominatrice des patriciens. Les institutions de Servius avaient porté coup à leur suprématie de race. Tarquin, qu'ils ont fait surnommer *le Superbe*, fut encore plus rude pour eux. Les pavots qui levaient la tête au-dessus des autres, devaient être abattus. Il y a là une lutte entre l'aristocratie et la royauté : lutte dans laquelle la plèbe fut entraînée du côté de l'aristocratie. Le sénat et les patriciens saisirent l'occasion favorable ; l'attentat commis sur la chaste Lucrèce servit à soulever le peuple, et Rome devint une république consulaire.

Ici commence notre seconde période : jetons un dernier regard sur celle qui vient de s'écouler, et joignant le point de départ des Romains au point où ils sont parvenus, voyons quelle marche ils ont suivie dans le développement de leur politique, de leurs institutions et de leurs mœurs.

---

(1) Dig. 1, 2 *de Orig. jur.*, 2, § 3 fr. Pomp.

## RÉSUMÉ SUR L'ÉPOQUE QUI PRÉCÈDE.

### POLITIQUE EXTÉRIEURE DE ROME.

La première politique de Rome est l'envahissement. Les petits bourgs qui la touchent, les villes plus considérables qui l'environnent sont détruites ; les habitants sont transportés à Rome, incorporés parmi les vainqueurs, jouissant des mêmes droits ; alors cette qualité de *citoyen* romain n'est pas un bien dont on soit avare, on la donne à tous les vaincus.

Lorsque Rome a acquis une population et un territoire, au lieu de chercher à les accroître, au lieu de détruire les villes soumises, et de rendre les habitants Romains en les transportant à Rome, on transporte parmi eux des Romains. Des prolétaires, des affranchis sont envoyés, on les confond avec les premiers habitants, on partage entre eux les terres, et voilà une *colonie* qui dépend de Rome comme d'une métropole dont elle sert à garder le territoire, en même temps qu'elle lui offre un moyen d'étendre ses conquêtes. Ces colonies sous les rois sont encore peu nombreuses, et sans doute leur gouvernement est irrégulier ; mais nous les verrons se multiplier et s'organiser sous la république. Les *colons* jouissent de tous les droits privés de *citoyen* romain, tels que ceux de succession, de puissance paternelle et maritale, mais non du droit politique de voter dans les comices.

Ce système de colonie ne peut s'appliquer à tous les peuples belliqueux qui entourent les Romains. Vaincus dans une guerre, ils recommencent bientôt ; leur résistance opiniâtre suggère alors un système d'humanité politique. On laisse aux villes qu'on a vaincues leurs lois, leur gouvernement, leur indépendance apparente ; par un traité d'alliance on les attache aux Romains, qui s'obligent à les protéger, et auxquels ils doivent, de leur côté, fournir des troupes et des denrées. C'est ainsi que bientôt un pacte fédératif unit à Rome les peuples du Latium. Voilà ces alliés qui portaient le nom de Latins (*Latini*) : ils n'ont à Rome aucun droit de citoyen, ni dans l'ordre privé, ni dans l'ordre public; seulement ils peuvent invoquer le droit qui est commun à tous les hommes.

C'est ainsi que Rome, avec un territoire resserré, avec des citoyens peu nombreux, apparaît défendue à l'extérieur par des colons qui n'ont aucune part à son gouvernement, et appuyée dans le Latium sur ses alliés, qui n'ont chez elle ni les droits privés, ni les droits publics de citoyen.

### DROIT PUBLIC.

Trois corps politiques se présentent avec des pouvoirs distincts : le peuple, le sénat, le roi.

Le peuple, qui apparaît décomposé en deux castes, les patriciens et les plébéiens, parmi lesquels un troisième ordre, celui des chevaliers, commence déjà à s'introduire; et qui agit sous deux combinaisons, où dominent, dans l'une l'aristocratie de race, dans l'autre celle de fortune.

Le sénat, haut conseil de l'aristocratie, formé d'abord de cent patriciens, et porté successivement jusqu'à trois cents, qui prétend dominer les rois et les tenir sous sa tutelle, et qui finit par les renverser.

Le roi, dont le rang n'est point héréditaire, mais qui, désigné par les comices, se fait constituer dans sa dignité par une loi.

Les pouvoirs de ces trois corps politiques, quoiqu'ils ne soient déterminés par aucune loi positive, sont distribués en général comme il suit :

Le peuple élit ses rois, donne quelquefois son consentement aux déclarations de guerre ou de paix, prononce, par admission ou par rejet, sur les lois à faire ou à abroger.

Le sénat est consulté sur les affaires importantes de l'administration; les projets de lois, de guerre ou de paix lui sont soumis avant d'être déférés au peuple; les décisions des comices doivent être investies de son approbation. Ses décrets se nomment *sénatus-consultes*.

Le roi a le commandement absolu des armées; il convoque les comices, le sénat, fait exécuter les lois, rend la justice, et, comme souverain pontife, préside au culte religieux.

Appliquant au gouvernement de Rome la décomposition moderne de la souveraineté en trois pouvoirs, voici le tableau que nous trouverons :

*Pouvoir législatif.* Il est exercé par le roi, le sénat et le peuple. Ce dernier délibère : d'abord dans les comices par curies, où, d'après une composition dont le système nous est inconnu dans ses détails, les suffrages se donnent par races (*ex generibus*), et où la prépondérance est assurée à la caste patricienne; plus tard, dans les comices par centuries, où les suffrages se donnent d'après le cens (*ex censu*), de sorte qu'à l'aide d'une distribution ingénieuse, la classe des riches, quoique moins nombreuse, y a la pluralité des suffrages. Du reste, l'établissement des comices par centuries, ne détruit pas les comices par curies; ces deux institutions se conservent ensemble, et forment la première source des lois romaines.

*Pouvoir exécutif.* Il est confié principalement au roi, qui néanmoins est soumis dans les affaires d'administration à prendre l'avis du sénat, et qui doit même demander le consentement du peuple lorsqu'il s'agit de la paix ou de la guerre. Ce dernier juge les affaires privées par lui-même ou par des patriciens qu'il désigne. Quant aux affaires criminelles dans lesquelles il s'agit de la vie d'un citoyen, on voit le peuple investi quelquefois du droit de les examiner, et nous en avons un exemple dans le jugement d'Horace, si cette histoire doit être regardée comme vraie.

A ces trois pouvoirs, vulgairement indiqués, il faudrait en joindre un quatrième, distinct des trois autres auxquels il sert de base, et qui doit être compté comme leur supérieur : *le pouvoir électoral*. Il n'apparaît pas dans l'antiquité tel que nous le voyons dans les temps modernes, c'est-à-dire appliqué à l'élection de mandataires chargés de représenter dans une assemblée publique ceux qui les ont élus ; mais il s'applique à l'élection des hautes magistratures de l'État. Il réside encore, aux premières époques, dans les comices aristocratiques de race, les comices par curies. La nomination du roi est ainsi faite.

### DROIT SACRÉ.

Le droit sacré intervient à Rome et dans le droit entre nations, et dans le droit public, et dans le droit privé ; le roi préside tout ce qui tient à la religion, et les plus hautes familles des patriciens briguent les charges du sacerdoce, qui d'ailleurs ne sont pas, pour la plupart, incompatibles avec l'aptitude aux autres fonctions publiques. Trois institutions principales sont à remarquer dans le droit sacré :

1° *Le collége des Pontifes*. Il est composé de quatre membres, et placé à la tête de la hiérarchie sacerdotale, avec une juridiction religieuse qui s'étend sur tous les autres sacerdoces et sur une infinité d'affaires privées, telles que les mariages, les adoptions, les sépultures, le culte que chaque famille doit à ses dieux et à ses pénates.

2° *Le collége des Augures*. Il ne se compose encore que de quatre membres, dont les fonctions principales sont de consulter les cieux avant toute entreprise importante. Plus d'une fois on les voit dissoudre une assemblée, arrêter un général prêt à combattre, parce que les auspices sont défavorables.

3° *Le collége des Féciaux*. Ces prêtres doivent connaître des affaires relatives au droit entre nations, aux alliances et aux guerres.

Le droit d'élire les pontifes n'appartient point encore aux comices, mais à chaque collége. La dignité sacerdotale est conférée à vie, et les plébéiens ne peuvent y prétendre.

### DROIT PRIVÉ.

Les documents sur le droit privé de cette époque nous manquent entièrement. L'histoire, il est vrai, attribue à quelques rois de Rome des lois importantes, rendues dans les comices, sur le mariage, sur la puissance paternelle, sur les droits des créanciers quant à leurs débiteurs; mais la science précise du droit ne saurait s'appuyer sur des rapports aussi incertains. L'existence de ces lois inconnues est controversée, et l'on peut dire, en général, que le droit privé de cette époque gît principalement dans les mœurs et dans les coutumes. En cherchant à préciser et à détailler immédiatement les dispositions du droit, on courrait risque d'attribuer à ces premiers temps le produit des temps postérieurs.

### MŒURS ET COUTUMES.

Le caractère exclusif du droit de chaque cité, réservé uniquement à ceux qui y sont citoyens, paraît être une chose de mœurs générales. Le *connubium*, ou la capacité pour l'homme et pour la femme de s'unir en un mariage civil, n'existe pas indistinctement d'une cité à l'autre: il faut que cette communication ait été établie entre leurs populations. C'est pour cela que les premiers Romains, d'après leurs traditions héroïques, ont été obligés de recourir à la surprise et à la force pour enlever leurs premières femmes. Il en est de même, sans doute, du *commercium*, ou de la capacité pour les habitants d'établir entre eux des relations civiles de translation de propriété ou d'engagements. C'est sur ces bases que se forme, pour Rome, le droit exclusivement propre aux citoyens : le droit des Quirites (*jus Quiritium*).

Les coutumes juridiques, les règlements de la famille, de la propriété et des obligations, sont-ils les mêmes pour les deux castes séparées qui forment le peuple romain ? Tout nous atteste qu'ils sont différents ; que non-seulement dans le droit public, mais encore dans le droit privé, une grande distance sépare le plébéien du patricien. Mais de préciser ces différences quant au droit privé : sauf quelques points importants qui nous ont été transmis par l'histoire, c'est un problème livré aux conjectures (1).

D'un côté, le patricien, d'origine primitive, éternellement ingénue : qui peut remonter sa ligne ascendante et dénommer ses aïeux (*qui patrem ciere possunt, id est nihil ultra quam ingenuos*) (2) ; dont la race ne tire sa généalogie que d'elle-même, et forme, par conséquent, une *gens* (*vos solos gentem habere*) (3) ; qui emporte dans la sphère de cette *gens*, et les affranchis qu'il a donnés à la liberté, et les plébéiens asservis à lui par les liens de la clientèle : double série dépendante, auxquelles il communique le nom et les *sacra* de sa race (*sacra gentilitia*), pour lesquelles il est un patron, un père civil (*pater*).

---

(1) M. GUÉRARD, dans un livre qui mérite d'être remarqué : *Essai sur l'histoire du droit privé des Romains*, Paris, 1841, 1 vol. in-8°, a cherché à résoudre ce problème : à retrouver séparément dans leur ensemble, d'une part le droit privé de la caste patricienne, d'autre part le droit privé des plébéiens, et à en raconter la fusion. Même en refusant d'admettre la base principale sur laquelle ce travail est assis, on ne peut s'empêcher de rendre hommage à l'enchaînement logique de tout le système, à la sagacité des aperçus qu'il ouvre, à la simplicité des explications ingénieuses auxquelles il conduit, et enfin, au mérite de la forme sous laquelle il est exposé. C'est un plaisir pour nous que d'avoir à en exprimer notre opinion.

(2) TIT. LIV., X, 8.

(3) *Ibid.*

De l'autre côté, le plébéien, d'origine incertaine ou asservie : qui ne saurait souvent dire d'où il vient, car il est un produit de l'antique asile ouvert à tout venant, des hommes admis à refuge ou à composition ; qui ne saurait remonter une ligne d'ascendants toujours ingénus, car il arriverait à un affranchi, à un client, ou à un inconnu, pour sa souche; qui, par conséquent, n'a pas de *gens*, c'est-à-dire de race lui formant sa propre généalogie, mais qui le plus souvent n'est qu'une dérivation civile, qu'une dépendance inférieure d'une *gens* patricienne.

Telles sont les différences radicales de situation sur lesquelles se basent les différences du droit public et du droit privé entre les deux castes, dont le sang, du reste, ne doit pas se mêler, car la possibilité du mariage civil, le *connubium*, entre l'une et l'autre n'existe pas. Voilà, dès son berceau, cette *plebs* romaine, que des alluvions incessantes viendront accroître et renouveler; qui, peu soucieuse de son origine et recevant de toute part, grandira en nombre, tandis que les *gentes* patriciennes s'éteindront; et qui va marcher persévéramment à la conquête d'un droit égal.

Tout le droit privé des Romains, pour les personnes comme pour les choses, s'assied sur une seule et unique idée : *manus*, la main, la puissance dans son expression la plus générale, et dans son symbole le plus vigoureux. Les biens, les esclaves, les enfants, la femme, et les hommes libres qui lui sont asservis, tout est sous la main du chef, *in manu*; expression qui, plus tard, perdra de sa généralité et deviendra plus spéciale.

La lance, c'est-à-dire la force guerrière, est pour le Quirite, pour l'homme à la lance, le moyen originaire, le moyen par excellence d'acquérir cette puissance, de prendre sous sa main (*manu capere*); et quand elle aura disparu comme moyen brutal, elle restera en symbole.

Ce que nous nommons aujourd'hui la propriété,

porte à cette époque un nom qui résume en soi cet état de civilisation, le nom de *mancipium*, appliqué à la fois à l'objet de la puissance (*manu captum*) et à la puissance elle-même.

Si la lance est le type de l'acquisition primitive, de l'acquisition violente et contestée, une forme civile remarquable se présente et joue le rôle le plus actif dans les relations privées, pour opérer de l'un à l'autre la translation pacifique de la puissance (*manus*), de la propriété (*mancipium*). C'est la solennité par la pièce d'airain et par la balance (*per æs et libram*), nommée elle-même *nexum*, *mancipium*, plus tard *mancipatio* : vestige des temps où, dans les échanges, le métal se donne encore au poids. Un *libripens* porte la balance; cinq citoyens, représentant peut-être chacune des cinq classes censitaires, servent de témoins; le lingot se donne et se pèse; des paroles, contenant la loi du contrat (*lex mancipii*), se prononcent; et la *manus*, la puissance, est transmise de l'un à l'autre. Quand les monnaies commencent à paraître, elles sont de cuivre, portant l'empreinte d'un bœuf ou d'un mouton, d'où leur vient le nom de *pecunia*. Mais la solennité *per æs et libram* reste toujours, comme symbolique et nécessaire.

De même que la *manus* est la base principale du droit privé des Quirites, de même la *mancipatio*, ou la solennité *per æs et libram*, est la forme principale qui fonctionne pour l'établissement, pour la modification ou pour l'extinction des droits. Par elle s'acquièrent la propriété des fonds, la propriété des bêtes de somme ou de trait, la propriété des esclaves, la propriété de la femme, la propriété de l'homme libre; par elle se contractent les liens d'obligation civile; par elle se fait le testament.

Cette solennité est, dans bien des cas, d'un usage tout plébéien, et elle sert à la classe inférieure pour atteindre des résultats que la caste aristocratique obtient par des moyens plus élevés. Ainsi, tandis que la femme patricienne passe sous la main de son mari par une cérémonie religieuse, la *confarreatio*, dont le caractère et les symboles sont remplis de dignité et de noblesse, et qui rend ses enfants aptes aux hautes fonctions sacerdotales, la femme plébéienne est vendue au sien par la pièce d'airain et par la balance (*per æs et libram*), ou bien acquise par la possession d'une année, comme une chose mobilière. Ainsi, tandis que pour le testament du patricien les curies sont convoquées, qu'elles délibèrent si cette interversion dans l'ordre de la famille aristocratique sera autorisée, si celui que propose le testateur sera admis à être son héritier, c'est-à-dire à prendre, après sa mort, sa place dans la corporation ; tandis que le testament des patriciens n'est rien moins qu'une loi curiate; le plébéien, qui ne peut aspirer, sinon en droit, du moins en fait, à une forme si haute, parvient moins noblement mais plus facilement au même résultat, à l'aide d'un détour, en vendant son patrimoine à venir par la solennité *per æs et libram*. Ou bien enfin, cette solennité lui sert encore à engager, à asservir sa propre personne ou celle de ses enfants, de ceux qui lui sont soumis, soit pour réparer un préjudice, pour en faire argent d'une manière quelconque, soit pour emprunter et pour donner ainsi garantie au créancier.

Mais le tableau qui frappe le plus dans les mœurs romaines, est celui que présente chaque famille. Elle se groupe sous la main du chef et forme, au milieu de la société générale, une petite société soumise à un régime despotique. Ce chef, *pater familias*, est seul, dans le droit privé, une personne, c'est-à-dire il forme seul un être capable d'avoir ou de devoir des droits. Tous ceux qu'il a sous sa main ne sont pour lui que des représentants, que des instruments. Il est propriétaire absolu de tous les biens, et même de tous les individus qui composent sa famille. Il a sous sa puissance immédiate ses esclaves, ses enfants, sa femme, et les hommes libres qui lui sont asservis. Autour de lui se rangent encore, quoiqu'ils lui soient soumis moins directement, ses affranchis; et, lorsque le chef est patricien, ses clients. De là naissent des institutions qui trouveront une application perpétuelle dans le droit civil relatif aux personnes.

1° *L'esclavage*, qui jette dans l'État et dans les familles une classe d'hommes sans droits, assimilés à des choses, dont on peut disposer et trafiquer à volonté : institution contraire à la nature, mais commune à tous les peuples de ce temps.

2° *La puissance paternelle*, particulière, dans toute son énergie, au seul peuple romain, qui pèse sur le fils quelque âgé qu'il soit, et qui rend son père maître de sa personne, de ses enfants, de son travail, même de sa vie.

3° *La puissance maritale*, lorsque la femme a passé sous la main du mari : puissance peut-être moins sévère que les deux autres, parce qu'elle dut être modérée dès sa naissance par l'influence des parents de la femme.

4° *La puissance sur les hommes libres* qui, bien que libres dans l'ordre de la cité, peuvent, dans la famille, être asservis au chef, soumis à sa propriété, assimilés à un esclave : soit qu'il s'agisse d'enfants ou d'autres personnes dépendantes, vendus ou abandonnés *per æs et libram* par leur chef; soit qu'il s'agisse de débiteurs qui, faute de payer leur créancier, lui ont été attribués en propriété par déclaration du magistrat (*addicti*), ou qui se sont eux-mêmes livrés et asservis à lui par la solennité *per æs et libram*, afin de se libérer de leur dette par un temps de servitude (*nexi*).

5° *L'affranchissement*, qui, faisant passer un individu de l'état de chose à l'état d'homme libre, sans rompre cependant tous les liens et tous les devoirs qui l'attachaient à son ancien maître, donne au milieu de Rome une classe particulière de citoyens, conservant encore pendant plusieurs générations l'empreinte de leur ancien esclavage. On ne sait comment s'opérait l'affranchissement avant l'institution du cens ; depuis cette époque, c'est par l'inscription sur le tableau des citoyens que l'esclave devient affranchi et acquiert les droits de cité.

5° *La clientèle*, sujétion à la fois politique et privée, qui distribue et attache la plèbe sous la domination de la race supérieure ; qui fait des familles plébéiennes un accessoire, une dépendance des *gentes* patriciennes. Le client et sa descendance entrent dans la *gens* du patron ; ils prennent, avec une désinence qui y indique leur situation, le nom de cette *gens*, ils s'assujettissent à son culte privé (*sacra gentilitia*) ; leur succession revient à cette *gens* à défaut d'héritiers dans leur propre famille. Le patron doit protéger son client, le diriger dans ses affaires, l'aider de son crédit : tandis que le client doit le payer de son zèle obséquieux et de son dévouement sans bornes. Celui-ci reçevant du patron des secours, des moyens de travail et d'existence, quelquefois des terres à cultiver, est obligé de contribuer, même de sa fortune, aux dépenses qui, dans les grandes occasions, peuvent frapper sur le patron, telles que la réparation de malheurs imprévus, la dot des filles, le rachat de chez l'ennemi. Le patron et le client ne peuvent s'appeler en justice, rendre témoignage l'un contre l'autre, et dans les comices politiques par curies (*ex generibus*), la clientèle est emportée dans la sphère de la *gens*, et, sans doute, le vote du client assujetti à celui du patron. La religion et les mœurs revêtaient ces devoirs d'un caractère tellement sacré, que le patron ou le client qui les oubliait, était frappé d'anathème. Union politique, mode de servitude de la classe inférieure qui nous étonne aujourd'hui, mais que nous concevrons plus facilement lorsque, transformée, corrompue dans la suite par la civilisation, et devenue uniquement un instrument de crédit, de brigue et de dilapidation, elle sera à l'unisson de nos mœurs (1).

Les patriciens seuls avaient des clients. Peut-être, dans le principe, tous les plébéiens étaient-ils ainsi rattachés à une *gens* aristocratique ; c'est ce qui résulte du dire des historiens (2). Mais avec le temps, la nouvelle plèbe, sans cesse accrue, et libre de pareils liens, engloutit ces premiers germes de la population romaine. Les *gentes* de première race, leurs dépendances plébéiennes inférieures, noyau primitif du peuple romain, disparaissaient, et, avec elles, la véritable clientèle, qui finit ainsi par s'éteindre et par ne plus rester exactement, même en souvenir.

Si de l'examen des personnes on passe à quelques observations sur les biens, il faut remarquer dès cette époque l'*ager romanus* : le champ, le sol, le territoire romain, le champ du droit quiritaire, le seul qui soit susceptible de l'application de ce droit, de même que les citoyens de Rome sont les seuls à en jouir. Les divers rois de Rome, Romulus, Ancus, Tarquin l'Ancien, Servius Tullius, sont présentés par les historiens comme traçant, étendant successivement l'enceinte de cet *ager romanus* ; le divisant entre les citoyens, soit en une distribution politique par curies, soit par tête (*viritim*) (3). A la dernière étendue marquée par Servius Tullius, le champ quiritaire s'arrête (4). En vain Rome,

---

(1) DEN. D'HALIC., II., § 9 et 10. — AUL. GELL., *Noct. Attic.*, V, § 13 ; XX, § 1. — TIT. LIV., II, § 56.

(2) CICERO, *de Republ.*, lib. 2, § 9. « Et habuit (Romulus) plebem in clientelas Principum descriptam ; quod quantæ fuerit utilitati, post videro.

(3) DEN. D'HALIC., *Antiquit.*, III, § 1. — CICERO, *de Repub.*, lib. 2, §§ 14 et 18.

(4) DEN. D'HALIC., IV, § 13.

de conquêtes en conquêtes, envahira le monde et reculera les limites de sa domination, l'*ager romanus* restera tel qu'il vient d'être fixé. Ce ne sera plus que faveur et avantage, à demander ou à arracher à la ville souveraine, que d'obtenir pour d'autres territoires la participation au droit quiritaire à l'instar de ce champ. Et là tradition, se perpétuant à travers les superpositions de races, de civilisations et de langages, montre encore aujourd'hui au voyageur moderne, ce que l'enfant du peuple continue à nommer de son antique nom, l'*agro romano*.

Il faut remarquer encore, en le distinguant du précédent, l'*ager publicus*, c'est-à-dire la propriété territoriale de l'État, la partie appartenant au peuple collectivement : champs réservés, soit pour servir aux pâturages ou aux usages communs, soit pour être exploités au profit de la chose publique, ou concédés au nom de l'État, en jouissance gratuite ou moyennant redevance. Ce sont ces champs dont les *gentes* patriciennes envahiront la possession en s'affranchissant du payement de la redevance, qui deviendront dans leurs mains, sinon une propriété romaine, du moins des possessions héréditaires, et dont la plèbe demandera souvent le partage. Ce champ public s'étend avec les armes de Rome : l'expropriation du territoire des nations vaincues, sauf de meilleures conditions à obtenir du vainqueur, est la loi de la guerre; et tout sol conquis, avant sa distribution aux particuliers est *ager publicus*. Ce champ du peuple embrassera le monde connu.

Après cet aperçu, qu'on ne dise point qu'il n'y avait pas encore à Rome de droit civil. Il n'y avait pas de droit écrit, mais un droit coutumier fortement enraciné, premier germe de toutes les lois qui naîtront par la suite.

# DEUXIÈME ÉPOQUE.

## LA RÉPUBLIQUE.

### § I. JUSQU'AUX LOIS DES DOUZE TABLES.

Plusieurs puissances distinctes ne peuvent dans un même État exister ensemble sans être rivales, c'est-à-dire ennemies l'une de l'autre. Sont-elles trois? deux se réunissent pour détruire la troisième. Ne sont-elles que deux? les dissensions n'en sont que plus vives. Rome nous en offre un exemple. Des trois corps politiques que nous avons comptés dans le gouvernement, il ne reste que les patriciens et les plébéiens. Ils étaient unis pour renverser les rois, et maintenant va commencer entre eux cette lutte continue dans laquelle les patriciens se trouvant en possession de tous les honneurs, de tous les priviléges, de toutes les dignités, les plébéiens arracheront successivement leur part dans les honneurs, dans les priviléges, dans les dignités : lutte qui commence à l'affranchissement des deux ordres hors de l'autorité royale, et qui se terminera par leur asservissement sous le despotisme impérial.

(An 245.) On pourrait croire au premier abord que le gouvernement n'a subi dans cette secousse qu'un changement bien léger. Point d'innovation apparente dans les comices, dans le sénat, dans l'administration; l'autorité royale est seulement remise à deux consuls élus comme les rois par le peuple, et dont le pouvoir ne doit durer qu'une année. Mais la position des chefs, l'esprit des citoyens, sont totalement changés, et de là dépendent tous les événements qui suivront.

Les consuls sont bien loin de prendre la place des rois. Ceux-ci, au-dessus des sénateurs et des patriciens, formaient un corps politique indépendant, et l'équilibre avait à s'établir entre le roi, le peuple et le sénat. Les consuls, au contraire, ne sont que des patriciens; ils sont dirigés par le sénat, et ne font rien que sous son influence: l'équilibre politique doit s'établir entre le sénat et le peuple, et la puissance détruite des rois se distribuer sur ces deux corps.

Le sénat augmente son pouvoir exécutif; l'administration se concentre sur lui; c'est lui qui traite avec les alliés, avec les ennemis; en un mot, c'est lui qui tient la barre du gouvernail. Au fond, la révolution est une révolution aristocratique; c'est la caste patricienne qui en recueille les premiers fruits; et le sénat, pour nous servir des expressions de Cicéron, maintient la république en un tel état, que tout s'y fait par son autorité, et rien par le peuple (1).

Le peuple cependant se croit libre. Au fond, il a mesuré sa force, il sait qu'il fait les lois, les magistrats; il sait que le joug qu'il s'est imposé, il peut le renverser. En la forme, il a augmenté son indépendance, et l'on flatte sa souveraineté. Les faisceaux des consuls se baissent devant lui. Peine de mort contre celui qui prendra une magistrature sans son consentement; peine de mort contre celui qui aspirera à la royauté; droit d'appel au peuple contre toute sentence d'un ma-

(1) CICERO, *de Repub.*, lib. II, § 32. « Tenuit igitur hoc in statu senatus rempublicam temporibus illis, ut in populo libero pauca per populum, pleraque senatus auctoritate et instituto ac more gererentur; atque uti consules potestatem haberent tempore duntaxat annuam, genere ipso ac jure regiam. Quodque erat ad obtinendam potentiam nobilium vel maximum, vehementer id retinebatur, populi comitia ne essent rata, nisi ea patrum approbavisset auctoritas. »

gistrat qui condamnera un citoyen à être mis à mort, exilé ou battu de verges.

**18. Lois valériennes** (*leges* VALERIÆ). — **Questeurs des homicides** (*Quæstores parricidii*).

Parmi ces lois obtenues par le peuple arrêtons-nous à la dernière. Elles portent toutes le nom de *leges* VALERIÆ, parce que ce fut sur la proposition du consul Valérius Publicola qu'elles furent rendues par les centuries (1). La dernière défendait qu'aucune peine qui priverait un citoyen romain de la vie, de la liberté, de ses droits de cité, pût être prononcée irrévocablement par un magistrat seul. Les comices par centuries devaient être assemblés et juger ces affaires criminelles. Ce droit n'existait-il pas déjà sous les rois? Plusieurs historiens l'affirment, et Cicéron, dans son Traité sur la république, s'exprime ainsi : « *Provocationem autem etiam a regibus fuisse » declarant pontifices libri, significant nostri etiam au» gurales*. Le droit d'appel existait aussi contre les dé» cisions des rois, c'est ce que déclarent les livres des » pontifes et ceux des augures. » Quelle innovation apporta donc la loi VALERIA? Elle transforma en droit écrit ce qui n'était pour ainsi dire qu'une coutume quelquefois négligée, ou respectée seulement quand il s'agissait de la caste patricienne; et depuis, les comices furent attentifs à user de leurs droits.

Chacun pouvait, aussi bien qu'un magistrat, poursuivre devant le peuple la punition des crimes capitaux; mais les comices déléguaient souvent leurs pouvoirs à des citoyens appelés *quæstores parricidii* qui devaient présider à ces affaires criminelles (*qui capitalibus rebus præessent*), diriger l'instruction, et ren-

(1) CICERO, *de Repub.*, lib. II, § 31. — DIG., 1, 2, *de Origine juris*, 2, § 16 fr. Pompon.

dre le jugement au nom du peuple (1). Qu'on n'attribu point à ce mot *parricidium*, le sens qu'on lui a faussement donné par la suite : il signifie *paris-cidium*, meurtre de son semblable, homicide, et non *patris-cidium* meurtre de son père, patricide; aussi lit-on dans Festus cette loi attribuée à Numa : « *Si quis hominem liberum dolo sciens morti duit, parricida esto.* »

La loi Valeria ne s'appliquait pas aux étrangers, au esclaves; les consuls pouvaient de leur propre autorit les faire punir, battre de verges, ou mettre à mort. Ell ne s'appliquait pas à l'armée, car la discipline si rigoureuse des Romains eût été détruite bientôt si l'on avai opposé une telle barrière au pouvoir du général. Enfi elle s'arrêtait devant la puissance paternelle, et, chos étonnante, celui dont l'état ne devait dépendre que d peuple réuni, pouvait être mis à mort sur l'ordre d son père.

#### 19. Questeurs du trésor public (*Quæstores*).

On attribue au même consul Valérius la creatio d'une magistrature nouvelle. Le trésor public avait ét confié jusqu'ici au roi et ensuite aux consuls, sauf eux à le faire administrer et garder à leur volonté. Su la proposition de Valérius, deux questeurs furent nommés par le peuple pour remplir spécialement cet emploi; on les appela *Quæstores*, parce qu'ils devaien rechercher et recueillir les deniers publics (*qui pecuniæ præessent*), comme on avait nommé *Quæstores parricidii* ceux qui devaient rechercher les preuves des crime capitaux (2). Cette charge commence le démembremen du consulat; elle fut réservée dans son origine aux seul patriciens, et elle devint par la suite le premier pa vers les dignités.

---

(1) Dig., 1, 2, *de Origine juris*, 2, § 23 fr. Pompon.
(2) *Ibid.*, § 22 fr. Pompon.

### 20. Dictateur ou Maître du peuple (*Dictator, Magister populi*). — Maître de la cavalerie (*Magister equitum*).

Cependant Tarquin après son expulsion ne resta point inactif; les guerres qu'il suscita contre les Romains obligèrent ceux-ci à déployer toute leur énergie, et neuf années s'étaient déjà écoulées depuis le renversement du trône, lorsque menacés à l'extérieur par une armée considérable que le gendre de Tarquin réunissait contre eux, tourmentés à l'intérieur par les dissensions qui commençaient à naître entre les deux ordres, ils purent craindre pour leur république. Dans cette crise le sénat recourut à un remède vigoureux. Une nouvelle charge fut établie, *la Dictature*, empruntée aux usages latins. (An 253.) Sur l'ordre du sénat les consuls nommèrent parmi les patriciens un dictateur qui fut revêtu pour six mois d'une autorité absolue. Toutes les dignités furent suspendues devant la sienne. Comme magistrat, comme général, il commanda à Rome, à l'armée. Les haches furent rendues aux faisceaux de ses licteurs; il put condamner les citoyens aux verges, à l'exil, à la mort, sans l'assentiment du peuple. Le pouvoir législatif fut le seul qu'on ne lui remit pas. Ainsi la caste patricienne échappait aux lois *Valeriæ* accordées à la plèbe après l'expulsion des rois; ainsi elle reprenait sur cette plèbe une domination passagère, et le nom de Maître du peuple (*magister populi*), qui se lisait sur les anciens livres de Rome, mais que les ménagements de l'usage remplacèrent par une dénomination moins significative, atteste le caractère de cette magistrature (1). Une puissance si énergique était propre à sauver l'état d'une crise violente : aussi la vit-on par la suite employer à

(1) Cicero, *de Republ.*, lib. 1, § 40. « Nam Dictator quidem ab eo appellatur, quia dicitur; sed in nostris libris vides eum Magistrum populi appellari. » — Dig., 1, 2, *de Origine juris*, 2, § 18 fr. Pompon.

Rome dans tous les dangers pressants ; mais elle pouvait conduire à la tyrannie d'un seul, et ce fut ce qui arriva : non pas tant que les dictateurs, citoyens de la république, agents de la classe aristocratique, songèrent à la sauver, et déposèrent leurs faisceaux après le danger ou après les six mois; mais plus tard, lorsque les généraux combattirent pour eux-mêmes ou pour leur parti.

On adjoignit au dictateur un lieutenant qu'il pouvait se choisir, et qui portait le titre de Maître de la cavalerie (*Magister equitum*) (1). Une chose remarquable, c'est que ce lieutenant paraissait à cheval, à la tête de l'ordre des chevaliers, tandis que le dictateur, précédé de ses vingt-quatre licteurs, était obligé de marcher toujours à pied, à Rome comme à l'armée. Avait-on voulu diminuer par les apparences le pouvoir sans bornes qui lui était confié, et, pour ne point alarmer les plébéiens à l'aspect de ce pouvoir, avait-on voulu que le patricien qui en était revêtu, loin de marcher à la tête des nobles qui formaient la cavalerie, fût rejeté dans l'infanterie à côté des plébéiens qui la composaient, et parût être leur général plutôt que celui des patriciens ?

Quoi qu'il en soit, les charges de dictateur et de maître de la cavalerie, toutes deux importantes, donnant toutes deux droit aux licteurs et à leurs faisceaux, furent réservées aux seuls patriciens, comme l'étaient celles des consuls et toutes les autres dignités.

### 21. Lutte des plébéiens contre les patriciens.

Une fois rassurés sur la crainte qu'avaient inspirée Tarquin et ses partisans, une fois l'autorité du dictateur déposée, la tranquillité momentanée que l'approche du péril et la compression de la plèbe avaient fait

---

(1) Dig., 1, 2, *de Origine juris*, 2, § 19 fr. Pompon.

naître disparut, et la lutte des plébéiens contre les patriciens commença. La situation politique des premiers n'était pas avantageuse. Les patriciens seuls composent le sénat, seuls ils sont admissibles aux charges religieuses, seuls ils peuvent être consuls, questeurs, dictateurs, maîtres de la cavalerie; à l'armée ils commandent; et dans les comices par curies ou par centuries ils dominent, dans les unes par leur race, dans les autres par leurs richesses. La position privée des plébéiens n'est pas plus heureuse : pauvres, n'ayant guère de recours à ces arts et à ces professions mercantiles inconnues ou du moins rares alors à Rome, ne possédant pour ressource que l'agriculture ou la guerre, leur petite récolte ou leur part de butin, ils se voient souvent obligés d'emprunter des riches ; le moment d'acquitter l'obligation arrive, le débiteur est dans l'impossibilité d'y satisfaire ; il faut qu'il se livre, qu'il s'engage lui-même, par la solennité *per æs et libram*, dans la servitude du créancier (*nexus*); ou bien celui-ci, en vertu des droits dont nous avons parlé, se le fait attribuer en propriété par le magistrat, à l'instar d'un esclave (*addictus*), et l'emmène comme son bien : vexations, dégradations privées qui, se multipliant fort souvent et se joignant aux vexations politiques, devaient entraîner de fâcheux résultats. Souvent pour les prévenir, pour apaiser le flot qui se soulevait, le sénat apportait une satisfaction de fait, un soulagement momentané : on s'imposait des sacrifices, on libérait les débiteurs, on faisait rendre à la liberté ces hommes libres serfs de leur dette (*nexi, addicti*). Mais c'était un secours transitoire ; le droit restait (1).

(1) Cicero, *de Republ.*, lib. II, § 34. Il y avait eu de pareils adoucissements, notamment sous Servius Tullius.

**22. Tribuns de la plèbe** ( *Tribuni plebis* ). — **Lois sacrées** (*leges sacræ* ).

Un de ces débiteurs, échappé de la maison de son créancier, parut sur la place couvert de plaies. A ce spectacle on s'agite, le mécontentement se communique, il éclate, et les plébéiens se retirent en armes sur une colline au delà de l'Anio, le mont Aventin (an 260). Cette sédition, outre la remise des dettes et la libération des débiteurs qui s'y trouvaient asservis en ce moment, coûta cher aux patriciens. Ils avaient dans leur ordre deux consuls; ils furent contraints d'accorder aux plébéiens deux magistrats qui reçurent le nom de Tribuns de la plèbe (*Tribuni plebis*) (1), comme les magistrats, les protecteurs des tribus dans lesquelles la plèbe était distribuée (2).

Les tribuns seront choisis parmi les plébéiens; leur première fonction sera de les défendre. Ils auront le droit de s'opposer aux actes des consuls, de paralyser les décrets du sénat par leur *veto;* ils pourront même arrêter les autres magistrats et les citer devant l'assemblée du peuple. Plus d'une fois ils feront condamner les consuls sortants qui, dans leur magistrature, se seront montrés hostiles à la cause populaire.

On exigea pour tous ces droits les garanties les plus fortes : le peuple dans les comices par centuries les confirma, le sénat les sanctionna et la religion les consacra. Les tribuns, la colline sur laquelle on s'était retiré pour les obtenir, les lois qui les avaient constitués, devinrent des objets sacrés : cette colline prit le nom de Mont sacré (*Mons sacer*), ces lois celui de lois sacrées (*leges sacræ*); la personne des tribuns fut inviolable,

---

(1) *Tribuni plebis*, tribuns des plébéiens ou de la plèbe, et non tribuns du peuple, *tribuni populi*, comme on le dit vulgairement.

(2) CICERO, *de Republ.*, lib. II, § 34. — DIG., 1, 2, *de Origine juris*, 2, § 20 fr. Pompon.

*sacro-sancta* : quiconque attenterait à leur vie devait être dévoué aux dieux infernaux.

**23. Comices par tribus** (*Comitia tributa*). — **Plébiscites** (*plebis-scita*).

Cette première victoire des plébéiens conduisit à toutes les autres. Les tribuns, d'abord au nombre de deux, furent bientôt portés jusqu'à dix. Il est vrai qu'en augmentant leur nombre la caste patricienne tendait à rompre leur union et à affaiblir leur énergie; mais il n'en fut pas ainsi dans les commencements. Avides de capter la faveur de leur ordre, prompts à s'opposer aux sénateurs et aux patriciens, se consultant entre eux sur les mesures qu'ils devaient adopter, prenant l'avis des principaux plébéiens, ils furent conduits à réunir la masse plébéienne, à prendre ses décisions et à substituer ainsi à leurs délibérations privées les délibérations publiques de toute la classe. Les curies étaient une division pour l'aristocratie de race, les centuries pour l'aristocratie de fortune; mais les tribus formaient la division plébéienne, où la plèbe était souveraine, soit qu'elle y fût seule admise, soit qu'elle y absorbât par le nombre tous les autres. Les tribus furent donc convoquées par les tribuns (an 265); et ainsi naquirent ces assemblées, présidées par des plébéiens, ouvertes sans consulter les augures, qui, d'abord destinées aux délibérations politiques d'un seul ordre de citoyens, s'emparèrent bientôt de certains jugements, de certaines élections, rendirent des lois sur le droit privé, et devinrent une branche du pouvoir législatif. Elles portaient le nom de *Concilia*, qui indiquait leur caractère de conciliabules pour une seule fraction du peuple; mais on les désigne plus souvent encore sous celui de Comices par tribus (*Comitia tributa*). Leurs décisions se nommaient *Plebis-scita*, ordres des plébéiens, et quelques écrivains, par opposition, ont désigné sous le nom de *Populi-scita*, ordres du peuple, les lois rendues par les comices.

Ainsi, dès cette époque, sont nées les trois sortes d'assemblées que nous offre l'histoire dans la cité romaine. Les assemblées antiques et aristocratiques de la caste patricienne, ou les comices par curies (*comitia curiata*) ; les assemblées de tout le peuple, avec la prépondérance pour la fortune, ou les comices par centuries (*comitia centuriata*) ; et enfin les assemblées plébéiennes, ou les comices par tribus (*comitia tributa*). On peut les caractériser, avec précision, en disant d'après Aulu-Gelle, que les suffrages s'y donnent selon cette division : dans les premières, par races ; dans les secondes, par le cens et l'âge ; dans les troisièmes, par quartiers et localités (1).

### 24. Édiles plébéiens (*Ædiles plebeii*).

Les assemblées des plébéiens ne tardèrent pas à marcher vers des progrès incessants pour la plèbe, et comme les consuls avaient sous leurs ordres deux questeurs, elles adjoignirent aux tribuns deux magistrats élus dans la plèbe, et nommés édiles plébéiens (*ædiles plebeii*), qui furent chargés des détails de la police, de la surveillance des marchés et de la garde des édifices publics (2).

### 25. Origine de la loi des XII Tables (*Lex* ou *leges XII Tabularum*. — *Lex decemviralis*). — Décemvirs (*decemviri*).

Un succès d'une bien plus haute importance fut poursuivi avec ténacité par la plèbe sous la direction de ses tribuns, et obtenu enfin, du moins en partie, après

(1) Aul. Gell., *Noct. attic.*, XV, § 27. « Cum ex generibus hominum suffragium feratur, curiata comitia esse ; cum ex censu et ætate, centuriata ; cum ex regionibus et locis, tributa. »

(2) Dig., 1, 2, *de Origine juris*, 2, § 21 fr. Pompon.

une longue résistance de la caste patricienne. En effet, le droit, soit public, soit privé, avait deux vices capitaux : il était d'une part incertain, caché au vulgaire ; et de l'autre, inégal entre les deux ordres. Mystère et arme aristocratique dans les mains des patriciens, il tenait la plèbe au-dessous d'eux et sous leurs coups. Les plébéiens marchèrent donc à obtenir deux choses : la publicité et l'égalité du droit (*æquanda libertas ; — summis infimisque jura æquare*) (1) ; ce fut dans cet esprit qu'ils réclamèrent la rédaction et la promulgation de lois positives pour la république. Il faut voir, malgré l'obscurité qui les entoure en certains points, il faut voir les débats de cette grande question qui ne vise à rien moins qu'à égaliser les deux ordres ; la résistance des patriciens ; et, de consulat en consulat, les vicissitudes de la lutte, qui se prolonge pendant dix ans (An de Rome 292, jusqu'à 303). Au dire des historiens, trois patriciens furent envoyés dans la Grèce (an de Rome 300 ) pour recueillir la législation de cette contrée d'où étaient venues les premières idées d'arts et de civilisation ; à leur retour, deux ans après, ils auraient rapporté les lois attiques, et Hermodore, exilé d'Éphèse, les aurait expliquées aux Romains, qui lui élevèrent une statue (2). Cette légation en Grèce était dans la croyance romaine ; mais elle a divisé la critique moderne. Traitée de fable par les uns, appuyée sur des monuments par les autres, elle est au nombre des problèmes douteux de l'histoire du droit romain. Nous ne sommes pas à même de prononcer historiquement sur la réalité de la légation ; mais il me paraît certain que les lois grecques n'ont pas été étrangères aux rédac-

(1) TIT. LIV., III, 31. — DEN. D'HALIC., X.

(2) TIT. LIV., III, 31 et seq. — DEN. D'HALIC., X. — DIG., 1, 2, *de Orig. jur.*, 2, § 4 fr. Pomp. — PLIN., *Hist. natur.*, XXXIV-5. — CICER., *de Legib.*, §§ 23 et 25. — DIG., 10, 1, *Fin. regund.*, 13, fr. Gai., et 47 ; 22, *de coll. et corp.*, 4, fr. Gai.

teurs des XII Tables, et qu'ils les ont imitées en quelque points, bien qu'au fond le droit civil romain soit u droit originaire et non d'emprunt, ayant son caractèr tout spécial.

Quoi qu'il en soit, en 303 de Rome, d'après le calcu des Romains, et dans l'année qui suivit le retour de députés, si l'on accepte le fait de la députation comm vrai, dix magistrats choisis par les comices dans l'ordre des sénateurs reçurent la mission de rédiger les loi civiles de la république.

(An 303.) Ces magistrats, nommés Décemvirs (*Decemviri*), furent revêtus d'un pouvoir absolu semblabl à peu près à celui de dictateur; toutes les charges furent suspendues; les consuls, les questeurs, les tribuns et les édiles déposèrent leur autorité. Le peupl lui-même se départit du droit de juger les affaires capitales. Tout fut remis dans leurs mains pour l'espac d'une année. Dans cet intervalle, ils gouvernèrent la république, et rédigèrent dix tables de lois qui, aprè avoir été exposées sur la place publique (*promulgatæ*), furent confirmées dans les comices par centuries L'année expira, elle devait servir de terme à la nouvelle dignité; mais la législation ne paraissait pas complète, et dix Décemvirs, parmi lesquels, d'après Denys d'Halicarnasse, contredit en cela par Tite-Live, se trouvaient quelques plébéiens, furent choisis de nouveau pour l'année suivante. Loin d'imiter la modération de leurs prédécesseurs, ils firent peser sur Rome tout le poids de leur autorité, et se maintinrent, pendant trois ans, au pouvoir. Le crime de l'un d'eux mit fin à cette tyrannie; le corps sanglant de Virginie immolée par son propre père, rappela le souvenir de celui de Lucrèce; les soldats s'avancèrent en armes vers Rome et campèrent sur le mont Sacré; le peuple se souleva dans la ville, le pouvoir des Décemvirs fut renversé. Deux d'entre eux périrent dans les prisons; les huit autres s'exilèrent, leurs biens furent confisqués (an 305). Les consuls, les tribuns, les autres magistrats reparurent, et le gouvernement reprit son ancienne forme.

Les derniers Décemvirs avaient travaillé à deux tables de lois supplémentaires ; elles furent adoptées comme les premières, et le droit se trouva fixé par ces douze tables.

Telle est l'origine de ce monument primitif du droit des Romains ; de cette loi fondamentale nommée, par excellence, la Loi (*lex*, ou avec plus de précision : *lex* ou *leges XII Tabularum*, *lex decemviralis*) ; de ce *carmen necessarium*, que l'on faisait apprendre par cœur aux enfants, et dans lequel de riches et brillantes imaginations, prenant l'expression à la lettre, ont cru voir un vrai poëme, une sévère poésie (1). Lois obtenues après tant de débats, qui traversèrent les divers âges de Rome et survécurent même à la république ; lois qu'on respectait jusqu'au point de n'oser y déroger qu'à l'aide de subterfuges ; lois dont Cicéron lui-même parle avec une espèce d'enthousiasme (2) !

Leurs dispositions sont quelquefois grossières et même barbares, leur style concis, impératif, souvent incompréhensible. On peut y lire les mœurs actuelles de la nation et son degré de civilisation.

---

(1) Bien qu'on puisse trouver de certaines désinences rhythmiques dans la plupart des lois des XII Tables, elles ne peuvent pas être prises sérieusement pour un chant en vers. L'expression *carmen*, chez les Romains, a un sens beaucoup plus général.

(2) « *Fremant omnes licet, dicam quod sentio : bibliothecas, me hercule, omnium philosophorum unus mihi videtur* XII *Tabularum libellus, si quis legum fontes et capita viderit, et auctoritatis pondere et utilitatis ubertate superare.* » (Qu'on en soit révolté ; mais je dirai ce que je pense. Pour celui qui remonte à la source des lois, je trouve que le petit livre des XII Tables est par sa force et son utilité bien au-dessus des bibliothèques de tous les philosophes.) Cic., *de Orat.*, I, 43. — « *Corpus omnis romani juris. Fons publici privatique juris,* » selon Tite-Live, III, 4. — *Finis æqui juris*, dit Tacite, *Annal.*, III, 27.

### 26. Fragments des XII Tables qui nous sont parvenus.

Voici les fragments qu'on en a recueillis épars dans les divers auteurs; quelques présomptions seulement ont servi de guide dans l'ordre des matières. Cependant Cicéron nous apprend que la première table contenait le mode d'appeler *in jus*; la dixième, les cérémonies des funérailles; et l'une des deux dernières, la défense du mariage entre les patriciens et les plébéiens. Denys d'Halicarnasse indique comme se trouvant dans la quatrième table le droit accordé au père de famille de vendre ses enfants. Ces indices certains ont servi de point de départ, et d'après quelques autres considérations (1), on est parvenu à placer dans un ordre probable le sujet de chaque table.

Cet ordre des XII Tables ne resta pas sans influence dans le droit postérieur des Romains. Il servit comme de type, comme de moule primitif. Ce fut dans une disposition semblable, pour ainsi dire dans ce cadre antique et fondamental, que se formèrent les monuments législatifs des époques subséquentes : l'édit des préteurs, le code de Théodose, même le code et le digeste de Justinien.

C'est à Jacques Godefroy que sont dues les recherches les plus complètes sur cette matière, et les auteurs venus après lui, en France ou à l'étranger, ont tous profité de son travail (2). Mais peut-être n'a-t-il pas été assez difficile. Une présomption légère, une phrase d'un au-

(1) Gaïus a écrit six livres sur les XII Tables; on trouve au Digeste vingt fragments de cet ouvrage, avec l'indication du livre dont ils sont extraits. On a supposé que chacun des six livres correspondait à deux tables, et cette supposition a servi de guide.—L'ordre de l'édit des Préteurs, celui du code de Théodose et enfin du code et du digeste de Justinien paraissent dériver évidemment de cette origine.

(2) Jacq. GODEFROY, *Fragmenta* XII *Tabularum, suis nunc primum tabulis restituta, probationibus, notis et indice munita*, Heidelberg, 1616, in-4. —Réimprimés dans son recueil : *Fontes* IV *juris civilis*, Genève, 1638, in-4, et 1653, in-4.

teur lui suffisent bien des fois pour supposer une loi des XII Tables, pour en composer le texte et lui assigner une place. Dans les lois même dont les termes nous sont parvenus, il n'a pas craint de suppléer aux altérations de ces termes par des corrections que le sens lui indiquait. M. Haubold a procédé dans l'esprit d'une critique plus rigoureuse; ne prenant que les vestiges qui nous sont donnés pour les termes mêmes des XII Tables, et réduisant ainsi à un très-petit nombre les fragments arrivés jusqu'à nous (1). Enfin, en dernier lieu, M. Dirksen a modifié le travail de Godefroy, en y introduisant plus de pureté; en plaçant simplement, pour les dispositions perdues, mais qui nous sont indiquées par les auteurs, les passages d'où ressortent ces indications; et, enfin, en complétant les anciennes données par les nouvelles que nous ont fournies la découverte de la République de Cicéron, et surtout celle des Instituts de Gaïus (2). C'est ce dernier travail que je suivrai, en y faisant, toutefois, quelques modifications et quelques additions. Je m'attache rigoureusement à séparer de tout mélange ce qui nous est arrivé comme fragment réel des XII Tables; car selon moi, plutôt que de toucher à ces débris, il vaut mieux les présenter incomplets et mutilés par les années. Encore est-il indubitable que, même pour ces rares vestiges, ce n'est pas un texte pur et primitif que nous possédons. Avec le temps, la langue et son orthographe s'étaient successivement modifiées, adoucies; et c'est en cet adoucissement graduel, consacré dans l'usage quotidien et dans la littérature des Romains, que quelques fragments des XII Tables nous ont été transmis.

---

(1) Haubold, *Instit. juris rom. privat. hist. dogm. epitome*. Lips., 1821, page 129.

(2) H. E. Dirksen, *Uebersicht der bisherigen Versuche zur Critik und Herstellung des Textes der Zwœlf-Tafel-Fragmente* (Révision des tentatives faites jusqu'à ce jour pour la critique et la reconstruction du texte des fragments des XII Tables), Leipzig, 1824.

# FRAGMENTS

# DES DOUZE TABLES [1].

## TABLE I.

**De l'appel devant le magistrat** ( *de in jus vocando* ).

I. SI IN JUS VOCAT, NI IT, ANTESTATOR; IGITUR EM CAPITO (2).

I. Si quelqu'un en appelle un autre devant le magistrat, et que celui-ci refuse d'aller, que le demandeur prenne des témoins et l'arrête.

II. SI CALVITUR, PEDEMVE STRUIT: MANUM ENDOJACITO (3).

II. S'il cherche à différer ou à s'enfuir, qu'il jette la main sur lui.

III. SI MORBUS ÆVITASVE VITIUM ESCIT, QUI IN JUS VOCABIT JUMENTUM DATO; SI NOLET, ARCERAM NE STERNITO (4).

III. S'il est empêché par la maladie ou par l'âge, que celui qui l'appelle devant le magistrat soit tenu de lui fournir un moyen de

---

(1) Je suis, en grande partie, le travail de MM. Dirksen et Zell. Cependant je ne crois pas, à côté des fragments qui nous sont parvenus comme le texte même des Douze Tables, devoir placer les passages des écrivains qui nous indiquent quelque autre disposition restée inconnue dans ses termes. Je me borne à l'analyser, en rejetant la citation dans les notes. Il est inutile de prévenir que l'intitulé de chaque table est de pure indication, et sans aucune prétention d'exactitude textuelle. Les termes qui y sont employés sont même fort souvent étrangers à la langue juridique de l'époque des Douze Tables.

(2) PORPHYRIO, *ad Horat.*, sat. I, 9, vers. 65. — CICERO, *de Legib.*, II, 4.—LUCILIUS, *Sat.*, lib. XVII, d'après NONIUS MARCELLUS, *de propr. serm.*, cap. 1, § 20, au mot *calvitur*.— AUL. GELL, *Noct. attic.*, XX, 1.— Auctor *Rhetor. ad Herenn.*, II, 13.

(3) FESTUS, aux mots *struere* et *pedem struit*.— DIG., 50, 16, *de verbor. signif.*, 233 fr. GAI, liv. I de son comment. sur les Douze Tables. — LUCILIUS, à l'endroit précité.

(4) AUL. GELL., *Noct. attic.*, XX, 1. — VARRO, dans NON. MARCELL., *de propr. serm.*, cap. I, § 270. — VARRO, *de ling. latin.*, IV, 31.

transport, mais non un chariot couvert, si ce n'est bénévolement.

| | |
|---|---|
| IV. ASSIDUO VINDEX ASSIDUUS ESTO ; PROLETARIO QUOI QUIS VOLET VINDEX ESTO (1). | IV. Que, pour un riche, un riche seul puisse être *vindex* (sorte de répondant prenant sa cause) ; pour un prolétaire, quiconque voudra l'être. |
| V. REM UBI PAGUNT, ORATO (2). | V. S'ils pactisent, c'est-à-dire s'ils transigent, que l'affaire soit ainsi arrêtée et réglée. |
| VI. NI PAGUNT, IN COMITIO AUT IN FORO ANTE MERIDIEM CAUSAM CONJICITO, QUOM PERORANT AMBO PRÆSENTES (3). | VI. S'il n'y a pas de transaction, que le magistrat connaisse de la cause, avant midi, au *Comitium* ou au *Forum*, lorsque les deux plaideurs sont présents. |
| VII. POST MERIDIEM, PRÆSENTI STLITEM ADDICITO (4). | VII. Après midi, que le magistrat fasse addiction du procès à la partie présente. |

(Ce qui signifie, qu'il lui attribue la chose ou le droit objet du litige; ou peut-être seulement, qu'il lui accorde l'action et constitue l'instance devant un juge, s'il y a lieu.)

| | |
|---|---|
| VIII. SOL OCCASUS SUPREMA TEMPESTAS ESTO (5). | VIII. Que le coucher du soleil soit le terme suprême (de tout acte de procédure). |
| IX. VADES... SUBVADES (6)... | IX. Les *vades*... les *subvades*. |

---

(1) AUL. GELL., *Noct. attic.*, XVI, 10. — VARRO, dans NON. MARCELL., *de propr. serm.*, cap. I, § antepenult.

(2) Auctor *Rhetor. ad Herenn.*, II, 13.—PRISCIANUS, *Ars grammat.*, X, 5, 32.

(3) AUL. GELL., *Noct. attic.*, XVII, 2. — QUINTILIANUS, I, 6. — PLINIUS *Hist. nat.*, VII, 60.

(4) AUL. GELL., *Noct. attic.*, XVII, 2.

(5) AUL. GELL., *ibid.* — FESTUS, au mot *supremus.* — VARRO, *de Ling. latin.*, V, 2, et VI, 3. — MACROBIUS, *Saturn.*, I, 3. — CENSORIN., *de Die nat.*, cap. fin.

(6) AUL. GELL., *Noct. attic.*, XVI, cap. 10. — Conférez avec GAIUS, *Instit.*, comm. IV, §§ 184 et suiv., sur le *vadimonium;* VARRO, *de Ling. latin.*, V, 7; et ACRON., *Horat. satyr.*, I, 1, vers. 11.

Le travail de MM. DIRKSEN et ZELL réfère encore à cette première Table cette indication, que nous fournit FESTUS, d'une disposition dont les termes (c'est-à-dire les cautions ou pondants respectifs, que les p[illegible] ties, quand l'affaire n'avait pu terminer le même jour devant magistrat, devaient se donn pour garantir leur promesse se représenter à jour indiqu genre de promesse nommé *va monium*).

---

## TABLE II.

### Des instances judiciaires (*de judiciis*).

I. Dispositions des XII Tables sur le montant de la consignation nommée *sacramentum*, à déposer par les parties (1).

| | |
|---|---|
| II. Morbus sonticus... status dies cum hoste... quid horum fuit unum, judici, arbitrove, reove, dies diffisus esto (2). | II... Une grave maladie... l fixation du jour, faite avec u pérégrin... Si un de ces motif existe pour le juge, pour l'arbi tre, ou pour l'un des plaideurs que le jour soit différé. |
| III. Cui testimonium defuerit, is tertiis diebus ob portum obvagulatum ito (3). | III. Que celui qui réclame le témoignage de quelqu'un, aille devant sa porte lui en faire, à |

---

nous manquent. « Itaque *in XII cautum est :* ut idem juris esset sanatibus, quod fortibus, id est bonis et qui nunquam defecerant a populo Romano » (Festus, au mot *sanates*).

(1) « Pœna autem sacramenti aut quingenaria erat, aut quinquagenaria, (nam) de rebus mille æris plurisve quingentis assibus, de minoris (vero) quinquaginta assibus sacramento contendeb(atur) : *nam (ita) lege XII tabularum cautum erat.* (Sed si de libertate) hominis (contro)versia erat, etsi pretiosissimus homo esset, tamen ut L assibus sacramenta contenderetur *ea(dem) lege cautum est* favoris (causa) ne (sa)tisdatione onerarentur adsertores. » Gai., *Instit.*, Com., 4, § 14.

(2) Aul. Gell., *Noct. attic.*, XX, 1. — Cicero, *de Offic.*, I, 12. — Festus, au mot *reus.* — Dig., 1, 11, *si quis caut. in judic.*, 2, § 3 fr. Ulp.

(3) Festus, aux mots *portus* et *vagulatio.*

haute voix, la dénonciation, pour le troisième jour de marché (c'est-à-dire à 27 jours de délai, le marché ayant lieu tous les 9 jours.)

IV. Disposition qui permet de transiger même sur le vol (1).

---

## TABLE III.

**Des créances** (*de rebus creditis*).

| | |
|---|---|
| I. ÆRIS CONFESSI REBUSQUE JURE JUDICATIS TRIGINTA DIES JUSTI SUNTO (2). | I. Pour le payement d'une dette avouée, ou d'une condamnation juridique, que le débiteur ait un délai légal de trente jours. |
| II. POST DEINDE MANUS INJECTIO ESTO, IN JUS DUCITO (3). | II. Passé lequel, qu'il y ait contre lui *manus injectio* (main-mise : sorte d'action de la loi, pour l'exécution forcée); qu'il soit amené devant le magistrat. |
| III. NI JUDICATUM FACIT, AUT QUIPS ENDO EM JURE VINDICIT, SECUM DUCITO; VINCITO, AUT NERVO, AUT COMPEDIBUS, QUINDECIM PONDO NE MAJORE, AUT SI VOLET MINORE VINCITO (4). | III. Alors, à moins qu'il ne paye, ou que quelqu'un se présente pour lui comme *vindex* (sorte de caution prenant sa cause), que le créancier l'emmène chez soi; qu'il l'enchaîne, ou par des courroies, ou par des fers aux pieds, pesant au plus quinze livres, ou moins si l'on veut. |
| IV. SI VOLET SUO VIVITO; NI SUO VIVIT, QUI EM VICTUM HABEBIT, LIBRAS | IV. Qu'il soit libre de vivre à ses propres dépens; sinon, que |

---

(1) « Et in cæteris igitur omnibus ad edictum Prætoris pertinentibus, quæ non ad publicam læsionem sed ad rem familiarem respiciant, pacisci licet; *nam et de furto pacisci Lex permittit.* DIG., 2, 14, *de pactis*, 7, § 14 fr. Ulp.

(2) AUL. GELL., *Noct. attic.*, XX, 1, et XV, 13.— GAI., *Instit.* Comm., 3, § 78. — DIG., 42, 1, *de Re judicata*, 7 fr. Gai.

(3) AUL. GELL., *Noct. attic.*, XX, 1.— GAI., *Instit.* Comm., 4, § 21, sur la *manus injectio*.

(4) *Ibid.*

FARRIS ENDO DIES DATO; SI VOLET, PLUS DATO (1).

le créancier qui le tient enchaîné, lui fournisse chaque jour une livre de farine; ou plus, s'il le veut bien.

V. Disposition relative à la faculté que le débiteur avait de transiger; faute de transaction, à sa captivité, ainsi enchaîné, pendant soixante jours; et, dans l'intervalle, à la production qui devait en être faite au magistrat dans le comitium, par trois jours de marché consécutifs (de neuvaine en neuvaine), en déclarant à haute voix pour quelle somme il était condamné (2).

VI. Disposition qui, après le troisième jour de marché, donne le droit au créancier non payé, de punir le débiteur de mort ou de le vendre à l'étranger, au delà du Tibre, et qui, prévoyant le cas où ils seraient plusieurs créanciers, s'exprime ainsi :

TERTIIS NUNDINIS PARTIS SECANTO; SI PLUS MINUSVE SECUERINT, SE FRAUDE ESTO (3).

Après le troisième jour de marché (la troisième neuvaine) qu'ils se le partagent par morceaux; s'ils en coupent plus ou moins, qu'il n'y ait pas de mal.

---

(1) AUL. GELL., *Noct. attic.*, X, 1. — Voir aussi DIG., 50, 16, *de verbor. sign.*, 234, § 2 fr. de GAIUS, livre 2e de son commentaire sur les Douze Tables.

(2) « Erat autem jus interea paciscendi; ac nisi pacti forent, habebantur in vinculis dies sexaginta; inter eos dies trinis nundinis continuis, ad prætorem in comitium producebantur, quantæque pecuniæ judicati essent prædicabatur. » AUL. GELL., *Noct. attic.*, XX, 1.

(3) « Tertiis autem nundinis capite pœnas dabant, aut trans Tiberim peregre venum ibant. Sed eam capitis pœnam sanciendæ, sicut dixi, fidei gratia, horrificam atrocitatis ostentu, novisque terroribus metuendam reddiderunt. Nam si plures forent, quibus reus esset judicatus, secare, si vellent, atque partiri corpus *addicti sibi hominis* permiserunt. Et quidem *verba ipsa legis dicam*, ne existimes invidiam me istam forte formidare : (Suivent les paroles de la loi, rapportées ci-dessus, dans le texte.) Nihil profecto immitius, nihil immanius: nisi, ut reipsa apparet, eo consilio tanta immanitas pœnæ denuntiata est, ne ad eam unquam perveniretur. Addici namque nunc et vinciri multos videmus; quia vinculorum pœnam deterrimi homines contemnunt. Dissectum esse antiquitus neminem equidem neque legi, neque audivi : quoniam sævitia ista pœnæ contemni non quita est. » AUL. GELL., XX, 1.

« Sunt enim quædam non laudabilia natura, sed jure concessa : ut in XII Tabulis debitoris corpus inter creditores dividi licuit; quam legem mos publicus repudiavit. » QUINTILIANUS, *Instit. orat.*, III, 6.

« Sed et judicatos in partes secari a creditoribus leges erant : consensu

## TABLE IV.

**De la puissance du père de famille** ( *de jure patrio* ).

I. Disposition sur l'enfant difforme et monstrueux, qui doit être tué immédiatement (1).

II. Disposition relative à la puissance du père sur ses enfants : Droit, pendant toute leur vie, de les jeter en prison, de les flageller, de les retenir enchaînés aux travaux rustiques, de les vendre ou de les tuer, même lorsqu'ils gèrent les hautes charges de la république (2).

III. SI PATER FILIUM TER VENUM DUIT, FILIUS A PATRE LIBER ESTO (3).

III. Si le père a donné trois fois son fils en vente, que le fils soit libre de la puissance paternelle.

IV. Disposition relative à la durée de la gestation : fixation de son plus long terme à dix mois (4).

---

tamen publico crudelitas postea erasa est ; et in pudoris notam capitis conversa est, bonorum adhibita proscriptione, suffundere maluit hominis sanguinem quam effundere. » TERTULLIAN., *Apologet.*, cap. IV.

(1) « Nam mihi quidem pestifera videtur (se fait dire Cicéron par son frère Quintus, en parlant de la puissance des Tribuns des plébéiens), quippe quæ in seditione et ad seditionem nata sit : cujus primum ortum si recordari volumus, inter arma civium, et occupatis et obsessis urbis locis, procreatum videmus. Deinde quum esset cito aslegatus (*d'autres lisent* letatus *ou* necatus) *tanquam ex XII Tabulis insignis ad diformitatem puer*, brevi tempore recreatus, multoque tætrior et fædior natus est. » CICERO, *de Legib.*, III, 8.

(2) « At Romanorum legislator (Romulus) omnem, ut ita dicam, potestatem in filium patri concessit, idque toto vitæ tempore : sive eum in carcerem conjicere, sive flagris cædere, sive vinctum ad rusticum opus detinere, sive occidere vellet ; licet filius jam rempublicam administraret et inter summos magistratus censeretur, et propter suum studium in rempublicam laudaretur..... Sed sublato regno, Decemviri (eam legem) inter cæteras retulerunt, *extatque in XII Tabularum, ut vocant, quarta*, quas tunc in foro posuere. » ( Traduction de DENYS D'HALIC., *Archæol.*, II, 26 et 27.

« Quum patri lex regia dederit in filium vitæ necisque potestatem, etc. » PAPINIANUS, lib. sing. *de Adulteriis*, extrait de la *Collatio leg. Mosaic. et Rom.*, tit. 4, § 8.

(3) ULPIAN., *Regul.*, tit. X, § 1. — GAI., *Instit.* Comm., I, § 132, et IV, § 79. — DENYS D'HALIC., précité.

(4) AUL. GELL., *Noct. attic.*, III, 16. — DIG., 38, 16, *de suis et legitim.*, 3, § 9 fr. Ulp.

## TABLE V.

**Des hérédités et des tutelles** (*de hæreditatibus et tutelis*).

I. Disposition relative à la tutelle perpétuelle des femmes; les vestales sont libres de cette tutelle et de la puissance paternelle (1).

II. Disposition qui prohibe l'usucapion des choses *mancipi* appartenant aux femmes placées sous la tutelle de leurs agnats, à moins que ces choses n'aient été livrées par les femmes elles-mêmes avec l'autorisation de leur tuteur (2).

| | |
|---|---|
| III. UTI LEGASSIT SUPER PECUNIA TUTELAVE SUÆ REI, ITA JUS ESTO (3). | III. Ce qu'il aura ordonné testamentairement sur ses biens ou sur la tutelle des siens, que cela fasse loi. |
| IV. SI INTESTATO MORITUR, CUI SUUS HÆRES NEC SIT, ADGNATUS PROXIMUS FAMILIAM HABETO (4). | IV. S'il meurt intestat, sans héritier sien, que le plus proche agnat prenne l'hérédité. |
| V. SI ADGNATUS NEC ESCIT, GENTILIS FAMILIAM NANCITOR (5). | V. S'il n'y a pas d'agnat, que le gentil soit héritier. |

(1) « Veteres enim voluerunt, feminas, etiamsi perfectæ ætatis sint, propter animi levitatem in tutela esse. Itaque si quis filio filiæque testamento tutorem dederit, et ambo ad pubertatem pervenerint, filius quidem desinit habere tutorem, filia vero nihilominus in tutela permanet. Tantum enim ex lege Julia et Papia Poppæa jure liberorum a tutela liberantur feminæ. Loquimur autem exceptis Virginibus Vestalibus, quas etiam veteres in honorem sacerdotii liberas esse voluerunt; *itaque etiam lege XII Tabularum cautum est.* » GAI., *Instit.* Comm., 1, §§ 144, 145, 155 et 157.

(2) « (*Item olim*) mulieris quæ in agnatorum tutela erat, res mancipi usucapi non poterant, præterquam si ab ipsa, tutore (*auctore*) traditæ essent: *id ita lege XII Tabularum cau* (*tum erat*). » GAI., *Instit.* Comm., 2, § 47. — Conférez CICERO, *Epist. ad Attic.*, I, 5; et *pro Flacco*, 34.

(3) ULPIAN., *Regul.* XI, § 14. — GAI., *Instit.* Comm, 2, § 224. — JUSTINIAN., *Instit.* 2, 22, *de lege Falcidia* pr. — DIG., 50, 16, *de Verb. signif.*, 120 fr. Pomp. — CICER., *de Invent. rhetor.*, II, 50. — Auctor *Rhetor. ad Herenn.*, I, 13. — JUSTINIAN., *Novell.* XXII, cap. 2.

(4) CICER., *de Invent.*, II, 50. — Auctor *Rhetor ad Herenn.*, I, 13. — ULPIAN., *Regul.* XXVI, I, § 1. — PAUL., *Sentent.*, lib. IV, tit. 8, § 3, d'après la *Collat. leg. Mos. et Rom.*, XVI, § 3. — PAUL., *Ibid.* § 22. « La loi des XII Tables appelle les agnats sans distinction de sexe. — GAI. *Instit.* Comm., I, §§ 155, 157, et III, § 9. — JUSTINIAN., *Instit.*, 3, 1, *de Hered. quæ ab intestat.* § 1. — La constitution 3, de Sévère et Antonin, au CODE, 6.55 *de suis et legitim. liber.*, indique comme venant d'une disposition évidente des XII Tables, le principe que l'hérédité, pour les héritiers siens, se distribue par souche. Cependant GAIUS, *Instit.* Comm. 3, § 15, fait dériver ce principe de l'interprétation. Cette règle ne s'appliquait pas aux agnats.

(5) CICER., *de Invent.*, II, 50. — ULPIAN., d'après la *Collat. leg. Mos. et*

VI. A défaut de tuteur nommé par testament, les agnats sont tuteurs légitimes (1).

VII. SI FURIOSUS EST, AGNATORUM GENTILIUMQUE IN EA PECUNIAQUE EJUS POTESTAS ESTO (2). — AST EI CUSTOS NEC ESCIT (3).

VII. Pour le fou, qui n'a pas de curateur (*custos*), que le soin de sa personne et de ses biens soit à ses agnats, et à défaut, à ses gentils.

VIII. EX EA FAMILIA... IN EAM FAMILIAM (4).

VIII. De cette famille... dans cette autre.

(Disposition qui défère au patron l'hérédité de l'affranchi mort sans héritier sien.)

IX. Les créances héréditaires se divisent de droit entre les héritiers (5).

X. Disposition d'où dérivait l'action en partage entre héritiers (*actio familiæ erciscundæ*) (6).

XI. L'esclave affranchi par testament sous la condition qu'il donnera telle somme à l'héritier, peut, s'il a été aliéné par cet héritier, devenir libre en donnant la somme dite à son acquéreur (7).

---

*Rom.* XVI, § 4. — GAI., *Instit.* Comm. III, § 17. — PAUL., *Sentent.*, IV, 8, § 3, d'après la *Coll. leg. Mos. et Rom.* XVI, § 3.

(1) « Quibus testamento quidem tutor datus non sit, iis *ex lege XII* agnati sunt tutores; qui vocantur legitimi. » GAI., *Instit.* Comm. I, §§ 155 et 157.

(2) CICER., *de Invent.*, II, 50; *Tuscul. quæst.*, III, 5; *de Republ.*, III, 23. — Auctor *Rhetor. ad Herenn.*, I, 13. — ULP., *Regul.*, XII, § 2, etc.

(3) FESTUS, au mot *nec*.

(4) « Civis romani liberti hæreditatem *Lex XII Tabularum patrono defert*, si intestato sine suo hærede libertus decesserit. » ULPIAN., *Regul.* XXIX, § 1. — « Sicut in XII Tabulis patroni appellatione etiam liberi patroni continentur. » *Vatic. J. R. Fragm.* § 308.

« Ad personas autem refertur familiæ significatio, ita, *cum de patrono et liberto loquitur* Lex : EX EA FAMILIA, inquit, IN EAM FAMILIAM. » DIG., 50, 16, *de Verbor. signif.*, 195, § 1 fr. ULP. — Il n'est pas certain pour moi que ce passage de la loi des XII Tables se référât a la dévolution héréditaire dont il s'agit ici.

(5) « Ea quæ in nominibus sunt, non recipiunt divisionem : cum ipso jure in portiones hæreditarias *ex Lege XII Tabularum divisa sint.* » COD., 3, 36, *famil. ercisc.*, 6 const. Gordian. — Conférez DIG., 10, 2, *famil. ercisc.*, 25, § 9 fr. Paul, etc.

(6) « Hæc actio (l'action *familiæ erciscundæ*) *proficiscitur a Lege XII Tabularum.* » DIG., 10, 2, *famil. ercisc.*, 1 pr. fr. Gai. — *Ibid.*, 2 pr. fr. Ulp. — FESTUS, au mot ERCTUM, etc.

(7) « Sub hac conditione liber esse jussus, si decem millia hæredi dederit, etsi ab hærede abalienatus sit, emptori dando pecuniam, ad libertatem

## TABLE VI.

**De la propriété et de la possession** (*de dominio et possessione*).

I. QUUM NEXUM FACIET MANCIPIUMQUE, UTI LINGUA NUNCUPASSIT, ITA JUS ESTO (1).

I. Lorsque quelqu'un remplira la solennité du *nexum* et du *mancipium*, que les paroles qu'il prononcera fassent loi.

II. Peine du double contre celui qui dénierait les déclarations faites dans le *nexum* ou le *mancipium* (2).

III. USUS AUCTORITAS FUNDI BIENNIUM..... CÆTERARUM OMNIUM..... (ANNUUS) (3).

III. Que l'acquisition de la propriété par la possession ait lieu au bout de deux ans pour les fonds, au bout d'un an pour toutes les autres choses.

---

perveniet; *itaque Lex XII Tabularum* jubet. » ULPIAN., *Regul.* II, § 4. — DIG., 40, 7, *de Stat. liber.* 29, § 1 fr. Pomp.; et 25 fr. Modest. — FESTUS au mot *statu liber*.

(1) FESTUS, au mot *Nuncupata*. — CICERO, *de Offic.*, III, 16; *de Orat.* I, 57; *pro Cæcin.*, cap. 23. — VARRO, *de Ling. lat.*, V, 9.

(2) « De jure quidem prædiorum sancitum est apud nos jure civili, ut in his vendendis vitia dicerentur, quæ nota essent venditori. Nam *cum ex XII Tabulis satis esset ea præstari quæ essent lingua nuncupata, quæ qui inficiatus esset, dupli pœnam subiret* : à jureconsultis etiam reticentiæ pœna est constituta. » CICERO, *de Offic.*, III, 16.

(3) On ne peut assurer bien précisément que ces termes soient le texte des XII Tables. Voici le passage de Cicéron d'où ils sont extraits : « Quod in re pari valet, valeat in hac quæ par est : ut, quoniam *usus auctoritas fundi biennium* est, sit etiam ædium. *At in Lege* ædes non appellantur et sunt *cæterarum omnium*, quarum annuus est usus. » CICERO, *Topic.* cap. IV. — Conférez CICERO, *pro Cæcin.*, XIX. — GAI., *Instit.* Comm. II § 42. — JUSTINIAN., *Instit.*, I, 6, *de Usucap.*, pr. — Quant à l'interprétation de ces mots *usus-auctoritas*, dont les critiques se sont tourmentés, je ferai remarquer que les Romains, en leur vieille langue du droit, et dans un sens particulier resté longtemps en usage, appelaient *auctoritas* la garantie contre l'éviction. *Auctoritatem præstare*, c'est encore, à l'époque de Justinien, garantir l'éviction. *Usus-auctoritas*, c'est donc la garantie contre l'éviction que procure l'usage, la possession continuée pendant un certain temps. Voilà comment ce mot, dans l'antique langue juridique, est synonyme de celui d'*usucapio*, venu plus tard.

IV. Disposition relative à l'acquisition de la puissance maritale sur la femme, par la possession d'une année ; faculté donnée à la femme d'interrompre cet effet de la possession, en s'absentant, chaque année, trois nuits consécutives, du domicile conjugal (1).

V. ADVERSUS HOSTEM ÆTERNA AUCTORITAS (2).

V. Contre l'étranger, éternelle garantie (c'est-à-dire qu'il ne puisse jamais acquérir par la possession une chose appartenant à un citoyen romain).

VI. SI QUI IN JURE MANUM CONSERUNT (3).....

VI. S'il y a, entre deux personnes, *manuum consertio* devant le magistrat (sorte de combat fictif judiciaire, qui se pratiquait dans les contestations relatives à la propriété d'une chose)....

(Que le magistrat donne la possession provisoire (*vindicias dare*, ou *vindicias dicere*) à celui qui se trouve de fait en possession de la chose).

VII. A moins qu'il ne s'agisse d'un procès de liberté. Dans ce cas, que le magistrat donne toujours la possession provisoire en faveur de la liberté (4).

---

(1) « Usu in manum conveniebat, quæ anno continuo nupta perseverabat : nam velut annua possessione usucapiebatur, in familiam viri transibat, filiæque locum obtinebat. Itaque *Lege XII Tabularum cautum erat*, si qua nollet eo modo in manum mariti convenire, ut quotannis trinoctio abesset, atque ita usum cujusque anni interrumperet. » GAI., *Instit.* Comm. I, § 111. — Conférez AUL. GELL., *Noct. attic.*, III, 2. — MACROB., *Saturnal.*, I, 3.

(2) CICERO, *de Offic.*, I, 12. — DIG., 50, 16, *de Verbor. signif.*, 234 pr. fr. GAI. C'est par induction de ce passage de Gaius, tiré du livre 2e de son commentaire des Douze Tables, et correspondant, en conséquence, selon toute conjecture probable, aux tables III ou IV, que l'on place communément à la 3e table le fragment ADVERSUS HOSTEM, etc. Mais, par son objet, il n'est évidemment pas à sa place, et nous le reportons à la table VI, d'après l'ordre des matières. Le passage cité de Gaius ne nous arrête pas. En effet, ce passage ne contient que la définition du mot *hostis* : or, ce même mot pouvait se trouver, et se trouvait probablement en une autre disposition des tables III ou IV : par exemple dans celle qui prescrit que le débiteur *addictus*, après le délai de soixante jours, soit vendu à l'étranger.

(3) AUL. GELL., *Noct. attic.*, XX, 10. — FESTUS, au mot *superstites*.

(4) « Initium fuisse secessionis dicitur Virginius quidam, qui quum ani-

VIII. TIGNUM JUNCTUM ÆDIBUS VINEÆQUE ET CONCAPET, NE SOLVITO (1).

VIII. Que les bois (les matériaux) employés dans les édifices, ou liés aux vignes, n'en soient point arrachés (en conséquence le propriétaire ne peut les revendiquer).

IX. Mais une action du double est donnée contre celui qui a ainsi employé les matériaux d'autrui (2).

X. QUANDOQUE SARPTA, DONEC DEMPTA ERUNT (3)....

X. Si les matériaux viennent à être détachés et tant qu'ils le seront... (le propriétaire pourra les revendiquer).

XI. La propriété d'une chose vendue et livrée, n'est acquise à l'acheteur que lorsque celui-ci a satisfait le vendeur (4).

XII. Disposition qui confirme la cession devant le magistrat (*in jure cessio*), aussi bien que la mancipation (5).

---

madvertisset Appium Claudium contra jus, quod ipse *ex vetere jure in XII Tabulas transtulerat*, vindicias filiæ suæ à se abdixisse, et secundum eum, qui in servitutem ab eo suppositus petierat, dixisse, captumque amore virginis omne fas ac nefas miscuisse, etc. » DIG., 1, 2, *de Origine juris*, 2., § 24 fr. Pomp.—Conférez DENYS D'HALICARN., XI, 30.—TIT. LIV., III, 44.—CICER., *de Republ.*, III, 32.

(1) FESTUS, au mot *Tignum*. — DIG., 50, 16, *de Verbor. signif.*, 62 fr. Gai. — DIG., 47, 3, *de Tigno junct.*, 1 pr., et § 1 fr. Ulp., etc.

(2) « Lex XII Tabularum neque solvere permittit tignum furtivum ædibus vel vineis junctum, neque vindicare : quod providenter Lex effecit : ne vel ædificia sub hoc prætextu diruantur, vel vinearum cultura turbetur; *sed in eum qui convictus est junxisse*, in duplum dat actionem. » DIG., 47, 3, *de Tign. junct.*, 1 pr. fr. Ulp.

(3) FESTUS, au mot *Sarpuntur* (*vineæ*).

(4) « Venditæ vero res et traditæ non aliter emptori adquiruntur, quam si is venditori pretium solverit, vel alio modo satisfecerit, veluti expromissore aut pignore dato. *Quod cavetur quidem et Lege XII Tabularum*, tamen recte dicitur et jure gentium, id est jure naturali id effici. » JUSTINIAN., *Instit.*, 2, *de Rer. divis.*, § 41.—FESTUS, aux mots *Sub vos placo*.

(5) « .... Et mancipationem et in jure cessionem Lex XII Tabularum confirmat. » *Vatican. J. R. Fragm.* § 50.—Cette disposition manque, de même que quelques autres tirées des Fragments du Vatican (*Voir* ci-dessus, page 87, note 4), dans le travail de MM. DIRKSEN et ZELL, qui n'ont pas fait usage de ces Fragments.

## TABLE VII.

**Droit quant aux édifices et aux fonds de terre** (*de jure ædium et agrorum*).

I. Entre les édifices voisins on doit laisser pour la circulation un espace vide (*ambitus*), de deux pieds et demi (1).

II. Conditions imposées pour les plantations, constructions ou excavations faites en un fonds dans le voisinage d'un autre (2).

| | |
|---|---|
| III... Hortus... Hæredium... Tugurium... (3). | III. Jardin... petit héritage... grange. |

IV. Entre les champs voisins, on doit laisser, pour l'accès et pour la circulation de la charrue, un espace vide de cinq pieds. Cet espace n'est pas susceptible d'être acquis par usucapion (4).

| | |
|---|---|
| V. Si jurgant... (5). | V. S'ils sont en désaccord... |

(En cas de contestation sur les limites, le magistrat doit donner aux parties trois arbitres pour en décider.)

---

(1) « Nam *ambitus* circumitus : ab eoque XII Tabularum interpretes *ambitum parietis* circumitum est describunt.... Lex etiam XII Tabularum argumento est, in qua duo pedes et semis *sestertius pes* vocatur. Festus, au mot *Ambitus.* — Varro, *de Ling. latin.* IV, 4.

(2) « Sciendum est, in actione finium regundorum illud observandum esse, quod ad exemplum quodammodo ejus legis scriptum est, quam Athenis Solonem dicitur tulisse ; nam illic ita est... « Si quis sepem ad alienum prædium fixerit infoderitque, terminum ne excedito ; si maceriam, pedem relinquito ; si vero domum, pedes duos ; si sepulcrum aut scrobem foderit, quantum profunditatis habuerint, tantum spatii relinquito ; si puteum, passus latitudinem ; at vero oleam aut ficum ab alieno ad novem pedes plantato, cæteras arbores ad pedes quinque. » Dig., 10, 1, *fin. regund.*, 13, fr. Gai., livre 4me de son commentaire des 12 Tables.

(3) Plin., *Hist. nat.*, lib. XIX, cap. IV, § 1. — Festus, aux mots : *Hortus, Hæredium*, et *Tugurium*. — Varro, *de Re rustic.*, lib. I, cap. X. — Dig., 50, 16, *de Verbor. signif.*, 180 fr. Pompon.

(4) « Ex hac autem, non rerum, sed verborum discordia, controversia nata est de finibus : *in qua quoniam usucapionem XII Tabulæ intra quinque pedes* noluerunt, depasci veterem possessionem Academiæ ab hoc acuto homine non sinemus ; nec Mamilia lege singuli, *sed ex his* (*XII Tabulis*) *tres arbitrii fines regemus.* » Cicer., *de Legib.*, I, 21.

(5) Nonius Marcell., *de Propriotat. serm.*, V, 34. — Cicer., *de Repub.*, I, IV, 8. — Conférez avec le passage de Cicéron transcrit à la note précédente.

VI. La largeur de la voie est de huit pieds en droite direction, et de seize dans les détours (1).

VII. Si la voie n'est pas garantie par les propriétaires voisins, on peut pousser le chariot où bon il semble (2).

| | |
|---|---|
| VIII. Si aqua pluvia nocet...(3). | VIII. Si l'eau pluviale peut porter préjudice... |

Le propriétaire dont la propriété est menacée de préjudice par les eaux pluviales à cause de travaux artificiels ou par un aqueduc, a le droit de demander garantie contre ce préjudice (4).

IX. Quand les rameaux d'un arbre pendent sur la propriété voisine, ils doivent être coupés à quinze pieds de hauteur (5).

X. Le propriétaire a le droit d'aller cueillir dans le fonds voisin les fruits qui y sont tombés de son arbre (6).

---

## TABLE VIII.

### Des délits (*de delictis*).

I. Peine capitale contre les libelles ou outrages publics diffamatoires (7).

---

(1) « Viæ latitudo *ex Lege XII Tabularum* in porrectum octo pedes habet; in anfractum, id est ubi flexum est, sedecim. » Dig., 8, 3 *de servit. præd. rustic.*, 8 fr. Gai.

(2) « Si via sit immunita, *jubet Lex*, qua velit agere jumentum. » Cicer., *pro Cæcina*, 19.—Festus, au mot *Amsegetes.*

(3) Dig., 40, 7, *de Statu liber.*, 21 fr. Pomp.—Cicer., *Topic.* 9.

(4) « Si per publicum locum rivus aquæductus privato nocebit, erit actio privato *ex lege XII Tabularum*, ut noxa domino caveatur. » Dig., 43, 8, *Ne quid in loc. pub.*, 5 fr. Paul.

(5) « Quod ait Prætor, et *Lex XII Tabularum efficere voluit*, ut quindecim pedes altius rami arboris circumcidantur; et hoc idcirco effectum est, ne umbra arboris vicino prædio noceret. » Dig., 43, 27 *de Arbor. cædend.*, 1, § 8 fr. Ulp.; et 2 fr. Pomp.—Paul., *Sentent.*, V, 6, § 13.

(6) « Cautum est præterea *Lege XII Tabularum*, ut glandem in alienum fundum procidentem liceret colligere. » Plin., *Hist. nat.*, XVI, 5.—Dig., 43, 28 *de Glande legenda*, 1, § 1 fr. Ulp. —50, 16 *de Verb. signif.*, 236, § 1 fr. Gai., livre 4 de son commentaire des XII Tables.

(7) « *Nostræ contra XII Tabulæ* quum perpaucas res capite sanxissent, in his hanc quoque sanciendam putaverunt : « si quis occentavisset,

II. SI MEMBRUM RUPIT, NI CUM EO PACIT, TALIO ESTO (1).

II. Contre celui qui brise un membre, et ne transige pas, le talion.

III. Pour la fracture d'un os (d'une dent) à un homme libre, peine de trois cents as ; à un esclave, peine de cent cinquante as (2).

IV. SI INJURIAM FAXIT ALTERI VIGINTI QUINQUE ÆRIS PŒNÆ SUNTO (3).

IV. Pour l'injure faite à autrui, peine de vingt-cinq as.

V.... RUPITIAS... SARCITO (4).

V... Pour le dommage causé injustement... (mais si c'est par accident) qu'il soit réparé.

VI. Pour le dommage causé par un quadrupède, réparer le dommage ou abandonner l'animal (5).

VII. Action contre celui qui fait paître son troupeau dans le champ d'autrui (6).

VIII. QUI FRUGES EXCANTAS-

VIII. Celui qui, par enchante-

---

sive carmen condidisset quod infamiam faceret flagitiumve alteri. » CICER., *de Republ.*, IV, 10.—PAUL., *Sentent.*, V, 14, § 6.—FESTUS, au mot *Occentassint*, etc.

(1) FESTUS, au mot *Talio*.—AUL. GELL., *Noct. attic.*, XX, 1.—GAI., *Instit.* Comm. 3, § 223, etc.

(2) « Pœna autem injuriarum *ex Lege XII Tabularum*, propter membrum quidem ruptum, talio erat : propter os vero fractum aut collisum trecentorum assium pœna erat, velut si libero os fractum erat : at si servo CL : propter cæteras vero injurias XXV assium pœna erat constituta. » GAI., *Instit.* Comm., 3, § 223.—AUL. GELL., *Noct. attic.*, XX, 1.—PAUL., *Sentent.*, V, 14, § 6.—*Collat. leg. Mos. et Rom.*, II, § 5.

(3) AUL. GELL., *Noct. attic.*, XX, 1 ; et XVI, 10.— *Collat. leg. Mos. et Rom.*, II, § 5.—GAI., *Instit.* Comm., 3, § 223. — FESTUS, au mot *Viginti quinque*.

(4) FESTUS, au mot *Rupitias*. — DIG., 9, 2 *ad leg. Aquiliam*, 1 pr. fr. Ulp.

(5) « Si quadrupes pauperiem fecisse dicetur, *actio ex Lege XII Tabularum descendit* : quæ Lex voluit, aut dari id quod nocuit, id est id animal quod noxiam commisit, aut æstimationem noxiæ offerre. » DIG., 9, 1, *si quadrup. pauper. fecisse dicet.*, 1 pr. fr. Ulp.—JUSTINIAN., *Instit.*, lib. IV, tit. 9, pr.

(6) « Si glans ex arbore tua in meum fundum cadat, eamque immisso pecore depascam, Aristo scribit non sibi occurrere legitimam actionem, qua experiri possim ; nam neque *ex Lege XII Tabularum de pastu pecoris*, quia non in tuo pascitur, neque de pauperie, neque de damno injuriæ agi posse, in factum itaque erit agendum. » DIG. 19, 5, *de Præscript. verb.* 14, § 3 fr. Ulp.

| | |
|---|---|
| SET (1).. NEVE ALIENAM SEGETEM PELLEXERIS... (2). | ments, flétrira les récoltes, ou les attirera d'un champ dans un autre... |

IX. Celui qui aura, la nuit, furtivement, fait paître, ou qui aura coupé des récoltes produites par le travail : s'il est pubère, sera dévoué à Cérès et mis à mort ; s'il est impubère, sera battu de verges à l'arbitraire du magistrat et condamné à réparer le dommage au double (3).

X. Celui qui aura incendié un édifice, ou une meule de froment amassée près de la maison, s'il l'a fait sciemment et en état de raison, sera lié, flagellé, et mis à mort par le feu ; si c'est par négligence, il sera condamné à réparer le dommage ; ou, s'il est trop pauvre pour cette réparation, il sera châtié modérément (4).

XI. Contre celui qui aura coupé injustement les arbres d'autrui, peine de vingt-cinq as par chaque arbre coupé (5).

| | |
|---|---|
| XII. SI NOX FURTUM FACTUM SIT, SI IM OCCISIT, JURE CÆSUS ESTO (6). | XII. Si quelqu'un commettant un vol de nuit est tué, qu'il le soit à bon droit. |

XIII. Quant au voleur surpris dans le jour, il n'est permis de le tuer que s'il se défend avec des armes (7).

---

(1) PLIN., *Hist. nat.*, XXVIII, 2.

(2) SERVIUS, *ad Virg.*, Ecl. VIII, vers. 99.—Conférez : SENEC., *Natur. quæst.* IV, 7 ; — PLIN., *Hist. nat.*, XXX, 1 ; — AUGUSTIN., *de Civit. Dei*, VIII, 19, etc.

(3) « Frugem quidem aratro quæsitam furtim noctu pavisse ac secuisse, puberi XX Tabulis capitale erat, suspensumque Cereri necari jubebant : gravius quam in homicidio convictum ; impubem prætoris arbitratu verberari, noxiamque duplione decerni. » PLIN., *Hist. natur.*, XVIII, 3.

(4) « Qui ædes, acervumve frumenti juxtà domum combusserit, vinctus verberatus igni necari jubetur ; si modo sciens prudensque id commiserit : si vero casu, id est negligentia, aut noxiam sarcire jubetur, aut, si minus idoneus sit, levius castigatur. » DIG., 47, 9, *de Incendio*, *Ruin. Naufr.*, 9 fr. GAI., liv. IV de son commentaire des XII Tables.

(5) PLIN., *Hist. natur.*, XVII, 1. —DIG., 47, 7, *Arborum furtim cæsarum*, I pr. et 11 fr. Paul. — GAI., *Instit.* Comm. 4, § 11.

(6) MACROB., *Saturn.*, I, 4. — AUL. GELL., *Noct. attic.*, VIII, 1 ; et XI, 18. — ULPIAN., d'après la *Collat. leg. Mos. et Rom.*, VII, 3. — CICER., *pro Milon.*, 8. — SENEC., *Controv.*, X, in fine. — DIG., 9, 2, *ad leg. Aquil.*, 4, § 1 fr. Gai.

(7) « Furem interdiù deprehensum, non *aliter occidere Lex XII Tabularum permisit*, quam si telo se defendat. » DIG., 47, 2 *de Furtis*, 54, § 2 fr. Gai. —50, 16, *de Verbor. signif.*, 233, § 2 fr. Gai. — Et les citations faites à la note précédente.

XIV. Le Voleur manifeste (c'est-à-dire pris en flagrant délit), si c'est un homme libre, doit être battu de verges et attribué en propriété par addiction (*addictus*) à celui qu'il a volé : si c'est un esclave, battu de verges, et précipité de la roche Tarpéienne; mais les impubères seront seulement battus de verges, à l'arbitraire du magistrat, et condamnés à réparer le dommage (1).

XV. Le vol *lance licioque conceptum* (découvert par le plat et la ceinture; c'est-à-dire le délit du recéleur chez qui on a trouvé l'objet volé en recourant à la perquisition solennelle qu'on devait faire nu, pour ne pouvoir être soupçonné d'avoir apporté soi-même l'objet, entouré seulement d'une ceinture (*licium*), par respect pour la décence, et tenant dans les mains un plat (*lanx*), soit pour y mettre l'objet s'il était trouvé, soit pour que les mains étant employées à tenir ce plat, on ne pût craindre qu'elles cachassent quelque chose), ce délit de recel est assimilé au vol manifeste.—Le vol simplement *conceptum* (c'est-à-dire le délit du recéleur chez qui l'objet volé a été trouvé simplement, sans perquisition solennelle), et le vol *oblatum* (c'est-à-dire le délit de celui qui remet clandestinement chez autrui la chose volée dont il est détenteur, afin qu'elle soit saisie chez cette personne, et non pas chez lui) : ces deux derniers délits sont punis de la peine du triple de l'intérêt lésé par le vol (2).

XVI. SI ADORAT FURTO, QUOD NEC MANIFESTUM ESCIT... (3).

XVI. Si on intente une action pour vol non manifeste .. (que la peine contre le voleur soit du double).

---

(1) « Ex cæteris autem manifestis furibus, liberos verberari addicique jusserunt (les décemvirs) ei cui furtum factum esset, si modo id luci fecissent, neque se telo defendissent; servos item furti manifesti prensos, verberibus affici et e saxo præcipitari; sed pueros impuberes prætoris arbitratu verberari voluerunt, noxamque ab his factam sarciri. » AUL. GELL., *Noct. attic.*, XI, 18, et VII, 15.—GAI., *Instit.*, Comm. 3, § 189. — SERVIUS, *ad Virg.*, Æneid., VIII, vers. 205, etc.

(2) « Concepti et oblati (furti) pœna *ex XII Tabularum tripli est.* » GAI., *Instit.*, Comm. 3, § 191.—« Lex autem eo nomine (prohibiti furti) nullam pœnam constituit : hoc solum præcipit, ut qui quærere velit, nudus quærat, linteo cinctus, lancem habens; qui si quid invenerit, jubet id Lex furtum manifestum esse.» GAI., *Instit.*, Comm. 3, § 192. Dans le paragraphe suivant, le jurisconsulte, cherchant à expliquer l'emploi de ces objets dans cette solennité, les tourne en dérision plutôt qu'il ne les justifie. — AUL. GELL., *Noct. attic.*, XI, 18, et XVI, 10. — FESTUS, au mot *Lance*.

(3) FESTUS, au mot *Nec*.— Conférez : AUL. GELL., *Noct. attic.*, XI, 18. — CATO, *de Re rustic.*, in procem.— « Nec manifesti furti pœna *per Legem (XII) Tabularum* dupli irrogatur. » GAI., *Instit.*, Comm. III, § 190.

XVII. Disposition qui défend qu'une chose volée puisse être acquise par usucapion, c'est-à-dire par l'usage, par la possession (1).

XVIII. L'intérêt de l'argent ne peut excéder une once pour cent par mois (*unciarium fœnus*), c'est-à-dire douze pour cent par an : la peine contre l'usurier qui dépasse cet intérêt est du quadruple (2).

XIX. Pour infidélité dans le dépôt, peine du double (3).

XX. Disposition qui ouvre action à tous les citoyens pour faire écarter de la tutelle les tuteurs suspects. Peine du double contre le tuteur pour ce qu'il se serait approprié des biens du pupille (4).

| | |
|---|---|
| XXI. PATRONUS SI CLIENTI FRAUDEM FECERIT, SACER ESTO (5). | XXI. Que le patron qui ferait fraude à son client soit dévoué aux dieux. |
| XXII. QUI SE SIERIT TESTARIER LIBRIPENSVE FUERIT, NI TESTIMONIUM FARIATUR IMPROBUS INTESTABILISQUE ESTO (6). | XXII. S'il a été témoin dans un acte ou porte-balance, et qu'il refuse son attestation, qu'il soit infâme, incapable de témoigner, et indigne qu'on témoigne pour lui. |

XXIII. Disposition qui ordonne que le faux témoin soit précipité de la roche Tarpéienne (7).

---

(1) « Furtivam rem *Lex XII Tabularum* usucapi prohibet. » GAI., *Instit.*, Comm., II, §§ 45 et 49. — JUSTINIAN., *Instit.*, 2, 6, § 2. — AUL. GELL., *Noct. attic.*, XVII, 7, etc.

(2) « Nam *primo XII Tabulis sanctum*, ne quis unciario fœnore amplius exerceret. » TACIT., *Annal.*, VI, 16. — « Majores nostri sic habuerunt : itaque in Legibus posuerunt, furem dupli damnari, fœneratorem quadrupli. » CATO, *de Re rust.*, in proœm.

(3) « Ex causa depositi *Lege XII Tabularum* in duplum actio datur. » PAUL., *Sentent.*, II, 12, § 11.

(4) « Sciendum est, suspecti crimen *è Lege XII Tabularum* descendere. » DIG., 26, 10, *de Suspect. tutor.*, 1, § 2 fr. Ulp. — « Sed si ipsi tutores rem pupilli furati sunt, videamus an ea actione, *quæ proponitur ex Lege XII Tabularum adversus tutorem in duplum*, singuli in solidum teneantur. » DIG., 26, 7, *de administ. et peric. tut.*, 55, § 1 fr. Tryphon. — Conférez CICER., *de Offic.*, III, 15 ; *de Orator.*, I, 37, etc.

(5) SERVIUS, *ad Virgil.*, Æneid., VI, vers. 609. — Conférez : DENYS D'HALIC., II, 10 ; — PLUTARQ., *Romul.*, 13.

(6) AUL. GELL., *Noct. attic.*, XV, 13 ; et VI, 7. — DIG., 28, 1, *qui testam. fac. poss.*, 26 fr. Gai.

(7) « An putas.... si non illa etiam ex XII de testimoniis falsis pœna abolevisset, et si nunc quoque, ut antea, qui falsum testimonium dixisse convictus esset, è saxo Tarpeio dejiceretur, mentituros fuisse pro testimonio tam multos, quam videmus ? » AUL. GELL., *Noct. attic.*, XX, 1. — CICER., *de Offic.*, III, 31.

XXIV. Peine capitale contre l'homicide (1).

XXV. QUI MALUM CARMEN INCANTASSET (2)... MALUM VENENUM... (3).

XXV. Celui qui aura lié quelqu'un par des paroles d'enchantement, ou donné du poison (peine capitale).

XXVI. Disposition contre les attroupements séditieux, de nuit, dans la ville : peine capitale (4).

XXVII. Les *sodales*, ou membres d'un même collége, d'une même corporation, peuvent se donner entre eux les règlements qui leur plaisent, pourvu qu'ils n'aient rien de contraire à la loi générale (5).

---

## TABLE IX.

**Du droit public** ( *de jure publico* ).

I. Disposition qui défend de proposer aucune loi sur tel ou tel homme en particulier (6).

II. Les grands comices, c'est-à-dire les comices par centuries, ont seuls le droit de rendre des décisions capitales sur un citoyen, c'est-à-dire sur la perte de la vie, de la liberté et de la cité (7).

---

(1) PLIN., *Hist. nat.*, XVIII, 3. — FESTUS, aux mots *Parricidii quæstores*.

(2) PLIN., *Hist. natur.*, XXVIII, 2.

(3) DIG., 50, 16, *de Verbor. signif.*, 236 pr. fr. GAI., au livre IV de son commentaire des XII Tables.

(4) « Primum *XII Tabulis cautum esse* cognoscimus, ne quis in urbe cœtus nocturnos agitaret. » PORCIUS LATRO, *Declamat. in Catilin.*, cap. XIX.

(5) « Sodales sunt, qui ejusdem collegii sunt.... His autem potestatem facit Lex, pactionem, quam velint, sibi ferre : dum ne quid ex publica lege corrumpant. » DIG., 47, 22, *de Colleg. et corpor.*, 4 fr. GAI., au livre IV de son commentaire des XII Tables.

(6) « Vetant XII Tabulæ, leges privis hominibus irrogari. » CICER., *pro Domo*, 17 ; *de Legib.*, III, 19.

(7) « Tum leges præclarissimæ de XII Tabulis translatæ duæ, quarum altera *privilegia* tollit ; altera *de capite civis rogari*, *nisi maximo comitiatu*, *vetat*.... In privatos homines leges ferri voluerunt, id est enim *privilegium*, quo quid est injustius ? » CICER., *de Legib.*, III, 9 ; *pro Sextio*, 30, e

III. Peine de mort contre le juge ou l'arbitre donné par le magistrat qui aurait reçu de l'argent pour faire sa sentence (1).

IV. Disposition relative aux Questeurs des homicides (*quæstores parricidii*). Droit d'appel au peuple contre toute sentence pénale (2).

V. Peine de mort contre celui qui aurait excité l'ennemi contre le peuple romain, ou livré un citoyen à l'ennemi (3).

---

## TABLE X.

### Du droit sacré (*de jure sacro*).

| | |
|---|---|
| I. HOMINEM MORTUUM IN URBE NE SEPELITO, NEVE URITO (4). | I. N'inhumez et ne brûlez dans la ville aucun mort. |
| II. HOC PLUS NE FACITO... ROGUM ASCIA NE POLITO (5). | II. Ne faites rien de plus que ceci... Ne façonnez pas le bois du bûcher. |

III. Restrictions des somptuosités funéraires : le mort ne pourra être enseveli ni brûlé dans plus de trois robes, ni de trois bandelettes de pourpre; il ne pourra y avoir plus de dix joueurs de flûte (6).

---

(1) « Dure autem scriptum esse in istis legibus (XII Tabularum) quid existimari potest? Nisi duram esse legem putas, quæ judicem arbitrumve jure datum, qui ob rem dicendam pecuniam accepisse convictus est, capite pœnitur. » AUL. GELL., *Noct. Attic.*, XX, 1.— CICER., *in Verr.*, II, 32; et I, 13.

(2) « Quæstores constituebantur à populo, qui capitalibus rebus præessent : hi appellabantur *quæstores parricidii* : quorum etiam meminit Lex XII Tabularum. » DIG., 1, 2, *de Origin. juris*, 2, § 23 fr. Pomp. — « Ab omni judicio pœnaque provocari licere, indicant XII Tabulæ. » CICER., *de Republ.*, II, 31. — Conférez FESTUS, aux mots *Parricidii quæstores*, et *Quæstores*.

(3) « Lex XII Tabularum jubet, eum qui hostem concitaverit, quive civem hosti tradiderit, capite puniri. » DIG., 48, 4, *ad leg. Jul. maj.*, 3 fr. Marcian.

(4) CICER., *de Legib.*

(5) *Ibid.*

(6) « Extenuato igitur sumptu, tribus riciniis et vinculis purpuræ, et decem tibicinibus, tollit (la loi des XII Tables) etiam lamentationem : MULIERES GENAS» etc., CICER., *ibid.*

IV. MULIERES GENAS NE RADUNTO; NEVE LESSUM FUNERIS ERGO HABENTO (1).

IV. Que les femmes ne se déchirent pas le visage et ne poussent pas des cris immodérés.

V. HOMINI MORTUO NE OSSA LEGITO, QUO POST FUNUS FACIAT (2).

V. Ne recueillez pas les ossements d'un mort, pour lui faire plus tard d'autres funérailles (exception pour ceux morts au combat ou à l'étranger).

VI. Dispositions qui prohibent : l'embaumement du corps des esclaves, les banquets funéraires, les aspersions somptueuses, les couronnes attachées en longue file, et les petits autels dressés pour y brûler des parfums (3).

VII. QUI CORONAM PARIT IPSE, PECUNIAVE EJUS, VIRTUTIS ERGO DUITOR EI (4).

VII. Mais si par lui-même, ou par ses esclaves ou ses chevaux, il a conquis une couronne, que les honneurs lui en soient accordés. (La couronne, durant les funérailles, sera portée par le mort et par son père.)

VIII. Défense de faire plusieurs funérailles ni de dresser plusieurs lits pour un seul mort (5).

IX. NEVE AURUM ADDITO. QUOI AURO DENTES VINCTI ESCUNT, AST IM

IX. N'adjoignez point d'or; mais si les dents sont liées avec

(1) CICER., *ibid.* Conférez FESTUS, aux mots *Ricinium* et *Radere genas.* — PLIN., *Hist. natur.*, XI, 37. — SERVIUS, *ad Virgil.*, Æneid., XII, vers. 606. — CICER., *Tuscul.*, II, 22.

(2) « Cætera item funebria, quibus luctus augetur, XII sustulerunt : HOMINI, inquit,.. etc. Excipit bellicam peregrinamque mortem. » CICER., *de Legib.*, II, 24.

(3) « Hæc præterea sunt in Legibus de unctura, quibus servilis unctura tollitur omnisque circumpotatio : quæ et recte tolluntur, neque tollerentur nisi fuissent. Ne sumptuosa respersio, ne longæ coronæ, nec acerræ prætereantur. » CICER., *de Legib.* II, 24. — Conférez FESTUS, aux mots *Murrata potione.* — PLIN., *Hist. natur.*, XIV, 2.

(4) « Inde illa XII Tabularum lex : QUI CORONAM.. etc. Quam servi equive meruissent *pecunia partam* lege dici nemo dubitavit. Quis ergo honos? ut ipsi mortuo parentibusque ejus, dum intus positus esset, forisve ferretur, sine fraude esset imposita. » PLIN., *Hist. natur.*, XXI, 3. — Conférez CICER., *de Legib.* II, 24.

(5) « Ut uni plura fierent, lectique plures sternerentur, id quoque ne fieret Lege sanctum est. » CICER., *de Legib.*, II, 24.

CUM ILLO SEPELIRE URERÈVE SE FRAUDE ESTO (1). de l'or, que cet or puisse être enseveli ou brûlé avec le cadavre.

X. Qu'à l'avenir, aucun bûcher ni sépulcre ne puisse être placé à moins de soixante pieds de l'édifice d'autrui, si ce n'est du consentement du propriétaire (2).

XI. Le sépulcre et son vestibule ne sont pas susceptibles d'être acquis par usucapion (3).

---

## TABLE XI.

### Supplément aux cinq premières Tables.

I. Prohibition du mariage entre les patriciens et les plébéiens (4).

---

## TABLE XII.

### Supplément aux cinq dernières Tables.

I. Disposition qui établit la *pignoris capio* (prise de gage, sorte d'action de la loi) contre le débiteur, pour le payement du prix d'achat d'une victime, ou du prix de louage d'une bête de somme, lorsque le louage a été fait spécialement pour en employer le prix en sacrifices (5).

---

(1) Cicer., *ibid.*

(2) « Rogum bustumve novum vetat (Lex XII Tabularum) propius sexaginta pedes adjici ædes alienas invito domino. » Cicer., *ibid.* — Conférez Dig., 11, 8, *de Mortuo infer.*, 3 fr. Pomp.

(3) « Quod autem forum, id est vestibulum sepulcri, bustumve usucapi vetat (Lex XII Tabularum), tuetur jus sepulcrorum. » Cicer., *ibid.* — Festus, au mot *Forum*.

(4) « Hoc ipsum : ne connubium Patribus cum Plebe esset, non Decemviri tulerunt. » Tit. Liv., I, 4.—Conférez Den. d'Halic., X, 60, et XI, 28.— Dig., 50, 16, *de Verb. signif.*, 238 fr. Gai., au livre 6 de son commentaire des XII Tables. — Cicer., *de Republ.*, II, 37.

(5) « Lege autem introducta est pignoris capio, *velut Lege XII Tabula-*

| | |
|---|---|
| II. SI SERVUS FURTUM FAXIT NOXIAMVE NOCUIT... (1). | II. Si un esclave a commis un vol ou un autre délit préjudiciable.... (il y a contre le maître, non pas une action personnelle, mais une action noxale). |
| III. SI VINDICIAM FALSAM TULIT... REI SI VELIT IS... TOR (SIVE LITIS PRÆTOR) ARBITROS TRES DATO ; EORUM ARBITRIO... FRUCTUS DUPLIONE DAMNUM DECIDITO (2). | III. Si quelqu'un possède de mauvaise foi une chose qu'il prétend sienne, que le magistrat donne trois arbitres de la contestation, et que sur leur arbitrage il soit condamné à restituer le double des fruits. |

IV. Défense de faire consacrer une chose litigieuse ; peine du double en cas de contravention (3).

V. Les dernières lois du peuple dérogent aux précédentes (4).

---

*rum* adversus eum, qui hostiam emisset, nec pretium redderet ; item adversus eum, qui mercedem non redderet pro eo jumento, quod quis ideo locasset, ut inde pecuniam acceptam in dapem, id est in sacrificium, impenderet. » GAI., *Instit.*, Comm., IV, 28.—DIG., 50, 16, *de Verb. signif.*, 238, et 2 fr. GAI., au livre 6 de son commentaire des XII Tables.

(1) FESTUS, au mot *Noxia.* — « Nam in lege antiqua (XII Tabularum), si servus sciente domino furtum fecit, vel aliam noxam commisit, servi nomine actio est noxalis, nec dominus suo nomine tenetur » DIG., 9, 4, *de Noxal. action.*, 2, § 1 fr. Ulp.

(2) FESTUS, au mot *vindiciæ.*—AUL. GELL., *Noct. attic.*, X, 10.

(3) « Rem, de qua controversia est, prohibemur in sacrum dedicare ; alioquin dupli pœnam patimur. » DIG., 44, 6, *de Litigios.*, 3 fr. GAI., au livre 6 de son commentaire des XII Tables.

(4) « In XII Tabulis legem esse, ut, quodcunque postremum populus jussisset, id jus ratumque esset. » TIT. LIV., VII, 17, et IX, 33 et 34.

### 27. Caractère du droit des XII Tables.

La loi des XII Tables écrit évidemment une coutume. Elle laisse de côté les détails, supposés connus et pratiqués par les pontifes et par les patriciens à qui revient l'application du droit. Elle ne pose que les principes. Telle est son allure générale; quoique dans quelques matières particulières, par exemple dans le règlement des funérailles, des droits et des obligations entre voisins, et du traitement à subir par le débiteur de la part de son créancier, elle descende jusqu'à des prévisions minutieuses. Ainsi, sur douze tables grossièrement gravées, et exposées au forum, tout l'ensemble du droit a pu être renfermé. Ainsi, malgré le peu de vestiges qui nous en restent, en y réunissant les indications indirectes fournies par les écrivains et par les jurisconsultes de l'antiquité, nous avons encore assez de données pour reconnaître dans ces tables le germe d'un grand nombre d'institutions développées dans le droit postérieur; nous pouvons concevoir comment elles ont toujours été pour les Romains la base de tout leur droit.

Bien que les Décemvirs paraissent avoir eu sous les yeux des documents de législation étrangère, et notamment les lois athéniennes; bien qu'ils y aient puisé quelques dispositions qui nous sont signalées par les écrivains et par les jurisconsultes comme transcrites presque littéralement, et dont la ressemblance, dans des choses de détail arbitraire, ne peut être attribuée au pur hasard ni à la raison commune (1): cependant, il est vrai de dire que le droit qu'elles établissent est le droit quiritaire, le droit des hommes à la lance, exclusivement propre au citoyen romain, se détachant ra-

(1) Voir les citations faites ci-dessus, page 91, note 2.

dicalement, par son caractère, du droit des autres nations.

Le règlement de la constitution politique de la cité, d'après les fragments qui nous restent, ne s'y révèle en aucune manière. La division et la distribution du peuple, l'organisation et les pouvoirs des comices par curies, par centuries et par tribus, du sénat, du consulat, et des autres magistratures publiques, ne paraissent pas y avoir été législativement déterminés. C'était une machine toute montée : on la laissait fonctionner. Les points, objets de réclamations ou de dissensions publiques, exigeaient seuls un règlement immédiat. La défense de présenter aucune loi en vue d'un particulier ; la règle que c'est la dernière décision du peuple qui doit faire loi et l'emporter sur les précédentes ; la compétence exclusive des grands comices dans les questions capitales pour les citoyens, et le droit d'appel au peuple, c'est-à-dire aux grands comices, en pareille matière, voilà, parmi les dispositions qui nous ont été conservées, celles qui touchent le plus directement à la constitution politique. Du reste, le droit public ne figure pas en première ligne dans la loi décemvirale. Il est rejeté, avec le droit sacré, dans la neuvième et dans la dixième table, c'est-à-dire dans les deux dernières du travail des premiers Décemvirs. Jusqu'à quel point cette égalité de droit (*æquanda libertas ; omnibus summis infimisque jura æquare*), poursuivie par les plébéiens, a-t-elle été obtenue dans la loi décemvirale? Nous ne connaissons pas toutes les nuances qui, dans le droit antérieur, séparaient une caste de l'autre, ni, par conséquent, toutes les différences que les XII Tables ont pu supprimer ; mais ce que nous voyons, c'est que ni dans l'ordre public, ni dans l'ordre privé, il n'a été introduit d'égalité complète entre les patriciens et les plébéiens. L'admissibilité exclusive des patriciens aux hautes magistratures subsiste toujours; la clientèle, qui emporte des conséquences si majeures, est consacrée par les XII Tables; et le refus du *connubium* entre une classe et l'autre, nous montre que ces classes forment encore deux races à part.

La grande préoccupation, la préoccupation première des esprits, dans la loi décemvirale, paraît être celle d'un peuple à habitude ou à situation processives. L'appel de l'adversaire devant le magistrat, les règles de l'instance, et les droits du créancier sur le débiteur condamné, c'est-à-dire l'ouverture, le cours et l'issue des procès, jusqu'à l'exécution, voilà ce qui occupe le premier rang, ce qui remplit les trois premières tables.

Les formes sur l'appel devant le magistrat (*de in jus vocando*) sont simples et rudes; le demandeur, quand son adversaire refuse de le suivre, prend des témoins, le saisit et l'entraîne. C'est à la face de tous les citoyens, sur la place publique, que la justice se rend. Un endroit quelconque du *Forum* peut servir de tribunal, mais plus spécialement cette partie nommée *Comitium*, qui était couverte d'un toit, et au milieu de laquelle s'élevait la tribune aux harangues.

On aperçoit déjà, dans le texte même des XII Tables, cette différence si importante, si caractéristique du droit romain, entre le *jus*, le droit, et le *judicium* ou l'instance judiciaire organisée sur une contestation; entre le magistrat (*magistratus*) et le juge (*judex* ou *arbiter*). Le premier (*magistratus*) chargé de déclarer le droit (*juris-dictio*), de le faire exécuter à l'aide de la puissance publique (*imperium*), d'organiser l'instance par l'accomplissement en sa présence de tout le rite solennel prescrit par la loi ou par la coutume, et de donner aux plaideurs leur juge quand il ne résout pas lui-même l'affaire. Le second (*judex* ou *arbiter*), chargé de prononcer sur la contestation dont le magistrat l'a investi, et de la terminer par une sentence. Cette différence se développera plus tard complétement et sera organisée dans toutes ses conséquences. Mais elle apparaît déjà dans les XII Tables : l'*in jus vocatio*, c'est l'appel devant le Droit, c'est-à-dire devant le magistrat.

Les dispositions de la loi décemvirale quant aux droits du créancier sur la personne du débiteur, sont à elles seules une puissante révélation sur les agitations et les soulèvements de la plèbe en ces premiers temps de l'histoire romaine. Après de telles lois, doit-on s'étonner que les dettes aient amené plus d'une fois de pareils soulèvements? Et cependant, aux soins que les Décemvirs ont pris d'en réglementer et d'en légaliser les rigueurs, il est aisé de reconnaître un résultat de ces rébellions à peine éteintes. La limite du taux de l'intérêt et les peines contre celui qui la dépasserait (1), le délai de trente jours pour le débiteur condamné, la présence du magistrat, le *vindex* ou sorte de répondant qui peut réclamer le débiteur, le poids des chaînes qui est limité, la nourriture qui est ordonnée, le nouveau délai de soixante jours durant la captivité, l'obligation de représenter trois fois le captif au magistrat, dans cet intervalle, sur la place publique, au jour de marché, avec proclamation de la somme pour laquelle il est détenu, afin d'exciter ses parents, ses amis, ceux qui auraient pitié de lui, à se concerter, à s'exécuter, à lui sauver le fatal dénoûment qui l'attend : toutes ces dispositions sont pour les débiteurs autant de concessions ou de garanties.

---

(1) Quel est ce taux légal que Tacite désigne sous les expressions *unciarium fœnus*? Au milieu de la divergence d'opinions, on les interprète plus communément comme désignant l'intérêt d'une once pour cent par mois, ou 12 pour cent par an. M. Niebuhr adopte cette opinion; mais par diverses considérations sur l'année romaine, il pense que cet intérêt revient à celui de 9 ou 10 pour cent de nos jours.

Mais après toutes ces formalités, si la dette n'est pas acquittée, qu'il soit mis à mort, ou qu'il soit vendu à l'étranger, afin que la cité en soit débarrassée; et s'il y a plusieurs créanciers, qu'ils puissent s'en partager les lambeaux. Des écrivains modernes se sont refusés à prendre en son sens matériel une telle disposition; ils y ont cherché un symbole, le partage de la fortune et non du corps du débiteur; mais les anciens, comme le prouvent les fragments d'Aulu Gelle, de Quintilien, de Tertullien que nous avons cités (1), la prenaient à la lettre. Ils en justifiaient l'histoire romaine, en disant que les mœurs l'avaient répudiée, qu'elle n'était qu'un moyen d'amener le payement de la dette par la peur, et que jamais elle n'a été mise à exécution.

Les deux tables qui suivent, c'est-à-dire les tables IV et V, présentent le système de la famille romaine, et des droits qui s'y rattachent plus directement, tels que l'hérédité, la tutelle, la curatelle.

La famille romaine (*familia*) n'est pas une famille naturelle; c'est une création du droit de la cité, du droit quiritaire. Le mariage civil, les noces romaines en sont bien un élément important, mais elles n'en sont pas le fondement. La famille romaine est assise, non sur le mariage, mais sur la puissance. Le chef (*pater familias*), et les personnes soumises à sa puissance : esclaves, enfants, femme, hommes libres acquis ou engagés par mancipation (*mancipati*, *nexi*) ou par attribution judiciaire du magistrat (*addicti*), voilà ce que désigne dans un certain sens le mot *familia*; dans un sens plus étendu encore, et fréquemment employé par les XII Tables, il comprend même l'ensemble de tout le patrimoine, tout ce qui est la propriété du chef, corps et biens; tandis que plus étroitement entendu, il ne désigne que le chef avec la femme et les enfants soumis à son pouvoir. Il y a donc une certaine élasticité dans ce mot *familia*.

Les diverses puissances ont-elles déjà, sous les XII Tables, les trois noms distincts et particuliers : *potestas* pour les esclaves et les enfants, *manus* pour la femme, et *mancipium* pour les hommes libres mancipés ou *addicti*? C'est ce dont il est permis de douter, surtout pour la première de ces expressions (*potestas*), plus récente dans la formation de la langue.

La disposition des XII Tables, relative à l'acquisition que le mari fait de sa femme par la possession d'une année (*usu*), nous prouve que dès cette époque, il faut se bien garder de confondre entre eux le mariage (*nuptiæ*, *justæ nuptiæ*, *justum matrimonium*), et la propriété, la puissance maritale (*manus*). Le mariage, en lui-même, et quant à sa forme, est abandonné au pur droit privé, sans aucune nécessité légale qu'il intervienne ni autorité ni solennité publiques : il suffit qu'il y ait eu consentement réciproque, manifesté par la tradition de la femme, c'est-à-dire par sa mise à la disposition du mari : simplicité sauvage, âpreté austère du droit, que les croyances et les coutumes populaires déguisent sous une pompe et sous des formes symboliques plus gracieuses, mais sans nécessité juridique. Du reste, comme la simple tradition ne suffit pas pour acquérir la propriété quiritaire d'aucune créature humaine, le mariage ainsi réduit ne met pas la femme sous la main (*in manu*), c'est-à-dire dans la propriété du mari. Pour que cet effet soit produit, il faut que les noces aient été contractées par les formalités patriciennes de la confarréation, ou que la femme ait été mancipée *per æs et libram* au mari. Si non, on en revient au droit commun sur l'acquisition de la propriété des choses mobilières au bout d'une année de possession (*usu*) : avec cette particularité, que les XII Tables consacrent pour la femme un mode particulier d'interrompre cette usucapion. Voilà pourquoi on dit que la puissance maritale s'acquiert par trois moyens : la confarréation, la coemption et l'usage (*farreo, coemptione, usu*). La femme ainsi acquise au mari (*in manu conventa*) n'est plus dans la famille du chef à qui elle avait appartenu ; elle passe dans celle de son mari, au rang de fille de ce dernier (*loco filiæ*), de sœur de ses propres enfants.

Le lien seul de la parenté naturelle, de la parenté de sang, n'est rien chez les Romains. Nous disons *parenté* pour nous conformer à notre langue; car chez les Romains, le mot conserve son véritable sens étymologique : *parens*, *parentes*, ce sont le père, les ascendants, ceux qui ont engendré (de *parere*, enfanter). Il importe de ne pas s'y méprendre. L'expression la plus générale, la plus large de la parenté, en droit romain, c'est *cognatio*, la cognation, c'est-à-dire le lien entre personnes qui sont unies par le même sang ou que la loi répute telles (*cognati : quasi una communiter nati*).

Mais la cognation seule, par elle-même, qu'elle provienne des justes noces ou de toute autre union, ne place pas dans la famille, ne donne aucun droit de famille. Le droit civil n'y a pas égard, si ce n'est pour les prohibitions du mariage. La parenté du droit civil, celle qui produit les effets civils, qui confère les droits de famille, c'est l'agnation (*agnatio*), le lien qui unit les cognats membres de la même famille; et la cause efficiente de ce lien, de cette attache (*ad gnatio*), c'est la puissance paternelle ou maritale qui les unit, ou qui les unirait tous sous un chef commun si le chef le plus reculé de la famille vivait encore. Est-on soumis à la puissance, on est agnat, on est de la famille; est-on renvoyé de la puissance, on ne l'est plus : tant pour la femme que pour les fils, que pour les filles, que pour les frères et sœurs, que pour tous. Que le chef meure, la grande famille se décompose en plusieurs petites commandées par chaque fils qui devient indépendant; mais le lien d'agnation n'est pas rompu, il continue d'exister entre ces diverses familles, et même de lier les nouveaux membres qui naissent. On dirait que le chef primitif, celui à qui ils ont obéi jadis, eux ou leurs ascendants, les réunit encore sous son autorité; et tout cet ensemble porte encore le nom de *familia* : ainsi, voilà pour cette expression une nouvelle acception, dans un sens plus généralisé.

Outre l'agnation, la loi des XII Tables nous révèle encore la gentilité (*gens*, pour ainsi dire *génération*, généalogie). L'idée de la clientèle et de l'affranchissement est indispensable ici, pour bien comprendre cette relation du droit civil quiritaire. Les citoyens issus d'une source commune, d'origine perpétuellement ingénue, dont aucun des aïeux n'a jamais été en une servitude ni clientèle quelconque, qui, par conséquent, se forment à eux-mêmes, de génération en génération, leur propre généalogie, et qui sont unis par les liens de la parenté civile, constituent dans leur ensemble un *gens*; ils sont entre eux à la fois agnats et gentils. Sous ce rapport, on ne verrait pas encore bien en quoi la gentilité diffère de l'agnation, si ce n'est que les conditions qui la constituent, savoir qu'aucun des aïeux n'ait jamais été en une servitude ni clientèle quelconque, la rendaient exclusivement propre, dans les temps primitifs, aux seuls patriciens, puisque tous les premiers plébéiens étaient des clients; de telle sorte que la gentilité, sous ce rapport, et aux premières époques, serait l'agnation des patriciens; la *gens* serait la famille patricienne. Mais, en outre, ces patriciens à la fois agnats et gentils entre eux, sont encore les gentils de toutes les familles de clients ou d'affranchis qui sont dérivées civilement de leur *gens*, qui en ont pris le nom et les *sacra*, auxquelles leur *gens* sert de généalogie civile. Ces descendants de clients ou d'affranchis ont des gentils et ne le sont de personne : par rapport à eux, les agnats sont bien distincts des gentils. Leur agnation est fondée sur un lien commun de puissance paternelle ou maritale, à quelque antiquité que remonte cette puissance. La gentilité, à laquelle ils se rattachent, est fondée sur un lien de puissance de patronage, patronage soit de clients, soit d'affranchis, si anciennement qu'ait existé cette puissance (1).

Ainsi, il faut distinguer trois grands termes dans les liens d'agrégation civile ou naturelle chez les Romains : la famille (*familia*), à laquelle correspondent l'agnation (*agnatio*) et le titre d'agnats (*agnati*); la *gens*, en quelque sorte génération, généalogie, à laquelle correspondent la gentilité, le titre de gentils (*gentiles*); enfin la cognation (*cognatio*), à laquelle correspond le titre de cognats (*cognati*). Les deux premières sont de droit quiritaire, dépendant des liens de puissance paternelle, maritale, ou de patronage de clients ou d'affranchis. La troisième purement naturelle, fondée simplement sur les liens du sang, ne produisant aucun effet civil.

C'est sur ces liens d'agnation ou de gentilité, sur cette formation de la famille ou de la généalogie civile, que sont réglés tous les droits civils, d'hérédité, de tutelle, de curatelle. Est-on dans la famille civile? on participe à ces droits. N'y est-on pas, en a-t-on été renvoyé par la libération de la puissance? fût-on fils, père, mère, frère, sœur, parent quelconque, on n'en a aucun. Ainsi, l'étranger introduit dans la famille par adoption, l'épouse par la confarréation, par la coemption

(1) Bien que l'origine et le fondement de la gentilité nous la présentent comme exclusivement propre aux patriciens, cependant les grandes familles de plébéiens survenues plus tard, n'ayant jamais été dans les liens de la clientèle, et se prétendant d'origine éternellement ingénue, ont pu aussi, par la suite des temps, former une *gens*, une race de gentils : d'abord entre eux; et ensuite par rapport, non pas à la descendance de leurs clients, puisqu'ils n'en avaient jamais eu, mais au moins par rapport à la descendance de leurs affranchis.

ou par l'usage, y prennent tous les priviléges de l'agnation, et de la gentilité, s'il s'agit d'une famille de *gentils*. Mais aucun droit n'est donné au fils ou à la fille renvoyés de la famille par le chef; aucun droit à leurs descendants; aucun droit aux parents quelconques du côté des femmes, parce qu'ils n'entrent pas dans la famille de leur mère; aucun droit enfin ni à la mère envers ses enfants, ni aux enfants envers leur mère, à moins que celle-ci n'ait été liée à la famille par la puissance maritale.

Tel est donc l'ordre d'hérédité que fixe la loi des XII Tables :

1° Après la mort du chef, les enfants qu'il avait sous sa puissance, y compris sa femme, si elle était *in manu*. En effet, ceux-ci composent sa famille particulière, ils étaient ses instruments, ses représentants, en quelque sorte copropriétaires avec lui du patrimoine commun : aussi la vieille langue du droit romain, déjà même la langue des XII Tables, les appelle-t-elle *heredes sui*, héritiers d'eux-mêmes : ils prennent une hérédité qui leur appartient.

2° A défaut de cette famille particulière du chef, on passe à la grande famille générale : le plus proche agnat est appelé.

3° Enfin, à défaut d'agnat, le plus proche gentil prend l'hérédité. C'est-à-dire que s'il s'agit de la succession d'un descendant de client ou d'affranchi, qui soit resté sans agnat, on passe à la *gens* perpétuellement ingénue dont il dérive, dont sa race a pris le nom et les *sacra* : le plus proche membre de cette *gens* est son héritier.

Bien que faite pour une société aristocratique, il y a cela de remarquable, que la loi des XII Tables, ni la coutume antique d'où elle dérive, n'avaient introduit, pour le partage héréditaire du patrimoine, aucun privilége, ni de sexe, ni de primogéniture, dans aucun ordre d'héritiers. Le patrimoine se partage également entre tous ceux qui y sont appelés au même titre.

Le principe que la volonté testamentaire du chef de famille fera loi, est une conquête précieuse pour le plébéien ; c'est la sanction du détour qu'il prenait pour arriver à avoir un testament. Tandis que le patricien faisait sanctionner sa volonté par l'assemblée des curies, le plébéien recourait à un subterfuge, il vendait fictivement *per æs et libram* son patrimoine à venir. Désormais ce sera là un droit public ; aussi, dans la formule de cette mancipation fictive, insérera-t-on ces paroles pour constater que le testateur ne fait qu'exercer un droit garanti par la loi fondamentale : « QUO TU JURE TESTAMENTUM FACERE POSSIS SECUNDUM LEGEM PUBLICAM (1). »

Il faut encore remarquer, dans les deux tables que nous apprécions :

Cette règle, que les créances héréditaires se subdivisent de droit entre les héritiers ;

L'origine de l'action *familiæ erciscundæ*, c'est-à-dire en partage de l'hérédité ;

Enfin la situation sociale des femmes, et la sujétion qui les tient constamment placées sous la puissance de leurs ascendants ou de leur mari, ou sous une tutelle perpétuelle. Il n'y a d'exception que pour les vestales.

Les Tables VI et VII, dans leurs fragments, nous offrent des dispositions qui se réfèrent à la propriété, à la possession et aux obligations.

Les Romains avaient substitué au mariage naturel, un mariage de citoyens (*justæ nuptiæ*) ; à la parenté naturelle, une parenté de citoyens (*agnatio, gens*) ; ils mirent encore à la place de la propriété ordinaire une propriété de citoyens (*mancipium*, plus tard *dominium ex jure quiritium*) ; à la place de la vente ou de l'aliéna-

(1) GAI., *Inst.*, Comm., II, § 104.

tion naturelle, une vente, une aliénation propres aux seuls citoyens (*mancipium*, plus tard *mancipatio*); enfin, à la place des engagements ordinaires, un engagement de citoyen (*nexus* ou *nexum*). Ainsi cette qualité de citoyen imprimait à leur mariage, à leur parenté, à leur propriété, à leurs ventes, à leurs engagements, partout, un caractère singulier de force, qui donne la vie à leurs institutions. Les XII Tables, et notamment les Tables VI et VII, quant à la propriété et aux obligations, portent la trace de ces singularités.

La propriété romaine, rendue plus indélébile par ce caractère, ne pouvait être détruite et transportée d'un citoyen à l'autre que par certains évenements limités par la loi, dans la plupart des cas avec des formes particulières et solennelles; les étrangers ne pouvaient point l'acquérir. On était propriétaire selon le droit quiritaire (*dominus ex jure Quiritium*), ou on ne l'était pas du tout : il n'y avait pas de milieu. Parmi les modes quiritaires d'acquérir la propriété romaine, on voit déjà positivement figurer dans les XII Tables, au premier rang, la *mancipatio*, ou aliénation *per æs et libram*; en outre, la loi testamentaire des testateurs (*lex*); la possession continuée pendant un certain temps (*usus auctoritas*, plus tard *usucapio*); enfin l'*in jure cessio*, ou, plus généralement, la déclaration du magistrat (*addictio*). Quant à l'adjudication du juge (*adjudicatio*), elle s'y entrevoit aussi, quoique moins formellement énoncée, par les fragments qui nous restent, dans l'action en partage de l'hérédité (*familiæ erciscundæ*), ou en bornage (*finium regundarum*), dont l'origine remonte indubitablement jusqu'aux XII Tables. L'occupation des choses qui n'avaient pas de maître, ou des choses prises sur l'ennemi, institution de droit universel, de droit des gens, était aussi, sans aucun doute pour nous, un moyen apte à donner la propriété quiritaire, et même le moyen premier, le moyen-type des Quirites ou des hommes à la lance, puisque la lance était le symbole de cette propriété. Nous sommes persuadé enfin que la simple tradition suffisait dès ces premiers temps, pour donner la propriété quiritaire à l'égard d'un grand nombre de choses.

En effet, la loi des XII Tables elle-même contenait, d'après ce que nous enseigne Gaius, la distinction des choses en *res mancipi* et *res nec mancipi* (1). Pour les choses *mancipi*, la propriété quiritaire reçoit un caractère, non pas différent, mais en quelque sorte plus indélébile : elle s'acquiert, elle se perd plus difficilement. Ainsi, en premier lieu, l'accord des parties et la seule tradition sont impuissants pour transférer d'un citoyen à l'autre le domaine des choses *mancipi*. Il faut, si l'on veut produire immédiatement cet effet, recourir à un acte sacramentel, principalement la mancipation. Les choses *nec mancipi*, au contraire, ne sont pas susceptibles de mancipation : la simple tradition peut en transférer le domaine. En second lieu, l'aliénation des choses *mancipi* n'est pas permise dans tous les cas où celle des choses *nec mancipi* peut se faire. Ainsi, la loi des XII Tables elle-même défend que la femme placée sous la tutelle de ses agnats puisse aliéner aucune chose *mancipi* sans l'autorisation de son tuteur : une telle chose ne sortira du domaine de la famille que si les agnats y consentent ; tandis que l'aliénation des choses *nec mancipi* est permise à la femme (2). Du reste, à part la mancipation, tous les autres moyens établis par le droit civil pour l'acquisition du domaine quiritaire, sont communs tant aux choses *mancipi* qu'aux choses *nec mancipi* ; tous s'appliquent à celles-ci aussi bien qu'à celles-là (3). Le seul de ces actes à l'égard

---

(1) Voir ci-dessus, page 86, la table V, fragment II.

(2) Gai., *Inst.*, Comm., II, § 80.— Ulp., *Regul.* XI, § 27.

(3) Ulp., *Regul.* XIX, §§ 8, 9, 16 et 17.

duquel ces deux classes de choses se séparent l'une de l'autre, c'est la mancipation : voilà pourquoi les unes se nomment *res mancipi* ou *mancipii*, choses de mancipation ; et les autres *res nec mancipi* ou *nec mancipii*, choses non susceptibles de mancipation (1).

Quant aux caractères qui font qu'une chose est *res mancipi*, en somme ils se tirent tous de la mancipation. Pour qu'une chose soit *res mancipi*, chose de mancipation : — Il faut qu'elle participe au droit civil, car il s'agit d'un acte juridique éminemment romain : ce qui exclut tout sol et tout objet étrangers. — Il faut qu'elle puisse être saisie avec la main ; car c'est la formalité constitutive de la mancipation (*manu capere*) : ce qui exclut toute chose incorporelle, sauf les servitudes rurales, qui, pour l'esprit agriculteur, s'identifient avec le champ ; et sauf l'ensemble du patrimoine (*familia*), par pure fiction. — Il faut enfin qu'elle ait une individualité propre, une individualité distincte, afin que les citoyens qui concourent à l'acte juridique, et qui sont pris à témoin de l'acquisition du domaine quiritaire sur cette chose, puissent en attester partout l'identité. Or, ce caractère d'existence propre, d'individualité distincte, on ne le reconnaît, à un degré suffisant pour la mancipation, qu'à deux classes d'objets : au sol et aux êtres animés, hommes libres, hommes esclaves et animaux ; encore, parmi ces derniers, à ceux-là seulement qui ont été domptés par l'homme et associés à ses travaux : eux seuls, en effet, ont pour l'homme une individualité véritablement constituée ; destinés à un autre emploi, ou sauvages de leur nature, leur identité est moins distincte et leur utilité moins grande. La terre romaine, les hommes et les animaux asservis aux travaux humains : voilà donc les choses *mancipi*. Pour le

---

(1) GAI., *Inst.* II, § 24.

chef de famille primitif, son champ quiritaire, avec la maison qui s'incorpore et les servitudes rurales qui s'identifient avec ce champ; la femme, les enfants, les hommes soumis à sa puissance, et les animaux asservis à ses travaux : voilà les choses *mancipi;* les choses dont l'individualité est adhérente avec la sienne; qui sont en même temps, à ces époques primitives, les plus précieuses en valeur; qui ne pourront se séparer de lui par la simple tradition; auxquelles s'appliquera exclusivement l'acte sacramentel de la mancipation. La civilisation viendra; les arts, le luxe envahiront la cité; des richesses inconnues composeront les fortunes; des animaux étrangers seront soumis à la charge ou au trait (*elephanti et cameli*, *quamvis dorso collove domentur*) : les choses *mancipi* n'augmenteront pas en nombre. Caractérisées par le vieux droit romain, elles ne changeront plus (1).

Les relations de voisinage entre propriétaires contigus, sont réglées avec une prévoyance minutieuse, dans les fragments que nous possédons. Nous voyons aussi par ces fragments, que l'existence des servitudes, au moins des servitudes rurales, dans celle qui est la plus importante, la servitude de passage, de voie (*via*), remonte jusqu'aux XII Tables.

La théorie des obligations, surtout par rapport à celles qui se forment par contrats, est un des points sur lesquels les vestiges des XII Tables nous offrent le moins de données. Le nom d'*obligatio* est une expression plus moderne, qui appartient à une langue juridique postérieure à la loi décemvirale. Il en est de même de celle de contrat (*contractus*). Mais quel que soit le nom qu'elle porte, nous voyons clairement dans

---

(1) Ulp., *Regul.* XIX, § 1.— Gai., *Instit.*, II, §§ 25 et suiv.; §§ 102 et 104.

les XII Tables, l'obligation résulter du délit (*noxa*), et de quelques dispositions particulières de la loi, comme dans le cas de cohérédité, de legs, de tutelle, de relations entre voisins. A l'égard des contrats, pour les citoyens romains la forme quiritaire de se lier, c'est le *nexum*, c'est-à-dire, dans sa dénomination la plus générale, la solennité *per æs et libram* (1); la même qui sert à transférer la propriété quiritaire. Les paroles solennelles prononcées entre les parties comme constituant les conditions de cette opération (*nuncupatio*), formaient loi entre elles, selon les expressions mêmes des XII Tables : *ita jus esto* (2); c'était la loi de la mancipation (*lex mancipii*). Ainsi, qu'elle fût réelle ou purement fictive, l'aliénation *per æs et libram* était employée pour s'obliger. C'était ainsi que se faisaient même le dépôt, même le gage (3). C'était ainsi que les emprunteurs se liaient au créancier qui consentait à leur faire un prêt, et qu'ils engageaient quelquefois leur propre personne à l'acquittement de cette obligation (*nexi*). Plus tard, les formes civiles des contrats romains ont consisté à simplifier cette solennité *per æs et libram*, à tenir le pesage symbolique pour accompli, le lingot de métal pour pesé et donné, et à ne conserver que les paroles détachées de la solennité et réduites, entre les parties, à une interrogation solennelle suivie d'une promesse conforme (*stipulatio-sponsio*); ou même à se contenter d'une simple inscription sur les registres domestiques, constatant en termes consacrés, qu'on avait tenu le métal comme pesé et donné pour telle somme (*expensilatio*). Ainsi les deux

(1) « Nexum est, ut ait Gallus Ælius, quodcunque per æs et libram geritur, idque necti dicitur. » FESTUS, au mot *Nexum*.—VARRO, *de ling. lat.*, VI, § 5.

(2) Voyez ci-dessus, page 88, table VI, fragments I et II.

(3) GAI., *Instit.*, I, § 122, et II, § 69. — FESTUS, aux mots *Nexum* et *Nuncupatio*.

formes civiles des contrats *verbis* et *litteris*, chez les Romains, n'ont été que des dérivations, des simplifications de l'antique contrat *per æs et libram*, du *nexum*. Rien ne nous indique dans les fragments des XII Tables, que le contrat *verbis*, ou la stipulation, existât déjà à cette époque; encore moins le contrat *litteris*.

Cependant on ne peut mettre en doute que la vente ordinaire, sans solennité *per æs et libram*, n'existât dans la coutume et ne fût pratiquée légalement dès cette époque. On le voit bien évidemment dans cette disposition des XII Tables, qui veut qu'après de certains délais, le débiteur *addictus* soit mis à mort ou vendu à l'étranger au delà du Tibre (1) : ce qui ne peut s'entendre que d'une vente commune entre tous les peuples, et non d'une aliénation quiritaire, puisqu'il s'agit de vendre à un étranger. On la voit encore dans cette autre disposition qui déclare que la propriété d'une chose vendue et livrée, n'est acquise à l'acheteur que lorsque celui-ci a satisfait le vendeur (2) : ce qui ne peut s'entendre que de la vente sans mancipation, appliquée aux choses *nec mancipi*. Pour ces mille et mille choses, en effet, qui ne sont pas même susceptibles de mancipation, et qui sont les plus usuelles, qui figurent comme objet des besoins et des relations incessantes de tous les moments, la vente est indispensable. Mais elle ne figurait encore, à cette époque primitive du droit romain, que comme un fait accompli, déjà exécuté de part ou d'autre, et sa dénomination antique le prouve : *venum datio*, la dation en vente. Le simple consentement, le simple accord des volontés entre les parties ne produisait pas d'obligation reconnue par le droit civil : il fallait quelque temps en-

(1) Voyez ci-dessus, page 84, table III, fragment VI, note 3.

(2) Voyez ci-dessus, page 90, table VI, fragment XI.

core, avant que le droit quiritaire parvînt à ce point de spiritualisme, et donnât accès aux contrats du droit des gens formés par le consentement seul.

La matière des délits, réglée dans la Table VIII, nous offre ces caractères communs aux diverses législations criminelles des peuples grossiers et encore à leur enfance : la prédominance de l'intérêt individuel sur l'intérêt social dans la répression des délits ; la peine revêtant plus souvent un caractère privé qu'un caractère public, se traduisant en une sorte de rançon ou de composition pécuniaire ; et lorsqu'elle est infligée comme peine publique, apparaissant soit avec la rigueur des supplices, le talion, le dévouement à Cérès ou aux dieux infernaux, le saut de la roche Tarpéienne, le feu, le sac de cuir ; soit avec la disproportion ou avec l'ignorance superstitieuse des incriminations, comme dans celle qui punit de mort les charmes magiques employés pour flétrir les récoltes ou pour les transporter d'un champ dans un autre.

Le nom antique du délit est celui de *noxa*. Comme source d'obligations résultant d'un préjudice causé à autrui, soit à dessein, soit involontairement mais à tort, les fragments des XII Tables nous en offrent trois bien caractérisés : le vol (*furtum*), le dommage (*damnum*), l'injure (*injuria*).

Le droit public et le droit sacré, traités dans les Tables IX et X, ont déjà fait l'objet de nos observations.

Quant aux deux dernières Tables, XI et XII, destinées à servir de supplément aux dix autres, il s'en faut de beaucoup que Cicéron en parle avec la même admiration. Voici ce qu'il en dit dans son Traité sur la République : « *Qui* (les derniers décemvirs) *duabus* » *tabulis iniquarum legum additis, quibus, etiam quæ*

» *disjunctis populis tribui solent, connubia, hæc illi ut* » *ne plebei cum patricibus essent inhumanissimâ lege* » *sanxerunt.* Ils ajoutèrent deux tables de lois iniques, » dans lesquelles le mariage, qui est permis ordinaire- » ment même avec les peuples étrangers, fut interdit, » par la plus odieuse des dispositions, entre les plé- » béiens et les patriciens (1). » C'est probablement sous l'impression de cette prohibition de mariage entre ces deux castes, que Cicéron donne en masse aux lois contenues dans les deux dernières Tables, l'épithète de lois iniques. Mais si toutes avaient mérité cette épithète, comment auraient-elles été adoptées par le peuple, précisément après l'expulsion des Décemvirs?

### 28. Actions de la loi (*Legis actiones*).

Le droit est écrit; mais à côté de la règle abstraite, il faut une force publique, pour lui donner vigueur, et un procédé, pour mettre en jeu cette force. A côté du droit, il faut l'autorité judiciaire et la procédure. Les Quirites, les hommes à la lance, avaient dans leurs coutumes juridiques, même antérieurement à la loi des XII Tables, des formes de procéder, simulacres d'actes de violence ou de combats, dans lesquelles se révèlent tantôt leur vie militaire, le rôle que jouait la lance parmi eux; tantôt la domination sacerdotale et patricienne, qui avait réglé les formes, et qui les avait fait passer de l'état de grossières réalités, à celui de symboles et de pantomimes commémoratives. La loi des XII Tables, dans quelques-unes de ses dispositions, a trait à ces formes de procédure qui lui sont antérieures; elle en traite comme d'institutions existantes et en vigueur (2); mais

---

(1) CICER., *de Repub.*, II, § 37.

(2) Voyez notamment, ci-dessus, page 82, table II, fragment I; page 100, table XII, fragment I.

elle n'en règle pas les détails pratiques ; elle n'en formule pas les actes et les paroles sacramentels.

Ce soin reste dévolu au collége des pontifes, à la caste patricienne qui a le privilége exclusif des pouvoirs juridiques et judiciaires. Mais les XII Tables qui ont donné un droit écrit, des dispositions arrêtées, rendent indispensable un règlement précis des actes de procédure, accommodé au nouveau droit, en harmonie avec lui dans toutes ses parties : voilà pourquoi les historiens nationaux nous présentent comme ayant suivi de près la loi des XII Tables, une autre partie du droit romain, le règlement des formes de procéder, ou les actions de la loi (*legis actiones*)(1), ainsi nommées, dit Gaius, soit parce qu'elles ont été une création de la loi civile et non de l'édit prétorien, soit parce qu'elles ont été dressées selon les termes de la loi (*legum verbis accommodatæ*), et asservies rigoureusement à ces termes (2).

Action, sous cette période, est une dénomination générique ; c'est une forme de procéder ; une procédure considérée dans son ensemble, dans la série des actes et des paroles qui doivent la constituer.

Il n'existe à l'époque des XII Tables que quatre actions de la loi ; et il n'en fut ajouté, plus tard, qu'une cinquième. De ces quatre actions de la loi, deux sont des formes de procéder pour arriver au règlement et à la décision du litige ; deux sont des formes de procéder pour la mise à exécution.

Les deux premières : 1° l'*Actio sacramenti*, la plus ancienne de toutes, qui s'applique, avec des variations

---

(1) « Deinde, ex his legibus, eodem tempore fere, actiones compositæ sunt, quibus inter se homines disceptarent ; quas actiones, ne populus prout vellet, institueret, certas solemnesque esse voluerunt : et appellatur hæc pars juris *legis actiones*, id est legitimæ actiones. » Dig., 1, 2, *de Orig. jur.* 2, § 6, fr. Pompon.

(2) Gai., *Instit.*, IV, § 2.

de forme, aux poursuites soit pour obligations, soit pour droits de propriété ou autres droits réels, mais dont le caractère prédominant, commun à tous les cas, consiste dans le *sacramentum*, ou somme d'argent que chaque plaideur doit consigner dans les mains du pontife, et qui sera perdue, pour celui qui succombera, au profit du culte public; c'est l'action sur laquelle nous avons le plus de renseignements : nous savons que les XII Tables fixaient le montant du *sacramentum* (1). — 2° La *Judicis postulatio*, qui se réfère à la demande faite au magistrat, d'un juge pour juger le procès, sans recourir au *sacramentum*, et qui est, par conséquent, une simplification de procédure, pour des cas où la rigueur civile s'adoucit (2).

Les deux dernières : 1° la *Manus injectio* (main-mise), saisie corporelle de la personne du débiteur condamné, ou convaincu par son aveu; à la suite de laquelle ce débiteur était *addictus*, attribué en propriété au créancier par le préteur; — et 2° la *Pignoris capio* (prise de gage), ou saisie de la chose du débiteur, sur laquelle nous connaissons aussi l'existence d'une disposition précise de la loi des XII Tables (3).

Les actions de la loi s'accomplissent *in jure*, devant le magistrat, même dans les cas où il doit donner un juge : c'est la forme, c'est le préliminaire juridique. Il n'y a d'exception que pour la dernière des actions de la loi, la *pignoris capio* : aussi était-ce une question

---

(1) Voyez ci-dessus, page 82, table II, § I et note 1. — Festus, au mot *Sacramentum*.

(2) Tel est le cas spécialement prévu par la loi des XII tables, ci-dessus, page 91, table VII, § V. — On conjecture que la formule de cette action de la loi contenait ces paroles : J. A. V. P. U. D. (*Judicem arbitrumve postulo uti des*). Valerius Probus.

(3) Voyez ci-dessus, page 100, table XII, § I.

entre les jurisconsultes que de savoir si c'était là véritablement une action de la loi (1).

Mais bien que le *sacramentum* et la *judicis postulatio* soient des formes générales pour la poursuite de toute espèce de droits, et qu'elles aient toujours, dans leur solennité, un caractère propre, et commun à tous les cas, cependant les détails, les formules à prononcer pour la précision du droit qu'on réclame, s'approprient à chaque espèce, selon la nature de ce droit, ou selon les termes de la loi qui lui servent de fondement. Ce sont ces actes et ces formules qu'il importe aux parties de connaître pour chaque cas.

Tel est le premier système de procédure des Romains. Ici règne le symbole. Ici figurent la lance (*vindicta*), la glèbe, la tuile et les autres représentations matérielles des idées ou des objets. Ici ont lieu les gestes et les pantomimes juridiques, les violences ou les combats simulés (*manuum consertio*), pour la plupart simulacre des actes d'une époque antérieure plus barbare. Ici se prononcent les paroles revêtues d'un caractère sacré : celui qui dira vignes (*vites*), parce qu'il plaide sur des vignes, au lieu de dire *arbores*, terme sacramentel de la loi, perdra son procès (2). Ici est empreint le doigt sacerdotal : nous le voyons encore dans le *sacramentum*, cette consignation préalable d'une somme pécuniaire, qui doit se faire entre les mains du pontife, et dont le culte public profitera ; nous le voyons dans la *pignoris capio* accordée en première ligne dans des occasions où la cause des sacrifices y est intéressée. Ici enfin pèse la domination patricienne. Le magistrat est patricien ; le juge ne peut être pris que dans l'ordre des patriciens ; le *jus* et le *judicium* sont dans leurs mains.

---

(1) Gai., *Instit.*, IV, §§ 26 et 29.
(2) Gai., *Instit.*, IV, §§ 11 et 30.

La première et la principale de ces actions de la loi, l'action *sacramenti*, dans celles de ses formes qui étaient relatives à la vendication (*vindicatio*) d'une chose ou d'un droit réel, avait été détournée de sa destination véritable, et employée, par la coutume, d'une manière purement fictive, pour arriver à divers résultats non autorisés par le droit civil primitif, ou assujettis à de plus difficiles conditions. L'esprit ingénieux de cette fiction avait consisté, lorsqu'on voulait transférer à quelqu'un une chose ou un droit réel qu'il n'avait pas, à simuler de la part de ce dernier, devant le magistrat (*in jure*), une réclamation, une *vindicatio* de cette chose : celui qui voulait la céder n'opposant aucune contradiction, le magistrat déclarait le droit et attribuait ainsi la chose (*addicebat*) au réclamant. C'était là ce qu'on nommait la cession devant le magistrat (*in jure cessio*), qui existait même antérieurement aux XII Tables, mais qui fut confirmée par elles, selon la disposition que nous en avons signalée (1). L'affranchissement des esclaves devant le magistrat (*manumissio vindicta*), l'émancipation (*emancipatio*) et l'adoption (*adoptio*) des fils de famille, la translation même de la tutelle, d'une personne à une autre, moyen qu'employèrent les femmes pour se donner des tuteurs moins sérieux que leurs agnats, ne sont que des applications particulières de l'*in jure cessio*. Voilà pourquoi ces actes reçoivent quelquefois eux-mêmes des jurisconsultes romains le titre d'actions de la loi (ou actes légitimes, *actus legitimi*), bien qu'ils ne soient qu'une simulation de quelques formalités de l'une de ces actions.

Mais ces formes et surtout ces paroles sacramentelles des actions de la loi, appropriées dans leurs détails à l'objet ou à la cause de chaque demande, ne furent point

(1) Voyez ci-dessus, page 90, table VI, § XII.

rendues publiques. Elles n'étaient connues que des patriciens qui les avaient composées ou qui les appliquaient; le collége des pontifes était chargé d'en conserver le dépôt; on ne pouvait procéder à ces actions que dans certains jours nommés *fastes*; la connaissance de ces jours était réservée aux pontifes seuls chargés de faire au calendrier les intercalations nécessaires. C'était ainsi que chaque particulier dépendait encore pour ses affaires, des pontifes et des grands, à qui il devait recourir nécessairement. Joignez à cela que les lois des XII Tables, laconiques et obscures, avaient besoin d'être expliquées et étendues, par l'interprétation, aux divers cas qu'elles n'avaient point compris; que les patriciens seuls étaient versés dans leur étude, que seuls ils occupaient les magistratures éminentes auxquelles appartenait le droit d'instruire les affaires, et de toutes ces observations il sera facile de conclure que, même après la promulgation des XII Tables, les patriciens, pour tout ce qui concernait les droits civils, conservèrent une influence exclusive et prédominante (1).

Ici peuvent s'arrêter nos réflexions sur le temps qui s'est écoulé depuis l'expulsion des rois. Dans ce court intervalle d'années, le droit public et le droit civil ont pris un nouvel aspect. Les patriciens et les plébéiens vivent dans l'État en présence les uns des autres. Les premiers ont leurs magistrats : les consuls et les questeurs; les seconds ont les leurs : les tribuns et les édiles.

(1) « Et ita eodem pene tempore tria hæc jura nata sunt : leges XII Tabularum; ex his fluere cœpit jus civile ( l'interprétation ); ex iisdem legis actiones compositæ sunt. Omnium tamen harum et interpretandi scientia, et actiones, apud collegium pontificum erant : ex quibus constituebatur, quis quoquo anno præesset privatis. Et fere populus annis prope centum hac consuetudine usus est. » DIG., 1, 2; *de Orig. jur.*, 2, § 6, fr. Pompon.

Toute l'influence que donnent la noblesse des aïeux, les fonctions du sacerdoce, le commandement des armées, l'éclat des victoires, la connaissance de la politique et des lois, est du côté des patriciens; du côté des plébéiens le nombre, la force, l'impatience, les séditions. Mais un danger menace-t-il l'État? des ennemis pressent-ils Rome? les troubles cessent, un dictateur s'élève, et le gouvernement énergique d'un seul sauve la république, qui, lorsque le péril est passé, reprend ses magistrats, ses rivalités et ses agitations.

Le droit civil est écrit, et les XII Tables exposées sur la place publique ont appris à chacun ses droits et ses devoirs. Les actions de la loi tracent la marche qu'il faut suivre pour réclamer devant la justice. La connaissance de ces actions, aussi nécessaire que celle des lois, est cachée. La plupart des patriciens dans le collége pontifical possèdent seuls ce mystère légal, et le plébéien est contraint de recourir à son patron, aux pontifes, ou à quelque patricien versé dans cette science.

Tel est le point où Rome est parvenue. C'est ainsi que toujours dans un peuple qui croit, les distinctions deviennent moins facilement supportées, les rivalités naissent, les ressorts politiques se compliquent, le droit civil se fixe, et la procédure se régularise.

## § II DEPUIS LES XII TABLES JUSQU'A LA SOUMISSION DE TOUTE L'ITALIE.

La lutte entre le patriciat et la plèbe commence à tourner au profit de cette dernière, et les progrès seront bientôt plus significatifs encore. Chaque avantage obtenu par un parti augmente sa force et conduit à un autre avantage. Les patriciens, revêtus d'abord de tous les pouvoirs, ont dû en céder quelques-uns, ils seront obligés de les partager tous. Dans l'espace d'années que nous allons parcourir, nous verrons chaque jour s'effacer l'éclat de cette noblesse et tomber sa suprématie.

La loi Valeria Horatia *de plebiscitis*, le plébiscite Canuleium *de connubio patrum et plebis*, la création des tribuns militaires et celle des censeurs sont autant de changements dus aux dissensions perpétuelles des deux ordres.

### 29. Loi Valeria Horatia de plebiscitis.

(An 305.) Cette loi, rendue sous les consuls Valérius et Horatius, immédiatement après l'expulsion des décemvirs, reconnaissant en quelque sorte le pouvoir législatif à l'assemblée des plébéiens, déclara les plébiscites obligatoires pour tous. Il paraît cependant qu'elle ne fut pas toujours observée, et que des contestations s'élevaient encore à ce sujet, car on voit plusieurs années après deux nouvelles décisions sur la même matière.

### 30. Loi Canuleia de connubio patrum et plebis.

(An 309.) Ce plébiscite, proposé par le tribun Canuleius, abrogea la disposition des XII Tables qui défendait le mariage entre patriciens et plébéiens; il ne tarda pas à recevoir son exécution, et l'introduction des familles plébéiennes dans les familles patriciennes fut une des causes qui contribuèrent le plus à effacer la différence qui existait entre les deux castes (1).

**31. Tribuns militaires** (*Tribuni militum*).

Il manquait aux plébéiens un des droits publics les plus importants : la capacité d'aspirer aux dignités de la république. Ils demandèrent l'accès au consulat. Ce ne fut point sans résistance qu'ils l'obtinrent : mais déjà eux et leurs tribuns étaient redoutables; on craignait leurs séditions, on céda. Ici qu'on remarque une politique adroite des sénateurs; puisqu'il faut partager la puissance consulaire, ils cherchent à l'affaiblir; au lieu de deux magistrats, ils veulent qu'on en choisisse trois; au lieu de leur laisser le nom de consuls, ils les nomment *tribuns militaires;* il semble que le consulat n'est point sorti des rangs patriciens; plutôt que de l'abandonner, on l'a éteint, ou pour mieux dire on l'a *assoupi;* mais on saura bientôt le faire revivre. D'abord l'avantage qu'ils venaient d'obtenir ne fut pour les plébéiens

---

(1) Florus semble rattacher à ce plébiscite la troisième sédition des plébéiens et leur retraite sur le mont Janicule. Après avoir parlé de la première sur le mont Sacré, de la seconde sur le mont Aventin, il ajoute : « *Tertiam seditionem excitavit matrimoniorum dignitas, ut plebei cum* » *patriciis jungerentur : qui tumultus in monte Janiculo, duce Canuleio* » *tribuno plebis, exarsit.* L'orgueil des alliances, l'ambition de s'unir aux » patriciens, poussa les plébéiens à la troisième sédition. Ce fut sur le mont » Janicule que le tribun Canuleius fit éclater l'incendie. » (FLOR., liv. I, § 25).

Bien que la prohibition des mariages entre patriciens et plébéiens ait amené des troubles et des dissensions, il ne faut pas cependant attribuer à cette cause cette retraite des plébéiens. Les auteurs qui parlent de la loi Canuleia (*tels que* CICÉRON, *de Rep.*, lib. II, § 37) n'en parlent point avec ces circonstances, et Pline présente la sédition comme ayant eu lieu plus tard, en 465. « *Q. Hortensius dictator, cùm plebs secessisset in Janicu-* » *lum, legem in Esculeto tulit, ut quod ea jussisset, omnes Quirites tene-* » *ret.* A l'époque où les plébéiens s'étaient retirés sur le Janicule, le dicta- » teur Q. Hortensius présenta une loi qui rendit les plébiscites obligatoires » pour tous les citoyens. » (PLIN., *Nat. hist.*, lib. XVI, § 10.)

qu'un avantage de droit : ils étaient admissibles au tribunat militaire, ils n'y furent point admis. Faut-il s'en étonner? Je m'étonnerais du contraire. L'élection appartenait aux comices par centuries, et nous savons comment ils étaient composés; aussi n'est-ce qu'environ quarante ans après la création des tribuns, lorsque leur nombre a été porté jusqu'à six, que l'on commence à compter quelques plébéiens parmi eux. La puissance des premiers tribuns militaires ne fut pas de longue durée; elle exista quelques mois, et ils cédèrent le gouvernement aux consuls qui, plusieurs années après, furent remplacés à leur tour par des tribuns, et ainsi successivement. C'est une chose curieuse que de voir, pendant plus de quarante ans, suivant les oscillations des deux partis, paraître et disparaître le consulat, le tribunat militaire, et au-dessus s'élever quelquefois la dictature, et cependant Rome étend ses succès, fait chaque jour un pas dans le Latium, s'avance vers la conquête de l'Italie. C'est qu'alors les vertus républicaines étaient au milieu des citoyens, le dévouement à la patrie n'était qu'un sentiment naturel, les armées ne connaissaient que Rome et son triomphe, un ennemi qui marchait vers la cité suspendait toutes les divisions et ne trouvait que des Romains.

### 32. Censeurs (*Censores*).

(An 311.) Les consuls avaient présidé tous les cinq ans au dénombrement des citoyens, rédigé les tables du cens, fixé chacun dans sa classe, dans sa tribu, dans sa curie, inscrit au rang des chevaliers, des sénateurs; c'était ainsi qu'ils avaient ouvert ou fermé à volonté l'entrée de l'ordre équestre et du sénat. Confiera-t-on ce pouvoir aux tribuns militaires? à des magistrats qui peuvent être plébéiens? Ne vaut-il pas mieux le détacher, en faire une puissance à part et se la réserver? Tel fut sans doute le calcul politique qui donna naissance à une nouvelle dignité, la *censure*.

Les censeurs étaient au nombre de deux; ils ne pouvaient être pris que parmi les membres du sénat; ils étaient élus par les comices des centuries ; le même sénateur ne pouvait occuper deux fois cette magistrature, dont la durée primitive fut de cinq ans, espace compris d'un recensement à l'autre. Plus tard cette durée fut réduite à un an et demi, et le restant du lustre s'écoulait sans que Rome eût de censeurs.

On comprend de quelle influence était le droit qu'avaient les censeurs de classer les citoyens à leur rang; il n'est cependant pas inutile de faire sentir cette influence pour la composition des diverses tribus. On ne compta jamais que quatre tribus urbaines, et le nombre des tribus rustiques fut porté jusqu'à trente et un et même davantage : dans les premières les censeurs inscrivaient tous les gens qui, ne possédant aucune propriété rurale, étaient rejetés dans la ville; les affranchis, les artisans, les prolétaires les composaient en grande partie. Quant aux propriétaires, les censeurs les classaient, avec les agriculteurs, dans les tribus de la campagne où ils possédaient leurs biens; c'était ainsi que la classe la plus turbulente et la plus dangereuse était réduite, même dans les assemblées plébéiennes, à quatre voix sur trente-cinq (1). Souvent cette classe a cherché à se faire distribuer dans les tribus de la campagne; quelquefois elle y est parvenue, et les discussions alors s'en sont ressenties.

Mais la plus belle attribution des censeurs n'est point celle dont nous venons de parler; toute la puissance

(1) Cependant, au moment où nous sommes arrivés, an 311, le nombre des tribus ne s'élevait pas encore à trente-cinq, d'après Tite-Live. (Voir ci-dessous, page 143, note 5.)

morale qui peut exister dans un État leur fut remise : gardiens des mœurs publiques et des mœurs privées, ils pouvaient flétrir de leurs notes infamantes le plébéien, le sénateur, le consul, le peuple lui-même. Ils atteignaient le luxe du riche, les mœurs du libertin, la mauvaise foi du parjure, la négligence du soldat, la faiblesse du magistrat qui dans un danger désespérait de la république. On a vu des censeurs noter des tribus entières. Puissance immatérielle qui devait toute sa force à l'opinion publique, et au civisme de chaque Romain!

Au milieu des discussions politiques des comices, les armées romaines ne dormaient pas, témoin les Èques et les Volsques vaincus dans plusieurs combats, Fidenne livrée aux flammes, Falérie soumise aux Romains, Veïes prise après un siége de dix années. Les soldats avaient juré de ne rentrer à Rome qu'après avoir pris la ville, et les Romains tenaient leur serment. Ce fut dans ces guerres que pour la première fois on paya un salaire aux légions, innovation funeste qui donnera au lieu de soldats citoyens des soldats mercenaires (1).

(An 364.) Aux triomphes succédèrent tout à coup des revers terribles : des barbares d'une stature gigantesque, couverts d'armes pesantes, venus d'au delà les Alpes, débordent sur l'Italie; ce sont les Gaulois

---

(1) La paye fut pour la première fois accordée aux fantassins l'an de Rome 347; ce ne fut que trois ans après qu'on la donna aussi à la cavalerie, composée, comme nous le savons, de citoyens plus riches. (Tit. Liv., IV, § 59, et V, § 7.) Cette mesure fut sans doute indispensable du moment où la durée des guerres se prolongea; mais elle ne tarda pas, en ouvrant l'entrée des armées aux affranchis, à transformer le service militaire en un métier. On créa à cette époque une capitation, ou impôt par tête, destinée à faire les fonds pour la solde. Les prolétaires y furent soumis : de là leur vient, peut-être, la dénomination de *capite censi*, imposés pour leur tête.

Sénonais : l'armée romaine est vaincue, Rome envahie, les vieillards et les sénateurs massacrés sur leurs chaises curules, les édifices embrasés, tout n'est qu'un amas de cendres et de débris. Mais la cité n'est point dans les murs et les maisons; elle est au Capitole avec les Romains; et bientôt, précipités par Manlius du haut des rochers, taillés en pièces par Camille, les Gaulois expièrent cruellement leurs triomphes de quelques mois. Rome sortit de ses ruines pour ressaisir la suprématie qu'elle avait déjà dans le Latium.

Vingt ans environ après cette époque (an 387), le deuxième ordre acheva ce qu'il avait commencé; il se fit enfin déclarer admissible au consulat, et dès lors le tribunat militaire s'évanouit pour toujours. Deux sœurs avaient épousé l'une un patricien, l'autre un plébéien; celle-ci entend un jour dans la maison de sa sœur le bruit des faisceaux inconnus dans la sienne; elle en est effrayée, et les railleries qu'elle essuie de l'épouse du patricien humilient son orgueil. Son époux partage cette humiliation; il parvient au tribunat, et se venge en ouvrant aux plébéiens l'entrée des magistratures (1). Ainsi fut déterminé un événement qui se préparait depuis longtemps et devait avoir lieu tôt ou tard.

La même politique qui, lors de l'établissement des tribuns militaires, avait porté le sénat à créer les censeurs, le porta de nouveau, en admettant un plébéien parmi les consuls, à détacher du consulat deux magistratures nouvelles. De là les préteurs et les édiles curules.

---

(1) Florus, lib. I, § 26.

### 33. Préteur (*Prætor*).

(An 387.) Le nom de *prætor*, dérivé de *præ ire*, en usage dans le Latium pour désigner le premier, le principal magistrat de la cité, paraît avoir été quelquefois employé, même anciennement, chez les Romains, comme qualification honorifique des consuls. C'est ainsi qu'on le rencontre dans les historiens, pour les temps qui se réfèrent aux XII Tables, et à l'occasion des fonctions consulaires de la juridiction (1). Mais, à l'époque qui nous occupe, ce mot devient le titre exclusif d'une magistrature spéciale. Le sénat détacha des attributions des consuls tout ce qui concernait la juridiction avec les pouvoirs qui en dépendaient, et il en investit un magistrat patricien spécial, sous le titre, désormais particulier, de préteur.

Il n'y eut d'abord qu'un seul préteur; il était nommé par les centuries et devait être patricien. La préture devint la seconde dignité de la république. Le magistrat qui en était revêtu marchait précédé des licteurs; il était le collègue des consuls, quelquefois même les écrivains lui en donnent le titre. En leur absence, et tandis qu'ils conduisaient les armées, il les suppléait à Rome. Alors c'était lui qui convoquait le sénat et le présidait, qui assemblait les comices et présentait les projets de lois. Nous verrons sa puissance se développer et une partie du pouvoir législatif s'arrêter sur lui (2).

### 34. Édiles curules (*Ædiles curules*).

Il existait déjà deux magistrats plébéiens nommés Édiles, et chargés, sous l'inspection des tribuns, des

---

(1) Voir notamment ci-dessus, page 84, note 2, et page 101, table XII, fragment III.

(2) Dig., 1, 2, *de Origin. jur.*, 2, § 27 fr. Pomp.

détails de la police. A cette époque, deux magistrats patriciens furent créés, portant le même nom, ayant des fonctions analogues, quoique supérieures; on les nomma *Édiles majeurs*, *Édiles curules*, et les autres prirent le nom d'Édiles plébéiens (1). Ces derniers se virent réduits à des fonctions subalternes : surveiller les marchés, le prix et la qualité des denrées, la justesse des poids et des balances, la liberté et la propreté des rues. Mais toute la haute police fut confiée aux édiles curules. A eux appartenait le soin de veiller à l'entretien des routes et des ponts, à la conservation des temples et des amphithéâtres, à l'approvisionnement de la ville, à la tranquillité et à la sûreté publiques. Ils avaient pour les affaires relatives à ces objets un tribunal et une juridiction. Ce qui devint le privilége le plus recherché et la partie essentielle de leur magistrature, ce fut la direction des jeux publics. Déjà paraissaient dans les cirques ces pugilats, ces luttes, ces courses de chevaux ou de chars empruntés aux jeux olympiques de la Grèce; dans les amphithéâtres, ces combats de gladiateurs ou de bêtes féroces, spectacle sanguinaire et national; plus tard s'élevèrent quelques théâtres et les représentations de la scène. Ces jeux servaient à célébrer les fêtes publiques, les fêtes privées, surtout les funérailles des grands; chaque citoyen avait la liberté d'en offrir au peuple, mais ils étaient toujours sous la surveillance des édiles. Ceux-ci devaient eux-mêmes en donner à leurs frais une fois au moins durant leur administration. Ils se gardèrent bien de manquer à cette obligation, mais ils n'y perdirent rien. Donner des spectacles à la foule devint bientôt un moyen de gagner des suffrages.

A la suite de cette magistrature juridique du préteur,

(1) Dig., 1, 2, *de Orig. jur.*, 2, § 26 fr. Pomp.

nouvellement créée, ou plutôt détachée des attributions consulaires, nous placerons l'exposé de quelques institutions dont l'origine incertaine ne peut être rangée avec exactitude sous aucune date précise, et dont la notion est cependant indispensable pour compléter le tableau de l'administration de la justice dans la république romaine.

**35. Juge** (*Judex*); **arbitre** (*Arbiter*); **récupérateurs** (*recuperatores*).

Dès les temps antiques de Rome, sous les rois, comme sous les consuls, comme après la création des préteurs, se manifeste, dans l'administration de la justice, cette séparation caractéristique, que nous avons fait remarquer dans le texte même des XII Tables, entre la juridiction accompagnée des pouvoirs publics qui s'y rattachent, et la mission particulière donnée dans chaque cause, d'examiner, d'apprécier la contestation, et de la terminer par une sentence (voir *ci-dessus*, page 104).

Les rois d'abord, les consuls ensuite, puis le préteur, sont les magistrats de la cité principalement investis de la juridiction et de ses pouvoirs. C'est devant eux que l'appel *in jure* doit avoir lieu; c'est devant eux que doit s'accomplir le rite solennel des actions de la loi; ce sont eux qui sont investis, pendant toute la durée de leur magistrature, du pouvoir de déclarer le droit (*jus dicere*), d'organiser les instances, et de constituer, dans chaque affaire, lorsqu'ils ne la terminent pas eux-mêmes, le juge chargé de l'examen à faire et de la sentence à rendre.

Ce juge n'est pas un magistrat; c'est un citoyen investi, par le magistrat, d'une mission judiciaire dans chaque cause, et pour la cause seulement. C'est même un principe de droit public romain, que, tandis que le magistrat est élu et créé par la cité, le juge, dans chaque cause, doit être désigné ou du moins agréé par les parties; sinon, en cas de désaccord entre elles, il est tiré au sort. Mais le choix ne peut pas porter sur tous les citoyens indistinctement. Dès les premiers temps, et encore à l'époque où nous sommes parvenus, le monopole est renfermé dans la caste patricienne, les sénateurs seuls peuvent être juges, c'est dans la liste des trois cents sénateurs (*ordo senatorius*) que le juge pour chaque cause doit être choisi. Le magistrat l'investit de ses pouvoirs pour cette cause, et il prête serment : *judices jurati*, dit Cicéron (1).

Telle est l'organisation, la décomposition ingénieuse des fonctions juridiques et judiciaires, qui permet à quelques magistrats en petit nombre de suffire à tous les besoins de l'administration de la justice, au moyen de la constitution d'un juge pour chaque affaire où il en est besoin.

Le nom générique donné au citoyen ainsi chargé par le magistrat de prononcer sur une contestation, est celui de *judex*; quelquefois aussi celui d'*arbiter*, qui ne paraît être qu'une modification particulière du premier titre, une qualification donnée au juge lorsque le magistrat, suivant la nature de l'affaire en litige, lui a laissé une plus grande latitude d'appréciation et de décision. Dès les premiers temps il est question de *judex* et d'*arbiter*; et la règle commune, c'est qu'il n'est désigné, pour chaque affaire, qu'un seul juge, ou un seul arbitre (*unus judex*).

Mais à une époque incertaine, dont il est impossible de préciser la date, et toutefois postérieure bien certainement à l'emploi de l'*unus judex* ou de l'*arbiter*, nous voyons figurer une autre sorte de juges, les récupérateurs (*recuperatores*), appelés aussi, dans certains cas,

---

(1) Cicer., *in Rull.*, I, 4.—Cette institution n'est, au fond, que l'institution du jury, quoique avec des différences remarquables si on la compare au système du jury moderne.

à remplir les fonctions judiciaires, c'est-à-dire à examiner la contestation pour laquelle ils sont désignés, et à la terminer par une sentence. L'institution des récupérateurs ne détruit pas celle du *judex* ou *arbiter*; mais elle se place à côté; de telle sorte que le préteur organise l'instance en donnant aux parties, selon le cas, soit un juge, ou un arbitre, soit des récupérateurs.

A travers les incertitudes sur l'origine et sur la nature de cette institution, voici les différences saillantes, qu'il est possible de préciser, comme séparant les récupérateurs du *judex* ou *arbiter*. Tandis qu'il n'y avait jamais, pour une même affaire, qu'un seul *judex* ou *arbiter*, les récupérateurs étaient toujours plusieurs, ou trois, ou cinq (1). Tandis que le *judex* ou *arbiter* devait être choisi nécessairement dans l'ordre des sénateurs, et plus tard sur les listes annuelles des citoyens appelés aux fonctions judiciaires, les récupérateurs pouvaient être pris parmi tous les citoyens sans distinction, inopinément, parmi ceux qui se trouvaient là, présents, sous la main du magistrat, de manière à être désignés et constitués immédiatement : « *Quasi repente apprehensi* (2). » Enfin l'affaire était vidée devant eux d'une manière plus expéditive : « *Recuperatores dare ut quamprimum res judicaretur,* » dit Cicéron. « *Recuperatoribus suppositis, ut qui non steterit, protinus a recuperatoribus... condemnetur* (3). »

En somme, il y avait, dans l'emploi des récupérateurs, plus de célérité, et exception au monopole judiciaire des

(1) Tit. Liv., XXVI, 48; XLIII, 2.—Cicer., *in Verr.*, III, 13 et 60.—Gai., *Instit.*, IV, §§ 46, 105 et 109.

(2) « Nam ut in recuperatoriis judiciis, sic nos in his comitiis, quasi repente apprehensi sincere judices fuimus. » Plin., *Epist.*, III, 20.

(3) Cicer., *pro Tullio*, 2; *Divinat.*, 17.— Gai., *Instit.*, IV, § 185.

sénateurs. Les plébéiens commençaient à approcher des fonctions de juge.

Mais dans quels cas le magistrat devait-il constituer un juge ou un arbitre, dans quels cas des récupérateurs? Y avait-il sur ce point latitude laissée soit au magistrat, soit aux parties? ou bien la compétence des uns et des autres était-elle rigoureusement déterminée? Les lumières nous manquent sur ce point, quoique nous connaissions un certain nombre d'affaires dans lesquelles intervenaient les récupérateurs (1), et dont la plupart présentent un caractère d'urgence bien déterminé.

Ce fait particulier, que les Romains, même dans les temps anciens, donnaient le nom de *reciperatores* ou *recuperatores* aux juges établis, en vertu des traités internationaux, pour vider les différends, soit de Rome avec une nation ou une cité étrangères, soit de leurs citoyens respectifs (2), cette considération, dis-je, a fait conjecturer que les *recuperatores* ont été institués à Rome, dans leur principe, uniquement pour juger les procès entre citoyens romains et étrangers, et que ce n'est que par extension qu'ils ont été ensuite étendus même aux procès entre citoyens, à cause des avantages de célérité et de popularité qu'ils offraient. Cette conjecture est corroborée par cette autre circonstance, que, plus tard, après l'organisation des provinces, les juges, dans ces provinces, n'ont jamais porté que le titre de *recuperatores*, bien que leur institution différât sensiblement de celle des récupérateurs à Rome. De telle

---

(1) Voir notamment GAI., *Instit.*, IV, §§ 46, 141, 183, 185, 187.

(2) « *Reciperatio* est, ut ait Gallus Ælius, cum inter populum et reges nationesque et civitates peregrinas lex convenit quomodo per reciperatores reddantur res, reciperenturque, resque privatas inter se persequantur. » FESTUS, au mot *Reciperatio*. — On voit un exemple d'une pareille disposition dans le plébiscite *de Thermensibus*.

sorte qu'il n'y avait de *judex* que dans la cité romaine, selon les conditions et l'ordre politiques de cette cité, tandis que le titre de *recuperatores* se trouvait même dans les provinces.

### 36. Centumvirs (*Centumviri*).

Aux juges, arbitres, et récupérateurs, recevant du magistrat la mission de juger, il faut joindre encore les centumvirs, dont l'origine, l'organisation et la juridiction sont encore plus incertaines.

La différence caractéristique et hors de controverse, entre eux et les juges, arbitres et récupérateurs, c'est qu'au lieu d'être, comme ceux-ci, spécialement nommés dans une affaire et pour cette affaire seulement, les centumvirs constituaient un tribunal permanent, dont les membres étaient fournis, non pas par l'ordre patricien des sénateurs, mais par chacune des tribus. C'est encore ici, à n'en pouvoir douter, une conquête des plébéiens, c'est un allégement à la domination judiciaire des patriciens. Les tribus de la plèbe, les tribuns nommés par elles, les comices formés par elles, les centumvirs fournis par elles : tout cela tient au même progrès politique. C'est la plèbe qui s'introduit dans les magistratures, dans le pouvoir législatif, dans le pouvoir judiciaire.

Des citoyens, en un certain nombre, égal par chaque tribu, sont désignés pour constituer le tribunal centumviral. Par qui est faite cette désignation ? Pour combien de temps ? Et en quel nombre ? Rien de précis sur ces trois questions. La règle commune sur la durée de la plupart des magistratures et des charges publiques, peut faire avancer avec quelque assurance que les citoyens appelés à composer le tribunal des centumvirs, le sont pour une année. Leur désignation est-elle faite par le préteur seul ? ou bien sont-ils élus, chacun par leur tribu respective ; ou tous collectivement par les comices par tribus ou par centuries? Ce n'est que par conjecture qu'on peut se décider pour l'une ou pour l'autre de ces opinions. Le caractère public de ce tribunal et la portée politique de son origine peuvent autoriser à croire que l'élection appartient aux comices. Quant au nombre de ses membres, nous trouvons, à une époque postérieure à celle où nous sommes parvenus ici, lorsque les tribus sont au nombre de trente-cinq (an de R. 512), que chacune d'elles fournit trois membres au tribunal centumviral, ce qui donne en tout cent cinq centumvirs (1); et plus tard encore, Pline, de son temps, en compte cent quatre-vingts comme siégeant dans une affaire (2). Aussi Varron cite-t-il le titre de *centumvirs* parmi ces énonciations de nombre qui ne sont qu'approximatives et ne doivent pas être prises à la lettre (3).

Le tribunal centumviral se divisait en quatre sections ou conseils (*consilia*, *tribunalia*); et nous trouvons dans les écrivains du temps des indications positives que les affaires se plaidaient quelquefois devant deux sections (*duplicia judicia*; *duæ hastæ*) (4), quelquefois devant les quatre réunies (*quadruplex judicium*), et votant chacune séparément (5), sans qu'il nous soit possible

---

(1) « Centumviralia judicia a centumviris sunt dicta. Nam, cum essent Romæ triginta et quinque tribus, terni ex singulis tribubus sunt electi ad judicandum, qui centumviri appellati sunt; et licet quinque amplius quam centum fuerint, tamen quo facilius nominarentur, centumviri sunt dicti. Centumviralia judicia, quæ centumviri judicabant. » FESTUS, au mot *Centumviralia*.

(2) PLIN., *Epist.*, VI, 33. Voir ci-dessous, note 5.

(3) « Si, inquam, numerus non est ad amussim, ut cum dicimus mille naves ad Trojam isse, centumvirale judicium Romæ. » VARRO, *De re rustic.*, II, 1.

(4) « Aut quum de eadem causa pronunciatum est, ut in reis deportatis, et assertione secunda, et partibus centumviralium, quæ in duas hastas divisæ sunt. » QUINTIL., *Inst. Orat.*, V, 2, § 1. « Etiam si apud alios judices agatur, ut in secunda assertione, aut in centumviralibus judiciis duplicibus. » QUINTIL., *Inst. Orat.*, XI, 1, § 78.

(5) « Proxime quum apud centumviros in quadruplici judicio dixissem

de dire quel était le but particulier de cette division par sections, ou de ces jugements rendus, pour ainsi dire, en chambres réunies. Quelques fragments au Digeste paraissent porter encore la trace de cette division (1).

Le tribunal centumviral, ainsi constitué, était un tribunal éminemment quiritaire. Devant lui se plantait le symbole quiritaire de la propriété romaine, la lance (*hasta*), comme indice matériel de sa puissance, et peut-être de ses attributions (2). Il s'assemblait au Forum; plus tard la basilique Julia lui fut affectée. Les questeurs sortant de charge avaient mission de le convoquer (*hastam cogere*), de le présider (*hastæ præesse*); cependant c'est sous la présidence du préteur que les écrits contemporains nous montrent les quatre sections réunies (3); et sous Octave, la présidence en est attribuée à des magistrats spéciaux, aux décemvirs judiciaires (*decemviri in litibus judicandis*), dont la création remonte plus haut, mais dont les attributions complètes nous sont inconnues (4).

---

subiit recordatio egisse me juvenem æque in quadruplici. » PLIN., *Epist.*, IV, § 24. — « Femina... quadruplici judicio bona paterna repetebat. Sedebant judices centum et octoginta : tot enim quatuor consiliis conscribuntur.... sequutus est varius eventus : nam duobus consiliis vicimus, totidem victi sumus. » PLIN., *Epist.*, VI, 33. Voir aussi *Epist.*, I, 18; et QUINTIL., *Instit. Orat.*, XII, 5, § 6.

(1) DIG., 5, 2, *de inoffic. test.* 10 pr. fr. Marcell. — 31, *de legat.*, II, 76, pr. fr. Papinian.

(2) « Unde in centumviralibus judiciis hasta præponitur. » GAI., *Instit.*, IV, § 16.

(3) PLIN., *Epist.*, V, 21. « Descenderam in basilicam Juliam.... Sedebant judices, decemviri venerant, observabantur advocati; silentium longum, tandem a prætore nuntius... (Ce messager annonce une remise de la séance) prætor, qui *centumviralibus præsidet*... inopinatum nobis otium dedit. »

(4) « Auctor... fuit (*Octavius*)... ut centumviralem hastam, quam quæsturâ functi consueverant cogere, decemviri cogerent. » SUETON., *Octav.*, c. 36. — DIG., 1, 2, *de Origin. jur.* 2, § 29 fr. Pompon. « Deinde cum esset necessarius magistratus, qui hastæ præesset, Decemviri in litibus judi-

Bien que le tribunal centumviral fût un tribunal permanent, au fond, les centumvirs n'étaient que des citoyens annuellement appelés à y prendre place. Ce tribunal n'avait pas ce que les Romains appelaient la juridiction. Devant le magistrat avait toujours lieu la comparution *in jure;* devant lui s'accomplissait le rite sacramentel de l'action de la loi (l'action *sacramenti*); et de là les parties, pour le jugement, étaient renvoyées devant les centumvirs, s'il y avait lieu (1). Ainsi, après les formalités de l'action de la loi, l'examen et la décision de la cause pouvaient aller, selon le cas, soit à un juge ou arbitre unique, soit à des récupérateurs (au nombre de trois ou de cinq), soit aux centumvirs.

Mais dans quels cas le renvoi devait-il être fait devant les centumvirs? ou, en d'autres termes, quelles étaient les règles de leur compétence? Cicéron, dans son Traité sur l'art oratoire, nous donne une longue et minutieuse énumération des affaires dont ils connaissaient; énumération qui peut se réduire, en définitive, à ces trois points : questions d'état, propriété quiritaire et ses démembrements, successions testamentaires ou ab intestat (2). La trace de leur compétence

---

candis sunt constituti. » Pomponius, toutefois, qui parle ainsi des décemvirs, ne dit rien des centumvirs, probablement parce qu'ils n'étaient pas des magistrats, et qu'il ne s'occupe que des magistratures.

(1) « Cum ad centumviros itur, ante lege agitur sacramento apud prætorem urbanum vel peregrinum.» GAI., *Instit.*, IV, § 31.

(2) « Nam volitare in foro, hærere in jure ac prætorum tribunalibus, judicia privata magnarum rerum obire, in quibus sæpe non de facto, sed de æquitate ac jure certatur, jactare se in causis centumviralibus, in quibus usucapionum, tutelarum, gentilitatum, agnationum, alluvionum, circumluvionum, nexorum, mancipiorum, parietum, luminum, stillicidiorum, testamentorum ruptorum et ratorum, ceterarumque rerum innumerabilium jura versentur, cum omnino quid suum, quid alienum, quare denique civis an peregrinus, servus an liber quisquam sit, ignoret, insignis est impudentiæ. » CICERO, *de Orator.*, I, 38.— Voir aussi *pro Milon.*, 27. — *Epist. ad fam.*, VII, 32.

en matière de succession est restée dans le Digeste et dans le Code de Justinien (1). C'est à cause de l'importance qu'elles offraient, et en considération de la grandeur et de l'autorité du tribunal centumviral, que ces sortes d'affaires étaient portées devant lui, si l'on en juge par ces expressions d'une constitution de l'empereur Justinien : *Magnitudo etenim et auctoritas centumviralis judicii non patiebatur per alios tramites viam hæreditatis petitionis infringi* (2). On peut conjecturer, en outre, d'après quelques textes, que les parties avaient certaine latitude pour choisir, d'un commun accord, le tribunal centumviral pour juge (3), et que ce tribunal, outre sa compétence en matière civile, en avait une aussi en matière criminelle (4).

Quelle est, au juste, dans l'histoire romaine, la place chronologique de la création des centumvirs? Elle est restée incertaine. Pour ceux qui adoptent les indications fournies par Tite-Live sur la création successive des tribus, comme ce n'est qu'en l'an 512 de Rome que le nombre de ces tribus, se trouvant élevé à 35, peut donner 105 centumvirs, au compte de trois par chaque tribu, ce n'est qu'à cette époque, au plus tôt, que doit se placer cette création (5). Au contraire, dans la pensée

---

(1) Dig., 5, 2, *de inofficioso testamento*, 13 fr. Scævol., et 17 pr. fr. Paul.—Cod., 3, 31, *de petitione hereditatis*, 12 pr. const. Justinian.

(2) Cod., *ibid.*

(3) « Post hoc, ille cum cæteris subscripsit centumvirale judicium, mecum non subscripsit. » Plin., *Epist.*, V, 1.— Gai., *Inst.*, IV, § 31.

(4) Quintil., *Inst. Orat.*, IV, 1, § 57 ; VII, 4, § 20.— Senec., *Controv.*, III, 15.— Ovid., *Trist.*, II, 91 et suiv. — Phædr., *Fabul.*, III, 10, 34.

(5) Il faudrait compter, d'après cet historien, 25 tribus, en 367 ; 27, en 395 ; 29, en 421 ; 31, en 435 ; 33, en 454 ; et 35, en 512 (Tit.-Liv., VI, 5 ; VII, 15 ; VIII, 17 ; IX, 20 ; X, 19.— Tit. Liv., *Epitom.* XIX). Même dans ce système, rien ne dit qu'on ait pris, originairement, trois centumvirs seulement dans chaque tribu. Ce nombre employé quand il y a eu 35 tribus, et élevé ensuite à 4, puisqu'au temps de Pline on compte 180 centumvirs

historique, venue de Niebuhr, qui attribue à Servius Tullius tout un système bien déterminé de réaction contre l'aristocratie de race, ainsi que la création immédiate de trente tribus plébéiennes faisant contrepoids aux trente curies patriciennes (*voir ci-dessus, page* 48), dans cette pensée, dis-je, le tribunal centumviral remonterait à cette époque : chargé de prononcer éminemment sur les questions de propriété quiritaire, il se rattacherait ainsi à l'institution du cens fondée par le même roi. Ce qu'il y a de certain à nos yeux, c'est que reculer cette création jusqu'en l'an 512, presque au moment où les actions de la loi vont être supprimées, c'est enlever au tribunal centumviral une grande partie de l'antiquité dont il a tout le caractère, et qui lui appartient incontestablement.

(An 416.) Les Gaulois sont refoulés par delà le Pô, tout le Latium a subi le joug, et Rome commence à combattre pour le reste de l'Italie. Les plébéiens déjà admis au consulat parviennent à la censure; ces deux charges leur ouvrent l'entrée du sénat, et, peu de temps après, celle de la préture; enfin la loi PÉTILLIA PAPIRIA, *de nexis*, et la publication des fastes par Flavius sont pour eux de nouveaux avantages.

---

siégeant dans une affaire, n'avait rien d'irrévocablement fixé. Il a pu être plus considérable quand il y avait moins de tribus. Ainsi, qu'on ait pris, pour composer le tribunal centumviral, 4 citoyens par chaque tribu, à l'époque où, selon Tite-Live, il y avait 25 tribus, et l'on aurait ainsi le nombre rigoureusement exact, dans son origine, de 100 centumvirs. La création de cette institution se placerait ainsi forcément entre les années 367 et 395 de Rome; c'est-à-dire dans la période des progrès croissants des plébéiens, de leur admission au consulat, et de la création du préteur.

### 37. Loi PETILLIA PAPIRIA *de nexis.*

(An 428.) Cette loi, apportée par une rumeur populaire, et par un soulèvement spontané contre la barbarie luxurieuse d'un créancier (L. Papirius), fut, selon les expressions de Tite-Live, comme un nouveau commencement de liberté pour la plèbe. Elle défendit que les débiteurs pussent se donner *per æs et libram* en servitude à leur créancier, pour engagement de leur dette. Ainsi dut cesser pour le présent et pour l'avenir la servitude des *nexi*. Mais ce serait mal interpréter les expressions de l'historien que d'en conclure que la même loi supprima aussi la captivité des *addicti*, c'est-à-dire l'exécution forcée contre la personne du débiteur, au moyen de l'action de la loi *manûs injectio*. C'est le *nexum* seulement qui est modifié par la loi PETILLIA : il n'est plus permis d'engager *per æs et libram* à son créancier que ses biens, et non sa personne (1).

### 38. Divulgation des fastes et des actions (*Jus Flavianum*).

(An 450.) Cnæus Flavius, fils d'un affranchi, secrétaire d'un jurisconsulte renommé, d'Appius Claudius Cœcus, publia le premier la série des jours fastes et les mystères des actes et des formules sacramentelles, dressées pour la pratique des actions de la loi, selon la diversité des causes et des droits à poursuivre. Son livre prit le nom de droit Flavien (*jus civile Flavianum*), et dépouilla les pontifes ainsi que les jurisconsultes patriciens d'une

(1) « Eo anno (428) plebi Romanæ, velut aliud initium libertatis factum est, quod necti desierunt. Mutatum autem jus ob unius fœneratoris simul libidinem, simul crudelitatem insignem... Jussique consules ferre ad populum, ne quis, nisi qui noxam meruisset, donec pœnam lueret, in compedibus aut in nervo teneretur : pecuniæ creditæ, bona debitoris, non corpus obnoxium esset. Ita nexi soluti : cautumque in posterum, ne necterentur. » TIT.-LIV., VIII, 28.

partie de leur influence dans les affaires. Cet événement, du reste, ne nous est pas bien connu; déjà, du temps de Cicéron, il donnait matière à controverse. Quelle analogie et quelle relation précises existait-il entre les fastes et les actions? Flavius était-il édile-curule et profita-t-il de cette magistrature pour divulguer les secrets auxquels il avait été initié? ou bien surprit-il à son maître ces mystères, et le peuple reconnaissant parvint-il à le nommer tribun, sénateur, édile-curule (1)? C'est ce qu'on ne saurait affirmer.

Quoi qu'il en soit, comptons les pas que les plébéiens viennent de faire dans l'ordre politique : ils sont immenses. Le consulat, la préture, la censure, l'édilité majeure, le sénat, ils partagent tout avec le premier ordre; comme récupérateurs et comme centumvirs, ils participent à la décision des procès; la publication des fastes et des actions les initie au formulaire sacerdotal et patricien, indispensable pour la pratique des affaires, et leur permet d'échapper sur ce point à la domination de la caste supérieure. Que leur manque-t-il encore? les dignités sacerdotales? Trois années après (an 453), ils y arrivent aussi. Le nombre des pontifes est porté jusqu'à huit, celui des augures à neuf; quatre plébéiens sont admis dans le premier collége, et cinq dans le second.

### 39. Loi HORTENSIA *de plebiscitis*.

(An 468.) Déjà deux lois avaient été rendues, relatives à l'autorité des plébiscites (2); en voici une troisième.

---

(1) Pomponius le raconte ainsi dans son histoire du droit. (DIG., 1, 2, *de Orig. jur.* 2, § 7 fr. Pompon.)

(2) La première, la loi HORATIA dont nous avons déjà parlé (an 305); la seconde, la loi PUBLILIA (an 416). Les historiens romains ne sont pas bien d'accord sur l'existence de ces trois lois et sur leurs dates respectives; les auteurs modernes ont discuté pour éclaircir ce point qui est resté aussi

Quelques mots de Pline, déjà cités page 128, nous apprennent que les plébéiens, pour la troisième fois, s'étaient retirés de Rome; ils étaient campés sur le Janicule, quand le dictateur Hortensius fit accepter la loi qui porte son nom et qui confirme la force obligatoire des décisions des plébéiens. Cette force ne leur fut plus disputée; on peut donc placer ici les plébiscites au rang des sources du droit; non pas seulement du droit public, mais encore du droit civil privé. Bientôt même presque toutes les décisions qui existeront sur cette matière seront rendues par les assemblées plébéiennes. Théophile, dans sa paraphrase des Instituts, nous dit textuellement que la loi HORTENSIA, en même temps qu'elle consacra la force obligatoire des plébiscites, établit aussi celle des sénatus-consultes. Si l'on suivait cette opinion, il faudrait aussi compter ces sénatus-consultes comme la troisième source du droit (1).

---

douteux. Ce qu'il y a de certain, c'est que depuis la loi HORTENSIA les plébiscites furent toujours reconnus comme lois.

(1) Le moment où le sénat a reçu le pouvoir législatif, même en matière de droit privé, n'est pas connu précisément. Tacite dit bien, sous le règne de Tibère : « *Tum primum e campo comitia ad patres translata* » *sunt :* Alors pour la première fois les comices furent transportés du » champ de Mars au sénat. » (*Ann.*, liv. 1, § 15.) Mais il ne dit cela qu'à l'occasion de l'élection aux magistratures, et il ajoute : « Le peuple ne se » plaignit de cette usurpation de ses pouvoirs que par de vains murmures, » et les sénateurs, dispensés d'acheter ou de mendier les suffrages, surent » gré à Tibère de la modération qu'il mit à ne recommander que » quatre candidats. » (*Ibid.*) Quant au pouvoir législatif, le sénat l'avait-il déjà, ou le prit-il comme une conséquence du droit d'élection? Déjà il l'avait exercé auparavant, puisqu'on a des sénatus-consultes relatifs au droit civil privé, et qui datent de l'empire d'Auguste; on sait aussi que quelques-uns ont été rendus dans les derniers temps de la république. Si l'on rapproche ces observations de cette phrase de Cicéron, « le droit » civil est fixé par les lois, *les sénatus-consultes*, les jugements, les » réponses des prudents, les édits des magistrats, l'usage et l'équité » (*Cic. Top.* 5), on en conclura que même du temps de cet orateur les sénatus-consultes étaient déjà comptés comme une source du droit privé. Enfin si, remontant plus haut, on croit ce que dit Théophile : «.... *Cumque* » *his utrique adversarentur et senatus dedignaretur plebiscita recipere*,

Voici l'époque où la puissance de Rome frappe successivement et avec rapidité les divers peuples de l'Italie. Aux Samnites, détruits malgré leur victoire des Fourches Caudines, succèdent les douze nations étrusques; aux Étrusques, les Tarentins aidés de Pyrrhus; à ceux-ci,

---

» *et plebs, id ægre ferens, senatus-consultis parere nollet, futurum* » *erat, ut veteres inimicitiæ renovarentur, donec idem Hortensius,* » *sedatâ eorum dissensione, persuasit, ut alteri alterorum jura acciperent, et his obtemperarent.* (Theop., *Paraph. des Instit.* 1, 2, § 5. » Traduction de Fabrot) : au milieu de ces prétentions contraires, le sénat » dédaignant de recevoir les plébiscites, et les plébéiens irrités refusant » d'obéir aux sénatus-consultes, les anciennes dissensions allaient infail- » liblement renaître, lorsque le même Hortensius les apaisa en persuadant » à chaque parti de recevoir les décisions de l'autre, et de s'y conformer.» il faudra décider que l'autorité des sénatus-consultes, comme source du droit même privé, date de la loi Hortensia. A ces raisonnements que d'autres viennent corroborer encore, il faut avouer qu'on en oppose aussi de très-puissants : le silence des auteurs, qui ont parlé de la loi Hortensia comme ayant ratifié les plébiscites, et qui n'ont rien dit des sénatus-consultes; le système constitutif de Rome qui ne donnait au sénat que le droit d'administration publique, et qui réservait soigneusement au peuple les lois et les élections; enfin le manque de sénatus-consultes en matière de droit privé, considérés comme lois avant Tibère, car ceux qui existent se réduisent à un très-petit nombre, et leur sujet paraît se lier à l'administration; la grande quantité au contraire que l'on en trouve à partir de cette époque. Comment concilier ces raisonnements? D'un côté, il paraît difficile de prendre à la lettre l'assertion du seul Théophile, car comment penser que si le sénat avait reçu positivement par une loi le pouvoir législatif, il eût tardé si longtemps d'en user, ou du moins qu'aucune de ces lois ne nous fût parvenue? De l'autre, si l'on réfléchit que le sénat avait le droit de gouvernement et d'administration publique, que bien souvent il n'y a pas loin des mesures prises pour le gouvernement à celles qui sont des lois même pour le droit privé; que du reste, la séparation des pouvoirs était bien loin d'être, à cette époque, aussi nettement établie qu'elle peut l'être dans les esprits modernes; que le sénat statuait en général sur les points qui importaient à la chose publique, sauf l'application du *veto* des tribuns de la plèbe; si l'on fait toutes ces considérations, il pourra paraître naturel que quelques sénatus-consultes soient sortis des limites ordinaires, qu'ils aient statué sur des matières de droit privé dans un sens véritablement législatif, et qu'ils aient pris place au rang des lois. Ainsi s'explique la phrase de Cicéron et l'existence de quelques sénatus-consultes législatifs. Sous Tibère, le sénat, investi du droit d'élection, fut confirmé davantage dans le pouvoir législatif qu'il avait exercé quelquefois, et le peuple cessa d'être convoqué.

les Picentins, les Salentins et enfin les Volsiniens. Alors paraît une pompe vraiment triomphale, les soldats de la Macédoine et de la Thessalie, l'or, les statues, les tableaux de Tarente et les éléphants de Pyrrhus, chargés de leurs tours qui n'avaient su les défendre.

(An 488.) Rome existe depuis quelques siècles; que sont devenus les peuples qui, à son berceau, se partageaient ces contrées? Les Albains, les Sabins, les Veïens sont confondus dans la nouvelle cité; les Èques, les Volsques, les Samnites ont résisté, ils n'existent plus; les Étrusques, les Campaniens, les Tarentins ont subi le joug de l'alliance, et Rome commande à l'Italie. Son empire s'agrandira chaque jour; la simplicité, la pauvreté, la force républicaine disparaîtront; la rudesse des institutions se polira; avant que ce changement s'opère, examinons encore une fois dans leur ensemble ces institutions que nous avons vues naître.

---

## RÉSUMÉ SUR L'ÉPOQUE QUI PRÉCÈDE.

### POLITIQUE EXTÉRIEURE DE ROME.

Diviser les peuples pour les combattre les uns après les autres; se servir de ceux qui sont soumis pour vaincre ceux qui ne le sont pas; ménager ses forces, user celles des alliés; sous prétexte de défendre ces alliés, envahir le territoire de leurs voisins; intervenir dans les querelles des nations pour protéger le faible et subjuguer ainsi le faible et le fort; faire une guerre à outrance, et se montrer plus exigeant dans les revers que dans la victoire; éluder par des subterfuges les serments et les traités; parer toutes ses injustices du voile de l'équité et de la grandeur : telles sont les maximes politiques qui ont donné à Rome le sceptre de l'Italie, et qui lui donneront celui du monde connu.

Mais c'est plutôt sa position de droit dans ses relations avec les autres nations qu'il nous faut examiner.

La matière est obscure et compliquée, par plusieurs raisons : d'abord parce qu'elle contient des éléments multiples, qu'il faut avoir soin de distinguer, si l'on veut être clair; en second lieu, parce qu'il n'y a pas de règle fixe, la situation variant, selon les traités, d'une ville à l'autre, d'un pays à l'autre; enfin, en troisième lieu, parce que, jusqu'à l'époque historique où nous sommes parvenus, nous avons bien peu de renseignements précis sur la question, envisagée avec la rigoureuse exactitude du droit.

La matière contient des éléments multiples : il faut la considérer, en effet : 1° quant aux cités; 2° quant au sol, au territoire; 3° quant aux personnes, aux habitants.

Quant aux cités : quelle est leur organisation, leur administration, leur législation? Sont-elles souveraines chez elles? Sont-elles une dépendance de Rome? Ont-elles une législation propre? Ou le droit romain leur est-il communiqué, soit dans l'ordre privé? soit dans l'ordre politique? soit dans les deux réunis?

Quant au territoire : reste-t-il en propriété à la cité, ou Rome s'en empare-t-elle? Dans l'un ou dans l'autre cas, sous quelle législation est-il placé? Est-il considéré comme un sol étranger, auquel ni la propriété quiritaire ni aucune des institutions du droit civil romain ne puissent être appliquées? Ou bien est-il assimilé à l'*ager romanus*, susceptible de la propriété quiritaire et de tous les actes du droit civil qui y sont relatifs?

Quant aux personnes, aux habitants : sont-ils admis à la jouissance du droit civil romain, en tout? ou en partie? dans l'ordre privé seulement? ou dans l'ordre politique? ou dans les deux réunis? ou n'y sont-ils admis en aucune façon et restent-ils, par conséquent, tout à fait étrangers?

Telles sont les questions que présente à résoudre la

matière. Les principales de ces questions, pour nous, peuvent, en somme, se réduire à celle-ci : y a-t-il, soit pour la cité, soit pour le sol, soit pour les personnes, communication totale, ou partielle, ou nulle, du droit de cité romaine, soit dans l'ordre privé, soit dans l'ordre politique?

Sur ce point se présente la diversité la plus grande, parce que tout dépend des conditions plus ou moins avantageuses, des concessions plus ou moins larges, octroyées par Rome à ses alliés ou à ses ennemis vaincus; tout dépend du traité de soumission ou d'alliance, ou du plébiscite, de l'acte (*lex*, *formula*) qui a réglé la condition de chaque ville. Nous tombons ici dans les détails infinis des questions locales.

Qu'on sache, en principe, que le droit quiritaire, ce droit de cité romaine (*jus Quiritium*, *jus civitatis*, *jus civile*), peut se décomposer et subir des fractionnements divers. — Dans l'ordre privé, ses démembrements les plus notables sont : 1° le *connubium*, emportant pour les concessionnaires la capacité de contracter entre eux, ou même avec les citoyens romains, de justes noces, des noces romaines, qui produisent la puissance paternelle, l'agnation et tous les effets du droit civil; 2° le *commercium*, emportant, pour les personnes, capacité de faire, avec les citoyens, des contrats, des acquisitions, des aliénations selon le droit civil; et, pour le sol, aptitude à faire l'objet de la propriété quiritaire et des actes du droit civil; 3° enfin la *factio testamenti*, capacité de recevoir des citoyens, ou de disposer en leur faveur, par testament, selon la loi romaine, ce qui paraît une conséquence, non pas absolue, mais du moins ordinaire du *commercium*, depuis que le testament se pratique sous la forme fictive d'une mancipation. — Dans l'ordre politique : 1° le *jus honorum*, aptitude aux dignités et aux magistratures romaines; 2° le *jus suffragii*, droit de voter dans les comices. — Tels sont les éléments principaux du *jus civitatis*, qui se fractionnent, et qui se distribuent séparément, ou réunis, avec plus ou moins de largesse, par la cité souveraine, aux villes, aux territoires, ou, même individuellement, aux personnes.

Cela posé, et pour nous en tenir aux notions les plus générales, en suivant la triple division que nous avons indiquée :

Quant aux cités, on peut compter :

1° Rome, la cité dominatrice, et éminemment souveraine;

2° Les colonies romaines (*coloniæ romanæ, coloniæ togatæ*) ; émanation de Rome; constituées sur le simulacre de la mère-patrie, avec leur petit sénat, leurs deux consuls, leurs ordres de patriciens et de plébéiens; admises, pour leur territoire et pour leurs habitants romains, à la participation entière du droit de cité romaine, dans l'ordre privé (*connubium, commercium, factio testamenti*), mais nullement dans l'ordre politique. Filles de Rome, elles ne cessent pas d'être sous sa dépendance et sous sa direction. Elles servent de boulevard pour la défense et de point d'appui pour l'attaque. La puissance romaine s'étend, les colonies se multiplient; il faut aujourd'hui contenir toute l'Italie; il faut intercaler de distance en distance quelques-unes de ces fondations sur lesquelles on puisse compter. Dans les villes qui ont montré la résistance la plus opiniâtre, un sénatus-consulte ordonne l'établissement d'une colonie. Des commissaires, nommés *triumvirs*, sont désignés; ils enrôlent les affranchis, les prolétaires qui se présentent; les conduisent sur les lieux, distribuent entre eux le territoire de la ville conquise, que Rome s'est attribué, quelquefois sans en rien laisser aux anciens habitants; et la colonie se fonde sur le modèle de la métropole. Du reste, le sénat seul a le droit d'ordonner de pareils établissements et de donner à une colonie le titre et les priviléges de colonie romaine.

3° Les villes du Latium, restées à divers titres, et sous les diverses conditions des traités, villes libres, villes alliées de Rome (*civitates liberæ*, *civitates fœderatæ*). Ce sont les plus proches voisines de Rome; soumises les premières à son pouvoir ou à son alliance, elles ont quelquefois secoué le joug des traités, mais pour en reprendre quelque temps après de plus onéreux. En 416, la défaite du lac Régille les a toutes irrévocablement attachées à la fortune romaine. Celles qui n'ont pas été détruites, transformées en colonies romaines, restent constituées dans leur indépendance locale, sous les clauses diverses de leur traité d'alliance. Des concessions plus ou moins larges du droit de cité romaine leur sont faites dans l'ordre privé. Ainsi, généralement, le *commercium* (mais non le *connubium* ni la *factio testamenti*) est accordé à leurs citoyens; et leur sol est susceptible de la propriété quiritaire. Il y a plus : leurs citoyens peuvent acquérir, de diverses manières réglées par les lois, la plénitude des droits de cité romaine. Et même, pour quelques-unes de ces villes, les plus anciennes dans l'alliance, restées fidèles à Rome dans le soulèvement de 416 (*Latini veteres*), une certaine participation aux droits politiques leur est honorifiquement concédée : leurs citoyens qui se trouvent à Rome au moment des comices, peuvent être invités, par le magistrat qui préside l'assemblée, à prendre part aux honneurs du vote, et l'on tire au sort la tribu dans laquelle ils vont momentanément se ranger. Telle est, dans son principal caractère et dans ses nuances capitales, le droit du Latium (*jus Latii*).

4° Les colonies latines (*latinæ*, ou *latini nominis coloniæ*), fondations coloniales assimilées non pas à Rome, mais seulement aux villes du Latium; ne recevant, par conséquent, pas la plénitude du droit de cité romaine, mais seulement le droit dont jouit le Latium (*jus Latii*). Elles sont composées principalement de Latins ou d'autres habitants que les armes et la politique romaine établissent sur un territoire conquis; les Romains eux-mêmes qui s'y enrôlent sont déchus par là de la plénitude du droit quiritaire et ne participent plus qu'à celui de la colonie. Un décret du sénat n'est pas nécessaire pour la fondation de pareils établissements. Les généraux, les consuls peuvent les créer, selon les besoins, l'utilité ou les succès de la guerre qu'ils conduisent.

5° Les villes de l'Italie qui, dans le résultat définitif des luttes, des guerres, et de la soumission totale opérée dans les dernières années du cinquième siècle, sont, en définitive, et en vertu des traités, restées villes libres et alliées de Rome (*civitates liberæ*, *fœderatæ*). Moins voisines, plus récentes dans l'alliance, ayant rendu moins de services, et, surtout, pouvant en rendre moins que les villes du Latium, elles reçoivent en général des conditions moins favorables et des concessions moins larges. Cependant, la base principale de leur constitution, c'est leur liberté, leur indépendance locale; leur gouvernement propre, sous leurs lois (1) et sous leurs magistrats. Parmi les démembrements du droit de cité romaine, le *commercium* et l'aptitude de leur territoire à la propriété quiritaire leur sont accordés. Mais leurs habitants ne peuvent pas arriver à la plénitude du droit de citoyen romain, par les mêmes causes qui suffisent pour conférer ce titre à un Latin. Tel est, dans son ensemble, le droit italique (*jus italicum*). Plus tard, lorsque Rome s'étendit hors de l'Italie, elle y jeta des colonies italiennes, assimilées à la condition des villes de

---

(1) Parmi les villes, soit du Latium, soit de l'Italie, soit, plus tard, même hors de l'Italie, on appelle *civitates fundanæ*, ou *populi fundi*, celles qui ont adopté, pour leur propre usage, le droit romain; ce qui ne veut pas dire, pour cela, qu'elles jouissent de ce droit dans leurs rapports avec Rome, et que leurs habitants soient citoyens romains; mais c'est incontestablement un titre pour obtenir plus facilement de Rome une participation plus large à son droit de cité.

l'Italie, inférieures par conséquent aux colonies latines, comme celles-ci l'étaient elles-mêmes aux colonies romaines.

Les villes alliées du Latium ou de l'Italie jouissent communément, en vertu des traités, de l'exemption d'impôt territorial ou personnel. En cas d'attaque, elles pourront implorer le secours de Rome ; à la première réquisition, elles devront fournir une quantité déterminée de troupes qui obéiront au général romain. Par une autre clause des traités, on détruit le corps politique des alliés, on leur interdit toute confédération. Il est défendu aux villes alliées d'avoir entre elles ces assemblées générales qui, réunissant leurs divers habitants, pourraient engendrer une ligue redoutable aux Romains; chaque ville est isolée, chaque peuple démembré, Rome est le point central, tout obéit à l'impulsion partie de là.

6° Enfin, les villes municipales, ou municipes (*municipia*) : distinction qui n'est plus basée, comme les précédentes, sur une considération d'origine ou de géographie, mais sur la constitution même de la cité à laquelle on applique ce titre, quelque part qu'elle soit située.— Le municipe, quoique n'étant pas, comme les colonies romaines, une émanation et une dépendance de Rome, mais conservant sa souveraineté et son indépendance locale, est admis néanmoins largement à la participation du droit de cité romaine, soit dans l'ordre privé, soit même quelquefois dans l'ordre politique. Sa constitution municipale est une image de la constitution romaine : sous le nom de curie (*curia*), il a un sénat; sous celui de décurions ou curiaux (*decuriones*, *curiales*), il a des sénateurs, des patriciens ; et au-dessous, une plèbe. Il est probable que les municipes devaient adopter aussi, pour leur propre usage, le droit romain, de manière à se trouver assimilés, autant que possible, à Rome. Le plébiscite qui leur reconnaît le titre de municipe, détermine la part, plus ou moins large, qui leur est accordée à la jouissance du droit de cité romaine. A quelques-uns, tout ce droit, ou une partie de ce droit (fréquemment le *commercium* et la *factio testamenti*), dans l'ordre privé seulement, avec aptitude de leur sol au domaine quiritaire; à quelques autres, même le droit de cité dans l'ordre politique, soit partiellement, soit en totalité, avec l'admissibilité aux magistratures (*jus honorum*) et le droit de suffrage (*jus suffragii*). On dit alors que le municipe jouit du droit le plus large (*optimo jure*). Ses citoyens ont deux patries : la patrie municipale, et Rome, la patrie politique. Tel fut Cicéron, et tant d'autres illustrations de la république. A l'époque où nous sommes ici, la participation au droit de la cité, surtout dans l'ordre politique, ne se donne pas encore aussi largement. Cère est le premier municipe fondé (an de Rome 365), le droit de suffrage ne lui a pas été accordé.

Tel est l'état des diverses cités, considérées dans leur existence et dans leur gouvernement collectif.

Quant au territoire, par suite de la participation soit à tout le droit de cité, soit au *commercium* seulement, celui des colonies romaines, celui des villes alliées du Latium et des colonies latines, celui des villes alliées de l'Italie, et celui des municipes sont également susceptibles de la propriété quiritaire et des actes qui s'y réfèrent; ils sont assimilés, par conséquent, sous ce rapport, à l'*ager romanus*.

Quant aux personnes, on distingue : des citoyens (*cives*); des colons romains (*romani coloni*, ou, simplement, *coloni*); des alliés latins (*socii latini*, ou, simplement, *latini*); des colons latins (*latini colonarii*); des alliés jouissant du droit italique (*socii ex jure italico*); des citoyens de municipes (*municipes*); des étrangers (*hostes*, dans un langage plus récent *peregrini*); et enfin, des barbares (*barbari*).

*Citoyens*. Ce titre qu'on imposait autrefois à tous les vaincus, on le garde aujourd'hui avec orgueil ; à ce titre sont attachées la jouissance des droits civils et des droits politiques, la faculté d'élire et d'être élu aux magistratures, celle de donner son suffrage dans les comices ; des cités entières briguent de l'obtenir ; il n'appartient en principe qu'à ceux qui sont nés à Rome ou sur le territoire étroit qui l'environne. Cependant des plébiscites l'accordent quelquefois, en tout ou en partie, soit collectivement à des cités, soit même individuellement à tels ou tels habitants de l'Italie, distingués par leurs richesses ou par leur influence.

*Colons romains*. Ils jouissent de la plénitude du droit de cité dans l'ordre privé (*connubium*, *commercium*, *factio testamenti*) ; mais ils l'ont perdu dans l'ordre politique.

*Alliés latins*, ou, simplement, *Latins*. Ils jouissent, dans l'ordre privé, de la partie du droit de cité romaine qui a été concédée à la ville dont ils sont citoyens : généralement du *commercium*, mais non du *connubium*, ni de la *factio testamenti*. Ils peuvent acquérir complétement le titre de citoyens romains, par diverses causes déterminées, notamment, par l'exercice annuel d'une magistrature dans leur pays, par la translation de leur domicile à Rome, par une accusation publique qu'ils auraient portée et par laquelle ils auraient fait condamner un citoyen coupable de concussion. Les *Latini veteres* ont, en outre, le droit d'être invités à prendre part aux honneurs du vote, s'ils se trouvent à Rome au moment des comices.

*Colons latins*, ou *latini colonarii*. Ils sont, par assimilation, dans une condition semblable à celle des Latins.

*Alliés suivant le droit italique*. Ils participent au droit de cité romaine, dans l'ordre privé seulement, suivant la concession plus ou moins large faite à la ville dont ils sont citoyens : généralement ils n'ont que le *commercium*. Ils ne deviennent pas citoyens romains par les mêmes causes que les Latins.

*Etrangers*. Trois expressions diverses s'appliquent à l'étranger. Il est *peregrinus*, *hostis*, ou *barbarus*. — Le *peregrinus*, c'est l'étranger qui se trouve à Rome, qui s'y établit, ou dont la patrie est déjà sous la domination romaine, et qui ne jouit pas de la plénitude du droit de cité : sous ce rapport, ce titre est encore applicable à la majeure partie des Latins et des Italiens. — L'*hostis*, c'est l'étranger que la puissance romaine n'a pas encore soumis ; jusqu'à cette soumission il est ou il sera ennemi. Dans l'origine, avant les succès de Rome, tout étranger se nommait *hostis* : c'est le mot antique. — Le *barbarus*, c'est celui qui est encore hors des limites de la civilisation et de la géographie romaines. La circonférence reculera et s'agrandira de jour en jour. Des Gaulois cisalpins, ce titre passera aux Gaulois au delà des Alpes ; sur les bords de l'Océan ; aux insulaires de la Grande-Bretagne ; aux forêts de la Germanie ; enfin aux hordes inconnues du Nord et de l'Asie qui doivent renverser l'empire de Rome.

Telle est la relation différente qu'ont avec Rome le *peregrinus*, l'*hostis*, le *barbarus* : l'un est dans l'enceinte, ou, au moins, sous la domination de Rome ; l'autre, hors de sa domination ; le dernier, hors de sa civilisation et de sa géographie.

### DROIT PUBLIC.

Nous comptions trois corps politiques ; le peuple, le sénat et le roi ; nous en compterons trois encore : le peuple, le sénat et les plébéiens. Ainsi, l'autorité royale en tombant a donné naissance à l'autorité plébéienne.

L'ordre des chevaliers s'est accru, son influence est plus grande ; mais il n'a pas encore ces priviléges et ces fonctions qui lui seront réservés par la suite.

Le peuple, comme corps politique, se compose de la réunion de tous les citoyens, quels que soient leur rang et leur fortune.

Le sénat est formé des personnes inscrites par les censeurs sur le tableau des sénateurs.

Les plébéiens ne sont plus ces hommes exclus de presque tous les droits publics. En masse ils ont leurs assemblées, leurs lois, ils prennent une part active au gouvernement; en particulier ils sont admis aux principales magistratures civiles, enrôlés parmi les chevaliers, classés au rang des sénateurs.

Ces trois corps politiques n'exercent plus tous les pouvoirs par eux-mêmes. Les magistratures se sont multipliées. La royauté d'un seul a été détruite pour faire place au consulat de deux; le consulat démembré a produit la censure, la préture, l'édilité majeure; à la tête des plébéiens sont les tribuns; sur un plan inférieur à ces magistrats, les questeurs et les édiles plébéiens. Toutes ces dignités sont annuelles à l'exception de la censure. Les unes donnent droit à la chaise curule et aux images (*sella curulis*, *imagines majorum*), les autres ne donnent aucun de ces priviléges, et les magistrats qui en sont revêtus se nomment magistrats pédaires (*magistratus pedarii*). Le droit de chaise curule est le droit de se faire porter et de siéger sur une chaise honorifique, marque de la dignité qu'on occupe, ou qu'on a occupée (1). Le droit aux images est le droit de

(1) C. Flavius, celui qui a publié les fastes, étant édile, se présenta pour visiter son collègue qui était malade. Une assemblée de jeunes patriciens se trouvait chez ce dernier. Ils se donnent sur-le-champ le mot pour qu'à l'entrée de l'édile plébéien personne ne se lève devant lui. Le petit complot s'exécute, mais Flavius qui s'en aperçoit ordonne à ses gens d'apporter sa chaise curule, et du haut du siége honorifique il confond de tout l'éclat de sa magistrature ceux qui croyaient l'humilier. (TITE-LIVE.) Je rapporte cette anecdote parce qu'elle peint et les sentiments qu'avait inspirés aux patriciens l'admission des plébéiens aux grandes magistratures, et la considération attachée aux signes extérieurs de ces dignités.

léguer son image à sa famille; celle-ci conserve avec orgueil une représentation des membres qui ont rempli les hautes magistratures, et, à chaque décès, ces membres, portés en effigie à la pompe funéraire, attestent l'illustration de la famille (1).

*Pouvoir législatif.* Le peuple, le sénat et les plébéiens l'exercent chacun. Le peuple et le sénat dans les lois, les plébéiens dans les plébiscites, peut-être aussi le sénat dans les sénatus-consultes. Ainsi peuvent déjà se compter trois sources du droit écrit : les lois, les plébiscites et les sénatus-consultes.

1° Les lois, rendues par les comices des centuries, car déjà les curies n'existent que fictivement pour quelques décisions relatives au pouvoir exécutif. Le sénat concourt à la création des lois, il a l'initiative. Il prépare et discute dans son sein les projets, convoque les comices ordinairement au champ de Mars, un magistrat sénateur propose la loi, les centuries ne peuvent y faire aucun changement, chaque citoyen en passant devant le scrutateur déclare simplement qu'il adopte ou qu'il rejette. Les suffrages se donnent encore à haute voix. Des auspices défavorables ou le tonnerre qui gronde

(1) Ces images n'étaient pas de simples portraits; peut-être même étaient-elles plus que des effigies en pied. On peut conjecturer qu'un homme, du moins dans la solennité funéraire, prenait le masque de celui qu'on voulait représenter, ses vêtements d'honneur, les insignes de sa dignité, et jouait véritablement son rôle, comme s'il assistait au convoi. Quoi qu'il en fût, à voir ainsi tous les aïeux en personne, suivant sur leurs chaises curules le char funéraire, ne devait-il pas sembler qu'ils conduisaient en pompe celui que la mort venait de jeter parmi eux? Pouvons-nous être étonnés que les Romains distinguassent si bien les anciennes et les nouvelles maisons, puisqu'à chaque funéraille on réunissait les morts aux vivants, et que l'on promenait ainsi la famille entière. Lorsqu'on n'apercevait au milieu de la foule que deux ou trois de ces consulaires défunts, leur petit nombre attestait publiquement la date récente de la maison; mais lorsque plus de cent aïeux placés à la file les uns des autres formaient un long cortége, on voyait les souvenirs et les dignités de la race se prolonger jusque dans les premiers siècles de Rome.

dissolvent l'assemblée : *Jove tonante cum populo agere nefas.*

2° Les plébiscites, émanés des conciliabules plébéiens convoqués par tribus au Forum ou au Capitole. L'initiative est aux tribuns, les voix se donnent hautement comme dans les centuries, la sanction du sénat n'est plus nécessaire.

3° Les sénatus-consultes auxquels il n'est pas certain que la loi HORTENSIA ait donné force obligatoire, mais qui, du moins de loin à loin, statuent d'une manière générale et non administrative même en matière de droit privé, et par un consentement tacite sont exécutés comme lois (1).

A ces sources du droit écrit il faut ajouter quelques sources du droit coutumier : l'interprétation et l'autorité des jurisconsultes (*interpretatio*); les opinions formées au barreau comme résultat de la discussion des plaidants et de la série des jugements (*disputatio fori*); les usages constants et généralement observés quoique non écrits. Ces sources du droit, dit Pomponius, ne portent pas un nom particulier comme les lois, les plébiscites, les sénatus-consultes; on ne les désigne que sous le nom générique de *droit civil* (2), nom qui appartient à toutes les lois propres aux citoyens.

Enfin on aura le tableau complet des parties qui composent la législation à notre époque, si l'on joint ici les actions de la loi; car, bien que leurs formules diverses,

---

(1) Lorsqu'un tribun des plébéiens arrêtait par son *veto* la décision du sénat, elle ne portait plus le nom de *Senatus-consultum*, mais celui de *Senatus-auctoritas*.

(2) « His legibus latis cœpit, ut naturaliter evenire solet, ut interpretatio desideraret prudentium auctoritate necessariam esse disputationem fori. Hæc disputatio et hoc jus, quod sine scripto venit, compositum à prudentibus, propria parte aliqua non appellatur, ut ceteræ partes juris suis nominibus designantur, datis propriis nominibus ceteris partibus; sed communi nomine appellatur jus civile. » DIG., 1, 2, *de Orig. jur.*, 2, § 5 fr. Pompon.

appropriées à la diversité des cas, aient été divulguées par Flavius, elles n'en continuent pas moins d'être une branche essentielle du droit.

*Pouvoir exécutif.* Le sénat possède à proprement parler toute cette force exécutive qui consiste à délibérer et à agir. Il dirige les consuls; il impose les conditions aux peuples vaincus; il récompense ou punit les colons et les alliés selon qu'ils ont bien ou mal mérité de Rome; il vide en arbitre les querelles des nations; l'envoyé de Pyrrhus a déjà dit de lui : « Le sénat romain m'a paru une assemblée de rois. »

Les magistrats dont les fonctions se rattachent au pouvoir exécutif sont : les deux consuls, qui commandent à Rome et surtout à l'armée; les deux censeurs, qui font le recensement, classent les citoyens, et fixent les impôts de chacun; les deux édiles majeurs, qui surveillent la haute police; es questeurs, qui gardent et administrent le trésor public; enfin les tribuns et les édiles plébéiens, quoiqu'ils ne soient à proprement parler que les magistrats particuliers d'une caste.

*Pouvoir électoral.* Le peuple et les plébéiens exercent ce pouvoir dans l'élection aux diverses magistratures. Le peuple assemblé par centuries élève aux dignités de consul, de censeur, de préteur, d'édile majeur; les plébéiens, aux dignités inférieures de questeurs, de tribuns, d'édiles plébéiens, et à celle de grand pontife. C'est ici principalement qu'il faut rattacher l'existence fictive des curies. L'élection des tribuns et du grand pontife appartenait primitivement aux curies, les tribus s'en emparèrent; mais pour légaliser leur choix on voulut qu'il fût confirmé par une loi curiate. Trente licteurs représentent chacun une des trente curies, les augures accomplissent les solennités que la religion exige, et les licteurs adoptent ce que les tribus ont déjà décidé; c'est ainsi que dans les formes on respecte les anciens usages que l'on viole dans le fond.

*Pouvoir judiciaire*. Le peuple, les plébéiens et le préteur sont les autorités judiciaires. Distinguons les affaires criminelles des affaires civiles.

Affaires criminelles. Les comices par centuries, par tribus ; des questeurs, par délégation des comices ; le sénat, soit par délégation des comices, soit par ses propres attributions, selon la nature des affaires ; les consuls ou le préteur, par délégation du sénat : telles sont les juridictions criminelles. Les comices par centuries peuvent seuls prononcer la peine de mort ; les tribus, celle de l'exil ou des amendes, principalement comme répression politique. S'agit-il d'un crime public qui a fixé l'attention des citoyens, dans lequel l'accusé est un magistrat, un consulaire ? les centuries ou les tribus se gardent bien d'abandonner la connaissance de la cause. S'agit-il d'un accusé plus obscur, d'une affaire moins éclatante, ou d'un crime privé ? elles se contentent de déléguer leurs pouvoirs à un questeur du parricide ; le sénat quelquefois dans ces occasions délègue lui-même le questeur ou un magistrat, et le peuple ne songe pas à revendiquer ses droits. Enfin les accusés sont-ils des étrangers, des esclaves, en général des personnes qui ne jouissent pas des droits de citoyens ? ou bien ne s'agit il que d'infliger une peine peu considérable ? le préteur est l'autorité compétente. Les centumvirs paraissent avoir aussi dans l'administration de la justice criminelle, des attributions qui nous sont mal connues.

Affaires civiles. Devant le préteur s'intente l'action, s'accomplissent les formalités sacramentelles des actions de la loi, et s'organise l'instance (*judicium*). C'est lui qui a la juridiction (*jus dicit*, *addicit*, *edicit*), et le commandement, la force publique (*imperium*). Après les formalités accomplies devant lui (*in jure*), si l'affaire n'est pas de nature à être terminée de sa propre autorité, par simple déclaration de droit, par la juridiction ou par le commandement, il donne aux parties, soit un juge unique, pris dans l'ordre sénatorial, ou un arbitre unique, soit des récupérateurs pris instantanément parmi les assistants, communément au nombre de trois ou de cinq : juges, arbitres, récupérateurs, qui doivent être choisis par les parties ou du moins agréés par elles, sinon tirés au sort ; ou bien, il les renvoie devant le tribunal centumviral, jugeant par sections, quelquefois deux, quelquefois les quatre sections réunies.

### DROIT SACRÉ.

Le droit sacré a subi lui-même quelques variations. Son intervention dans le gouvernement et dans le droit civil est toujours aussi forte et aussi fréquente.

Depuis l'abolition de la royauté, la dignité de grand pontife, dont les rois étaient revêtus, est devenue une dignité particulière déférée par le choix des tribus, et confirmée par une loi curiate. Elle n'est pas annuelle comme les autres magistratures, mais à vie. Le grand pontife a la chaise curule, le droit d'images, un tribunal où il juge toutes les affaires qui se lient à la religion ; c'est lui qui conserve les souvenirs historiques en notant les événements sur des tables qu'il expose chez lui, et qui se nomment les *grandes annales* (1).

Le collége des pontifes est augmenté et le nombre des membres porté jusqu'à huit, celui des augures jusqu'à neuf. Les plébéiens peuvent en faire partie.

### DROIT CIVIL.

Sur les personnes, sur les choses, sur la propriété, sur les testaments, sur les successions, sur les contrats, sur les actions, tout prend un caractère particulier au seul peuple romain.

(1) Cicer., *de Orator.*, XI, 12.

*Sur les personnes:* des hommes, chefs de famille, maîtres d'eux-mêmes (*sui juris*); d'autres soumis au pouvoir d'autrui (*alieni juris*); la puissance sur l'esclave, la puissance paternelle (*potestas*), la puissance maritale (*manus*), encore intactes et telles que nous les avons développées; les droits (*mancipium*) sur l'homme libre qu'on achète, sur celui qui est attribué au créancier par déclaration du magistrat (*addictus*) pour le payement de ses dettes ou pour la réparation de quelque dommage (depuis la loi Petillia Papiria, il ne doit plus y avoir de *nexi*); le lien civil (*agnatio*), qui ne tient qu'à l'existence dans la même famille, et auprès duquel la parenté du sang (*cognatio*) n'est rien; la *gentilitas*, agnation des familles éternellement ingénues, et sorte de droit de parenté civile qu'elles ont sur les races de clients ou d'affranchis dérivées d'elles; enfin la tutelle perpétuelle qui pèse sur les femmes durant leur vie entière :

*Sur les choses et sur la propriété :* les choses distinguées en deux classes diverses, selon qu'elles sont ou non susceptibles de mancipation (*res mancipi; res nec mancipi*); la propriété du citoyen romain, propriété quiritaire (*mancipium*), mise à la place de la propriété ordinaire; indestructible si ce n'est par les moyens qu'indique la loi (*mancipatio*, *in jure cessio* ou *addictio*, *adjudicatio*, *usucapio*, *lex*, d'après le droit quiritaire); de telle sorte que celui qui vous a livré, abandonné sa chose, peut encore, pendant un certain temps, la poursuivre et la reprendre dans vos mains s'il ne l'a pas aliénée avec les formalités voulues selon la nature de cette chose :

*Sur les testaments* : la liberté absolue laissée au chef de disposer à volonté de tous ses biens, même de ceux que lui ont acquis les membres de la famille, sans que ceux-ci puissent se plaindre s'ils ont été dépouillés; les formes du testament, qui d'abord devait être décrété par les curies comme une loi (*testamentum calatis comitiis*), et qui se fait aujourd'hui par une vente solennelle et fictive de l'hérédité (*testamentum per æs et libram*, *per mancipationem*) :

*Sur les successions* : les droits d'hérédité accordés non pas au lien du sang, mais au lien civil seulement (*agnatio; gentilitas*); le fils qui renvoyé de la famille n'y a plus aucun droit; la mère qui ne succède pas à l'enfant, l'enfant qui ne succède pas à sa mère :

*Sur les contrats* : la formalité *per æs et libram*, ou la mancipation, le *nexum*, dans son expression générique, servant à contracter les obligations de même qu'elle sert à transférer la propriété, parce que les paroles prononcées dans cette formalité (*nuncupatio*) font la loi des parties (*lex mancipii*); puis une nouvelle forme de contrat s'introduisant, le contrat *verbis* (ou *stipulatio, sponsio*), première dérivation du *nexum*, parce que les paroles sont détachées de cette solennité, le pesage *per æs et libram* étant tenu pour accompli, et les parties se bornant à s'interroger et à se répondre solennellement, en ces paroles quiritaires, les seules encore admises et exclusivement propres aux citoyens romains : SPONDES-NE? SPONDEO; toute convention quelconque, non revêtue de ces formes du *nexum* ou de la *sponsio*, ne produisant par elle-même aucun lien; la vente (*venum datio*), le louage (*locatio, con-ductio*), le mandat (*man-datum*), la mise en société (*societatem co-ire*), n'intervenant encore, ainsi que leurs propres dénominations le signifient clairement, que comme un fait exécuté de part ou d'autre, mais non comme un pur accord des volontés, qui puisse par la force spirituelle de ce simple accord, et indépendamment de tout fait matériel d'exécution, engager les parties les unes aux autres :

*Sur les actions* : la nécessité des pantomimes symboliques, des actes sacramentels et des formules consacrées, dans les quatre actions de la loi : le *sacramentum* et la *judicis postulatio*, pour les contestations à engager et à résoudre; la *manus injectio* et la *pignoris capio*, pour les voies d'exécution ; le plaideur renvoyé, déchu de son droit, lorsqu'il n'a pas observé fidèlement toutes les formalités, et ne pouvant plus recommencer sa poursuite parce qu'il a usé son action :

Voilà autant de principes de droit qu'on ne retrouve presque dans aucune autre législation. C'est ici le moyen âge de la république ; l'âpreté de Rome naissante s'unit à la force donnée par les victoires ; la rigueur des premiers principes existe encore dans toute son énergie. Mais nous sommes sur la limite. Les conquêtes lointaines vont venir, les richesses, le luxe, les étrangers, la civilisation, les lois naturelles, le droit prétorien, et devant toutes ces innovations vont disparaître lentement le droit public et le droit civil quiritaire, le droit des hommes à la lance.

## MOEURS ET COUTUMES.

Parmi les premières coutumes de Rome celles qui se liaient le plus intimement au droit sont maintenant presque toutes transformées en lois. Il est cependant d'autres usages qui méritent de fixer notre attention parce qu'ils servent à peindre l'époque actuelle. Les généraux se dévouent pour la république afin de dévouer avec eux les légions et les auxiliaires ennemis. Les dictateurs quittent l'épée pour la charrue et le commandement de leur armée pour la culture de leur champ. Les consuls reçoivent les envoyés des peuples ennemis assis à une table rustique, couverte de vases d'argile. Des lois somptuaires et, mieux que tout cela, l'opinion publique flétrissent le luxe : et quel luxe? un consulaire est noté par le censeur parce qu'il possède en vaisselle d'argent le poids de dix livres ; la pourpre paraît à peine sur la robe des magistrats ; mais cette robe, *la prétexte* (1), ne peut être portée par les sim-

(1) Il ne faut pas confondre la prétexte des magistrats, avec la pré-

ples citoyens, et la robe des citoyens, *la toge*, ne peut être portée ni par les esclaves, ni par les étrangers. L'hospitalité s'exerce dans toute sa simplicité. Partout enfin se voient encore la force et la pauvreté. Mais ce que nous avons dit pour le droit civil, nous pouvons le dire aussi pour les mœurs : nous sommes sur la limite, elles vont commencer à s'évanouir progressivement. Déjà les richesses de Tarente et de l'Italie préparent ce changement; d'un autre côté la décadence du patriciat, l'élévation des plébéiens, effacent quelques coutumes anciennes ; la clientèle s'affaiblit et s'éteint, les liens qu'elle produisait perdent de leur énergie et de leur utilité ; une infinité de plébéiens se suffisent à eux-mêmes : nouveaux venus, ils ne sont plus attachés nécessairement, comme dans l'origine de Rome, à un patron; les grands prendront bientôt pour leurs clients, à défaut de citoyens, des villes alliées et des provinces entières.

---

texte que portaient les enfants au-dessus de douze ans jusqu'au moment où, considérés comme citoyens, ils prenaient la toge virile.

## § III. A PARTIR DE LA SOUMISSION TOTALE DE L'ITALIE, JUSQU'A L'EMPIRE.

Que les lois politiques changent instantanément dans un état, cela est rare; que les mœurs soient subitement métamorphosées, c'est impossible. Un esprit superficiel pourra le croire, parce qu'il ne voit les choses que lorsqu'elles sautent aux yeux de tout le monde; un esprit judicieux ne s'y trompera pas, parce qu'il observe les événements et calcule leur résultat.

Les Romains viennent d'obtenir un grand succès, la soumission de l'Italie; encore un siècle, et ils en obtiendront un plus grand, la soumission de l'Afrique et de l'Asie. Gardons-nous de penser qu'après le premier ils aient toujours conservé l'austère grossièreté de Rome naissante, et que, sans transition, tout à coup, après le second, ils se soient écriés : Voici des tableaux, des musiciens, de l'or, des triomphes! nous sommes riches, plus de continence; nous sommes vainqueurs, plus de force!

Ce qui nous reste à voir de la république me paraît divisé en deux parts; l'une s'arrête à la ruine de Carthage, de Numance, de Corinthe; l'autre commence là et conduit jusqu'à l'empire. Dans la première se préparent chaque jour les mœurs et les événements de la seconde. Les trésors apportés par chaque nouvelle victoire, le nombre d'esclaves multiplié, l'exemple des peuples soumis, habituent et disposent au luxe; mais les défaites essuyées quelquefois, la crainte d'Annibal aux portes de Rome, le désir de la domination, retrempent les esprits et les contiennent. Alors on voit l'austérité à côté de la mollesse, des citoyens de l'ancienne Rome auprès des hommes de la nouvelle; des censeurs font construire de magnifiques portiques pour un théâtre, un consul les fait renverser; le faste s'introduit dans les vêtements et la table, des lois somptuaires cherchent à l'étouffer ; les rhéteurs, les philosophes stoïciens ou épicuriens répandent leurs discussions et leurs maximes, les décrets du sénat les réprouvent; le succès des armes croît, la pureté des mœurs décroît, et lorsque Rome est victorieuse, elle est corrompue.

Voilà pour les mœurs; quant à la politique, je ne sais si je donne trop d'extension à mon idée, mais pour moi l'histoire romaine de ces temps se renferme dans ceci : Depuis l'expulsion des rois jusqu'à la réduction de l'Italie, au dedans lutte pour le triomphe des patriciens ou des plébéiens ; au dehors guerre pour la soumission de l'Italie. Depuis cette soumission jusqu'à la conquête de l'Afrique et de l'Asie, au dedans les plébéiens ont triomphé, plus de lutte; au dehors guerre pour la domination générale. Depuis cette domination jusqu'à l'extinction de la république, au dehors Rome commande, plus de guerre importante; au dedans guerres civiles pour un général, un consul, un dictateur. Le motif des guerres est le choc, les haines des ambitieux : où doit conduire ce système? Au triomphe de l'un d'eux, c'est-à-dire à l'empire. Voyons en détail ces événements, dont nous venons d'indiquer les sources.

### 40. **Préteur pérégrin** (*Prætor peregrinus*), et par opposition **Préteur urbain** (*Prætor urbanus*).

(An 488.) Une fois l'Italie attachée à Rome, les relations commerciales s'étendirent ; alors affluèrent dans la ville une multitude d'étrangers : ils y venaient comme dans leur métropole exercer les arts mécaniques et les professions mercantiles que le citoyen dédaignait; ils apportaient avec eux de nouveaux objets, de nouveaux besoins, de nouveaux contrats, de nouvelles contestations. C'est à cette époque qu'il faut rapporter, sans aucun doute, une magistrature nouvelle, celle du préteur des étrangers (*prætor peregrinus*). Le moment précis de sa création n'est pas connu. Il avait la juridiction dans les rapports des étrangers entre eux ou avec les Romains (*plerumque inter peregrinos jus dicebat; inter cives et peregrinos jus dicebat*). Il appliquait à ces étrangers, non les règles du droit civil, c'est-à-dire du droit propre aux seuls citoyens, mais celles du droit des gens, c'est-à-dire du droit applicable à tous les hommes. Le premier préteur prit le nom de préteur de la ville (*prætor urbanus*); sa dignité était supérieure à celle du préteur des étrangers; ainsi il avait des licteurs, tandis que l'autre n'en avait pas (1).

(De 490 à 608.) L'Italie soumise, les armes romaines se portèrent au dehors. Quelle était alors la situation des autres contrées? *En Europe* : dans le nord, les Gaules et la Germanie à peu près inconnues; dans les alentours de l'Italie, l'Illyrie aux habitants indigènes, la Sicile aux Carthaginois et au roi de Syracuse, la Sardaigne et les îles de la Méditerranée pour la plupart aux Carthaginois, la Macédoine aux successeurs d'Alexandre, la Grèce dont les villes formaient une espèce de ligue, enfin d'un autre côté l'Espagne aux Carthaginois sur le littoral, dans l'intérieur des terres aux indigènes. *En Afrique* : les Carthaginois, les Numides, les Égyptiens. *En Asie*, l'empire d'Alexandre, distribué de nouveau en divers royaumes. Sur ce tableau il est

(1) C'est postérieurement à la création du *prætor peregrinus*, que Pomponius place celle de quelques autres magistratures, telles que : les tribuns du trésor (*tribuni ærarii*), préposés à la comptabilité sous la surveillance des questeurs; les triumvirs des monnaies (*triumviri monetales*), chargés de faire battre les diverses pièces de cuivre, d'or ou d'argent (*æris, argenti, auri flatores*); les triumvirs capitaux (*triumviri capitales*), qui devaient surveiller les prisons (*qui carceris custodiam haberent*), et qui avaient peut-être aussi quelque juridiction criminelle; enfin les cinq officiers (*quinqueviri*) créés pour remplacer, par leur surveillance pendant la nuit, les magistrats qui, après le coucher du soleil, ne paraissaient plus en public revêtus du caractère de leurs dignités. (Dig., 1, 2, *de Orig. jur.*, 2, §§ 30 et 31 fr. Pomp.)

aisé de voir que les Carthaginois ayant le pouvoir le plus étendu parmi les nations d'alors, touchant à l'Italie par divers points, durent s'offrir les premiers pour rivaux. Le roi de Syracuse implore contre Carthage le secours des Romains; ces derniers saisissent l'occasion, la lutte commence en Sicile. Elle embrasse l'espace de plus d'un siècle, et ne cesse qu'à la ruine de Carthage. Les années de repos que se laissèrent les deux villes ennemies décomposent cette lutte en trois guerres puniques (1). De nouveaux spectacles apparaissent dans

---

(1) La première guerre punique comprend depuis l'année 490 jusqu'à 513. Ce fut alors que Régulus conduisit les légions auprès de Carthage où elles furent détruites par Xantippe, général emprunté à Lacédémone. La fermeté magnanime du Romain prisonnier, et député vers Rome, sera longtemps citée pour exemple. La guerre fut terminée après vingt-quatre ans par un combat naval où les Carthaginois perdirent plus de cent vaisseaux, et à la suite duquel ils accédèrent aux conditions qu'imposaient les Romains.

Entre la première et la deuxième guerre punique il y eut un intervalle de vingt-trois années, pendant lequel une grande partie de l'Illyrie fut soumise, et les Gaulois apparus de nouveau à quelques journées de Rome, furent de nouveau taillés en pièces.

La deuxième guerre punique commence en 536, et se termine en 558. Le passage d'Annibal à travers l'Espagne et la Gaule pour descendre tout à coup sur l'Italie, les funestes échecs éprouvés par les Romains jusqu'à la bataille de Cannes, l'apparition de généraux tels que Scipion le premier Africain, la diversion qu'il opère en se transportant en Afrique : tout cela jette sur ce passage de l'histoire romaine une vivacité et un intérêt toujours croissants. La guerre se termina par la bataille de Zama où luttait Annibal contre Scipion; ce dernier fut vainqueur, et Carthage reçut de Rome un traité plus dur encore que celui dont elle avait voulu secouer le joug.

Cinquante et un ans s'écoulèrent entre la deuxième et la troisième guerre punique; pendant ce temps s'élevèrent la première et la deuxième guerre macédonique, dans lesquelles furent vaincus : Philippe, dans la première; son fils Persée, dans la seconde.

La troisième guerre punique s'alluma en 604, et s'éteignit en 608 par la ruine et la destruction de Carthage sous les coups de Scipion, petit-fils du premier Africain, et surnommé le deuxième Africain. La même année se termina aussi la troisième guerre macédonique; Corinthe fut détruite dans la Grèce, Numance en Espagne, et l'Asie Mineure fut en partie subjuguée.

l'histoire des Romains ; les noms de flottes, de vaisseaux, de tempêtes, de naufrages se mêlent au récit de leurs défaites et de leurs victoires. L'issue des trois guerres puniques leur fut toujours avantageuse : ils ne posent les armes que lorsqu'ils peuvent dicter les conditions. La première guerre leur laissa la Sicile ; la seconde la Sicile, la Sardaigne et l'Espagne ; la troisième la Sicile, la Sardaigne, l'Espagne et les possessions de Carthage en Afrique. Dans l'intervalle qui sépare les guerres puniques, tandis que les Carthaginois se reposaient, les Romains avaient repoussé les Gaulois, pris la Gaule cisalpine, soumis l'Illyrie jusqu'au Danube, paru dans la Grèce. A côté des trois guerres puniques, se présentent comme des épisodes les trois guerres macédoniques, qui finissent par abandonner aux Romains la Macédoine contre laquelle ils avaient pris les armes, et la Grèce pour laquelle ils les avaient prises ; enfin, les guerres en Asie contre Antiochus leur donnent l'Asie Mineure qui touche à la Grèce. Toutes ces conquêtes s'achevèrent dans la même année : alors il ne resta plus de libre du joug romain que les contrées les plus éloignées et les moins connues, les Gaules transalpines, la Germanie, l'Égypte, tout le fond de l'Asie, les Thraces, les Parthes, les Indiens.

Dans cet espace de plus d'un siècle, rempli par les guerres que Rome soutient pour étendre sa domination, quelques institutions relatives au droit sont à remarquer : l'établissement des provinces, l'augmentation du nombre des préteurs, la création des proconsuls et des propréteurs, les consultations publiques des prudents, quelques autres magistrats, enfin l'abolition des actions de la loi.

### 41. Établissement des provinces.

Quelques-uns des pays nouveaux furent attachés au système politique de Rome par des traités d'alliance, mais la plupart furent réduits à la qualité de provinces; de ce nombre sont la Sicile (A. de R. 513), la Sardaigne (A. 526), la Gaule cisalpine, l'Illyrie, l'Espagne, l'Afrique carthaginoise (A. 608). Les provinces furent enchaînées sous la domination directe de Rome, gouvernées par des magistrats romains, assujetties à un impôt. Les habitants n'étaient point *citoyens*, mais *sujets*, *tributaires*. Du reste il y avait dans les diverses villes de la même province des différences assez nombreuses. La plupart étaient villes sujettes, celles-là payaient le tribut; d'autres villes municipales libres, celles-ci ne devaient aucun impôt; quelques-unes préfectures, elles étaient administrées par un préfet envoyé de Rome : c'était principalement lorsqu'on voulait punir une ville municipale ou une colonie qu'on la transformait en préfecture. On jeta aussi dans les provinces quelques colonies, soit romaines, soit latines, soit italiennes. Ces différences de qualité amenaient des différences dans le mode de gouvernement de chaque ville et dans l'étendue des droits accordés aux habitants; mais le tout était sous le pouvoir ou la surveillance générale du gouverneur.

### 42. Augmentation du nombre des préteurs.

Les provinces furent d'abord administrées par des magistrats que les comices de Rome nommaient spécialement pour cet emploi. Ces magistrats prirent le nom de préteurs : ce fut ainsi qu'en 527, outre les deux préteurs de Rome, on en créa deux nouveaux, l'un pour la Sicile, l'autre pour la Sardaigne; en 557, deux pour l'Espagne qu'on avait divisée en deux gouvernements. Il y avait donc alors six préteurs, dont quatre pour les provinces; mais le nombre de ces provinces s'étant accru, on adopta pour leur administration un autre système. Cette administration fut confiée aux consuls et aux préteurs qui sortaient de charge; leurs fonctions expiraient à Rome, ils allaient les continuer dans leur gouvernement sous le titre de proconsuls ou propréteurs (*pro consule*, *pro prætore*). Quant aux quatre préteurs créés primitivement pour les provinces, ils commencèrent à rester une année à Rome, où, sans avoir une juridiction spéciale, ils aidaient leurs collègues dans l'administration de la justice.

### 43. Proconsuls (*Proconsules*).

Lorsque Rome ne comptait encore, dans le même temps, qu'un ennemi et qu'une armée, les deux consuls suffisaient pour commander. Dès qu'on eut à combattre à la fois en Italie, en Sicile, en Espagne, en Afrique, il fallut plusieurs armées, plusieurs généraux. Alors le consul placé à la tête des légions, quand sa puissance consulaire expira, fut souvent continué par une loi curiate dans son commandement comme représentant le consul (*pro consule*). Ce fut ainsi que Scipion, le deuxième Africain, s'exerça, par dix ans de généralat, à la ruine de Carthage. Voilà l'origine première du proconsulat. Les guerres terminées apportèrent pour butin à Rome des provinces qu'il fallait gouverner et contenir, dans lesquelles on pouvait craindre des soulèvements, où par conséquent il fallait entretenir une armée; les proconsuls reçurent alors le gouvernement de ces provinces et le commandement de ces armées. Le titre qu'ils portaient prit donc une nouvelle acception et finit par désigner le gouverneur d'une province.

Le proconsul commandait d'une manière absolue dans son gouvernement; là, point de collègue, point de censeurs, point de tribuns, point de préteurs. L'armée, l'administration, la justice, tout était dans ses mains. Il se composait avec des citoyens une liste de récupérateurs qui l'assistaient dans les fonctions judiciaires. Il avait sous ses ordres un questeur, nommé par le peuple, chargé du trésor de la province, et quelques délégués qu'il choisissait lui-même, dont le sénat fixait seulement le nombre. Ces délégués (*legati proconsulis*, mots que l'on traduit par *lieutenants*) représentaient le gouverneur partout où celui-ci ne se trouvait pas; ils étaient précédés d'un licteur et exerçaient tous les pouvoirs que le proconsul leur avait remis. Les impôts n'étaient point retirés directement; on employait pour leur perception le mode le plus vicieux, celui des fermes. Comme il arrive toujours, les fermiers (*publicani*, publicains) pressuraient les tributaires et trouvaient le secret de doubler leurs impôts. Les chevaliers avaient eu l'art d'obtenir toujours ces fermages, et de les faire considérer en quelque sorte comme attachés à leur ordre.

### 44. Propréteurs (*Proprætores*).

Les provinces étaient les unes consulaires, les autres prétoriennes : les premières étaient celles où il était nécessaire d'entretenir une armée, on les confiait ordinairement aux consuls sortants; les secondes, celles où quelques troupes suffisaient, elles étaient données aux préteurs. Mais ce n'étaient que des causes variables, comme l'état du pays, sa position par rapport au siége actuel de la guerre, qui déterminaient le sénat à considérer telle province comme consulaire ou comme prétorienne. Aussi cette qualité pouvait-elle changer d'une année à l'autre. Les provinces prétoriennes avaient, comme les consulaires, un questeur, des lieutenants et des publicains.

Les proconsuls et les propréteurs, en règle générale, ne recevaient leurs pouvoirs que pour une année; au sortir de leur gestion, ils devaient rendre leurs comptes au sénat; mais on les voit presque toujours, dans l'histoire, ne présenter que des comptes illusoires, se maintenir par l'intrigue ou par la force dans leur charge, s'unir aux lieutenants, aux questeurs et aux publicains pour épuiser la province par leurs dilapidations et l'écraser par leur arbitraire.

**45. Consultations publiques des jurisconsultes** (*Responsa prudentum*).

C'est une chose assurément très-remarquable, que l'importance dont paraissent jouir, dans la république, dès les premiers temps de l'histoire romaine, les citoyens qui s'étaient voués à l'étude pratique du droit, et qui dirigeaient les plaideurs par leurs conseils. Le caractère juridique et processif des premiers Romains se révèle encore ici d'une manière incontestable. Ce sont les patriciens d'abord, qui, seuls initiés aux mystères du droit civil, des actions et des fastes, avaient le privilége de cette direction. Assis dans son *atrium*, entouré de ses clients et de ceux qui viennent le consulter, il donne sa réponse, comme une sorte d'oracle. Autour de celui qui s'est acquis le plus grand renom, se presse la plus grande foule. Il en est un parmi eux, G. Scipion Nasica, à qui le Sénat avait même donné, aux frais du public, une maison sur la Voie sacrée, pour qu'il pût être consulté plus facilement (1). Dans le temps de ce monopole patricien, ce n'était pas, de leur part, une divulgation, une profession publique de la doctrine : ils songeaient plutôt, dit Pomponius, à retenir le droit civil sous le secret, vaquant uniquement à donner des réponses aux consultants, plutôt qu'à livrer leur enseignement à quiconque aurait voulu le recevoir (2).

Mais après la publication des XII tables, puis la divulgation des fastes et des actions, après surtout l'éga-

(1) Dig., 1, 2, *de Origin. jur.* 2. § 37 fr. Pomp.

(2) « Vel in latenti Jus civile retinere cogitabant, solumque consultatoribus [vacare] potius, quam discere volentibus se præstabant. » *Ibid.*, § 35.

lité politique conquise progressivement par les plébéiens, on sortit de ce mystère. L'étude et la pratique du droit civil, comme les honneurs et les magistratures de la république, s'ouvrirent aux plébéiens. Alors cette profession publique des jurisconsultes prit un caractère plus libéral. Ce ne furent plus uniquement des consultations à des plaideurs, mais un enseignement patent, ouvert à tous. Tiberius Coruncanius, le premier plébéien parvenu à la dignité de grand pontife, fut aussi le premier qui se mit à professer le droit. Il mourut en l'an 509 de Rome. Plusieurs autres, après lui, imitèrent l'exemple qu'il avait donné.

Tels furent, dans le principe, ces *jurisconsulti*, ou simplement *consulti*, *jurisperiti* ou *periti*, *jurisprudentes* ou *prudentes*, dont la doctrine, par le crédit dont ils étaient honorés et par la force de la coutume, vint prendre place au nombre des parties du droit, sous la désignation commune de droit civil (*jus civile*) (1). De jeunes disciples entouraient ces jurisprudents, les suivaient au Forum, recueillaient les réponses qu'ils faisaient aux plaideurs, et se disposaient ainsi à la carrière qu'ils parcourraient un jour. Les leçons qu'ils recevaient ne développaient point à leur esprit une science dans un ensemble systématique et bien coordonné; mais elles formaient une collection de décisions diverses, auxquelles ils ajoutaient, pour compléter leur instruction, l'étude des XII tables qu'ils apprenaient par cœur. Les réponses des prudents, *responsa prudentum*, ainsi recueillies, guidèrent les plaideurs, quelquefois même les magistrats ou les juges; leur autorité s'accrut chaque jour; elles réglèrent les cas nouveaux, et devenant

(1) Dig., 1, 2, *de Origin. jur.*, 2, § 5 fr. Pomp. « Hæc disputatio, et hoc jus, quod sine scripto venit, compositum a Prudentibus, propria parte aliqua non appellatur, ut cæteræ partes Juris suis nominibus designantur, datis propriis nominibus cæteris partibus : sed, communi nomine, appellatur *Jus civile*. »

obligatoires par l'usage, elles s'incorporèrent dans la législation comme une source du droit non écrit. A mesure que cette science du droit civil et cette profession de jurisprudents se vulgarisaient, les rapports de l'ancienne clientèle, affaiblis par l'accroissement incessant des plébéiens nouveaux qui n'y avaient jamais été soumis, et par l'émancipation politique de toute la plèbe, devenaient de plus en plus inutiles. Ainsi, la clientèle antique, cet asservissement légal politique tout particulier, disparaissait de jour en jour, faisant place à une clientèle toute nouvelle, de fait plutôt que de droit, de puissance, de savoir et de crédit plutôt que de race.

Rien, selon nous, dans cette période, n'indique que les jurisprudents fussent publiquement salariés pour donner leurs réponses ou pour émettre leur doctrine, et que ces mots *publice respondere*, *publice profiteri*, doivent être traduits par *répondre*, ou *professer aux frais du public*. Ce sens, qui pourrait sans doute leur appartenir grammaticalement, est repoussé par les indications mêmes de Pomponius, qui applique évidemment le mot *publice*, non à un salaire quelconque, mais à la publicité des réponses et de la doctrine, par opposition au secret dans lequel se renfermèrent les premiers jurisconsultes; et qui nous dit d'ailleurs, qu'on n'avait à demander à personne le droit de répondre ainsi publiquement, mais que quiconque se sentait confiant en ses études et en son savoir, était libre de le faire (1).

---

(1) « Ante tempora Augusti publice respondendi jus non a principibus dabatur : sed qui fiduciam studiorum suorum habebant, consulentibus respondebant. » Dig., 1, 2, *de Origin. jur.*, § 47 fr. Pomp.

Pomponius, dans le précis historique qu'il nous a laissé, après avoir exposé l'origine et le progrès des lois et des autres sources du droit romain (*Juris originem atque processum*, §§ 1 et suiv.), ensuite des diverses

**46. Nouvelle publication sur les actions de la loi** (*Jus Ælianum*, ou *Tripertita*).

Parmi les jurisconsultes de ces temps, il faut distinguer Sextus Ælius (édile curule en 553, consul en 555, censeur ensuite), qu'Ennius lui-même a loué. « *Sextum Ælium etiam Ennius laudavit*, » dit Pomponius, en faisant allusion à ces paroles du vieux poëte :

« Egregie cordatus homo Catus Ælius Sextus. »

Sextus Ælius composa un ouvrage, qui fut nommé *Tripertita* parce qu'il contenait trois parties : d'abord la loi des XII tables; ensuite son interprétation; et, en troisième lieu, les actions de la loi (1). Suivant une version, dénuée cependant de preuves précises, les pontifes et les jurisconsultes patriciens, après que les formules des actions de la loi eurent été divulguées par Flavius, en auraient imaginé de nouvelles, qu'ils auraient eu la précaution d'écrire avec de simples signes ou initiales abréviatives (*per siglas expressæ*) (2), et le livre de Sextus Ælius serait une nouvelle divulgation de ce nouveau secret. Pomponius ne dit rien de cela. Il rapporte seulement la publication des *Tripertita*, où se trouvaient, en dernier lieu, les actions de la loi; ajoutant, ailleurs, que Sextus Ælius avait composé lui-même, de son chef, quelques nouvelles formules, pour des cas où elles manquaient. Il est peu probable, en effet, que depuis l'admission des plébéiens dans les magistratures, dans le pontificat, dans l'étude du droit civil, depuis

---

magistratures (*quod ad magistratus attinet*, §§ 14 et suiv.), passe à la biographie des principaux jurisconsultes (§§ 35 et suiv.).

(1) Dig., 1, 2, *de Origin. jur.*, 2, § 38 fr. Pomp.

(2) On s'appuie sur ce passage de Cicéron, qui dit, en parlant des patriciens, après la publication des fastes et des actions par Flavius : « Itaque irati illi, quod sunt veriti, ne dierum ratione pervulgata et cognita, sine sua opera lege posset agi, *notas* quasdam composuerunt, ut omnibus in rebus ipsi interessent. » Cicer., *pro Muren*, § 11. — Voir aussi Festus, au mot *Nota*.

surtout l'enseignement public ouvert par Tibérius Coruncanius et continué après lui, les formules des actions de la loi, quand bien même elles auraient été renouvelées, fussent encore restées un mystère. Le livre de Sextus Ælius avait aussi reçu le nom de *Jus Ælianum* (1).

**47. Discrédit graduel des actions de la loi. — Création d'une cinquième action (la *condictio* : loi Silia et loi Calpurnia). — Suppression partielle de ces actions (loi Æbutia).**

Les actions de la loi portaient, au plus haut degré, la marque propre aux actes juridiques des civilisations en enfance : des actes, des gestes extérieurs qui matérialisent, pour ainsi dire, la pensée, et qui la rendent visible à l'aide d'un vêtement corporel ; des symboles physiques, des pantomimes en action, qui sont la représentation des objets, ou celle des actes violents d'une époque plus barbare encore ; enfin des formules austères, longtemps mystérieuses, dont les moindres termes sont consacrés. De pareilles institutions durent éprouver nécessairement les vicissitudes qu'amène avec elle la marche de la civilisation. Leur caractère sacerdotal, patricien, symbolique et sacramentellement périlleux, devint, par l'effet du temps, de plus en plus en désaccord avec les mœurs et la constitution sociale qui changeaient. Par-dessus tout, c'était, pour la plèbe romaine, le vestige d'un asservissement contre lequel on avait tant lutté. Tout tendait donc à les frapper d'un discrédit croissant. Si l'on observe, avec un peu de suite, la marche des événements sur ce point, on les verra concourir graduellement à la décadence de ces actions.

Flavius, en divulguant leurs formules, Coruncanius, et d'autres plébéiens après lui, en professant publiquement le droit, Sextus Ælius, en donnant au peuple

(1) « Quia deerant quædam genera agendi.... Sextus Ælius alias actiones composuit, et librum populo dedit qui appellatur *Jus Ælianum* » Dig., 1, 2, *de Origin. jur.*, 2, § 7 fr. Pomp.

son livre terminé par les actions de la loi, avaient fait descendre ces actions de leur sphère mystérieuse et pontificale. On pouvait les connaître et les juger.

L'action *sacramenti*, la plus antique de toutes, la véritable action de la loi originaire, pour tous les procès quelconques à faire juger, était, sans contredit, la plus grossière et la plus rigoureuse dans ses symboles et dans ses gestes matériels, dans ses paroles sacramentelles, enfin dans la consignation préalable qu'elle exigeait entre les mains du pontife. Déjà, et avant même les XII tables, la *judicis postulatio*, seconde action de la loi pour faire juger une contestation, avait été une simplification de procédure, une suppression de la nécessité du *sacramentum*, pour des cas où l'utilité d'une moindre rigueur avait été reconnue. Nous attribuons le même caractère à la création d'une cinquième action de la loi, la *condictio*, que la loi Silia introduisit d'abord pour la poursuite seulement des obligations de sommes certaines (*certæ pecuniæ*), et que la loi Calpurnia étendit ensuite aux obligations de toute chose certaine (*de omni certa re*) (1). La date précise de ces lois n'est pas connue; on les place, par conjecture, la première en l'an 510, la seconde en l'an 520 de Rome. Elles sont bien près de l'époque où les actions de la loi seront presque totalement supprimées. Nous n'avons pas beaucoup de détails sur les formes de la *condictio* : nous savons seulement qu'elle était ainsi nommée, parce que le demandeur dénonçait (*denuntiabat*, *condicebat*) à son adversaire, qu'il eût à se trouver dans trente jours devant le magistrat, pour recevoir un juge (2). Mais cela suffit pour rendre évident qu'on se sépare ici du symbole et des actes matériels du *sacramentum*, qu'on

---

(1) Gai., *Instit.*, IV, § 19.

(2) « Et hæc quidem actio proprie condictio vocabatur : nam actor adversario denuntiabat, ut ad judicem capiendum die XXX adesset. » *Ibid.*

arrive à des idées et à des procédés plus simples ; en un mot, qu'il y a encore là une abrogation partielle de cette vieille action du *sacramentum* et de ses subtilités : d'abord pour le cas qui offre le plus de précision, l'obligation d'une somme déterminée, et ensuite pour celle de toute chose certaine (1).

Enfin, à peu de distance de ces temps, vers la fin du sixième siècle, le discrédit et la haine populaire portant sur le système lui-même des actions de la loi, la suppression générale de ces actions a lieu, sinon complétement, du moins en principe : ce qui en reste n'est plus maintenu qu'à titre d'exception, et un nouveau système de procédure est introduit. Tel est l'événement auquel faisait allusion un passage d'Aulu-Gelle depuis longtemps en nos mains, mais incompris, et que le manuscrit de Gaius est venu nous révéler clairement en ces termes : « *Sed istæ omnes legis actiones » paulatim in odium venerunt, namque ex nimia subti- » litate veterum, qui tunc jura condiderunt, eo res per- » ducta est ut vel qui minimum errasset, litem perderet. » Itaque per legem* ÆBUTIAM *et duas* JULIAS *sublatæ sunt » istæ legis actiones, effectumque est ut per conceptæ » verba, id est per formulas, litigaremus* (2). »

L'étendue des dispositions de la loi ÆBUTIA, quant à la suppression des actions de la loi, ne nous est pas bien connue, car c'est à cette loi, concurremment avec deux lois JULIÆ, que Gaius attribue cette suppression,

---

(1) C'est ainsi que nous paraît s'expliquer, par l'ensemble des faits, et par le rapprochement des dates, cette création de la *condictio*, dont Gaius nous dit qu'on cherchait déjà de son temps le motif. La loi SILIA et la loi CALPURNIA sont des avant-coureurs de la loi ÆBUTIA.

(2) GAI., *Instit.* IV, § 30.— AUL. GELL., *Noct. Attic.*, XVI, § 10. « Sed enim quum proletarii, et assidui, et sanates, et vades, et subvades, et vigintiquinque asses, et taliones, furtorumque quæstio cum lance et licio evanuerint, omnisque illa XII Tabularum antiquitas, nisi in legis actionibus centumviralium causarum lege ÆBUTIA lata, consopita sit. »

sans nous dire quelle fut la part de chacune. Si l'on se reporte aux paroles d'Aulu-Gelle que nous venons de citer, on sera porté à croire que l'abrogation, surtout quant aux actions de la loi relatives aux jugements des procès, fut l'œuvre de la loi ÆBUTIA, et que les deux lois JULIÆ, venues bien postérieurement, pour fixer et réglementer divers points importants de la nouvelle procédure, confirmèrent et complétèrent par là la loi ÆBUTIA. Quoi qu'il en soit, la procédure par action de la loi fut conservée dans deux cas : parmi lesquels se range en première ligne, celui où le procès devait être porté devant les centumvirs (1). Ce tribunal éminemment quiritaire, fourni par les tribus, devait rester, en effet, sous la procédure quiritaire du *sacramentum*.

La date de la loi ÆBUTIA ne nous est pas plus exactement connue que l'étendue de ses dispositions. Ni Gaius, ni Aulu-Gelle ne nous l'indiquent. On est réduit à chercher dans l'histoire romaine les années où se trouvent des tribuns du nom d'Æbutius, et l'on a à choisir entre les années 520, 577, 583. C'est communément la première, l'année 520, à laquelle on s'arrête; néanmoins c'est l'opinion qui me paraît la moins admissible. Le seul rapprochement des dates : 1° de la loi SILIA, qui crée la *condictio*, par conjecture en 510; 2° de la loi CALPURNIA, qui étend cette *condictio*, par conjecture en 520; 3° du *Jus Ælianum*, de Sextus Ælius, qui publie les actions de la loi et y ajoute quelque chose de son chef, en 552; 4° enfin de la loi FURIA *testamentaria*, qui faisait, d'après Gaius, une nouvelle application à un cas nouveau, de l'action de la loi *manûs injectio*,

(1) GAI., *Instit.*, IV, § 31. — Le second cas était celui dans lequel on agissait pour se faire prémunir contre le dommage dont on était menacé par un édifice voisin (*propter damnum infectum*); mais l'action de la loi n'était ici que facultative, et elle resta bientôt sans pratique, l'édit du préteur ayant fourni un moyen plus commode et qui était préféré.

par conjecture en 571 (1), le seul rapprochement de ces dates doit suffire, pour faire rejeter l'année 520 comme étant celle de la loi ÆBUTIA, et pour faire préférer l'une des deux années 577 ou 583 (2).

Quant aux deux lois JULIÆ, nous sommes embarrassés aussi pour les préciser exactement. L'une est généralement reconnue pour la loi d'Auguste, sur la procédure dans les affaires privées, *lex* JULIA *judiciaria privatorum*, par conjecture en 729 de Rome; dans l'autre, on peut voir soit la loi d'Auguste sur la procédure en matière criminelle *lex* JULIA *judiciaria publicorum*, soit une loi judiciaire de Jules César, *lex* JULIA (*Cæsaris*) *judiciaria*, par conjecture en 708 de Rome. Ces lois, postérieures de plus d'un siècle à la loi ÆBUTIA, n'appartiennent pas à l'époque que nous examinons ici.

### 48. Procédure formulaire (*per formulas*, ou *ordinaria judicia*).— Procédure extraordinaire (*extraordinaria judicia*).

Le système des actions de la loi ainsi abrogé, est remplacé par celui des formules. C'est la seconde phase de la procédure romaine. Ce système de la procédure par formules, est incontestablement le plus ingénieux, et

(1) GAI., *Instit.*, IV, § 23. Il est vrai qu'on pourrait objecter contre cette dernière observation : 1° Qu'il n'est pas étonnant que la loi FURIA *testamentaria*, pour un cas où il s'agit de legs, ait fait une nouvelle application de l'action de la loi *manûs injectio*, à une époque où ces actions étaient déjà supprimées : parce quelles étaient conservées encore dans les causes soumises aux centumvirs, parmi lesquelles se rangent les causes testamentaires; 2° Que suivant une conjecture appuyée sur divers passages de Cicéron, les actions de la loi qui n'étaient que des procédures d'exécution, c'est-à-dire la *manûs injectio* et la *pignoris capio*, n'avaient pas été abrogées par la loi ÆBUTIA. Mais qu'on lise le commentaire de Gaius au passage que nous indiquons, et il ne sera pas difficile de voir qu'il parle de la loi ÆBUTIA, comme étant postérieure à la loi FURIA.

(2) Il y a sans doute bien des incertitudes sur toutes ces dates; mais ce

le plus utile à méditer, même pour le publiciste moderne. Il ne se produit pas dès l'abord tout arrêté, tout complet, de pied en cap; mais il se perfectionne et se développe de jour en jour et constamment. C'est l'œuvre incessante du droit prétorien et de la jurisprudence philosophique, c'est l'administration de la justice qui, de la domination patricienne, passe dans la science; c'est le génie juridique de Rome qui se transforme : de patricien et de quiritaire qu'il était, il devient plébéien et humanitaire; c'est la plèbe qui s'affranchit, c'est l'étranger qui participe à la justice romaine! Il y a là toute une révolution.

Il ne faut pas confondre les formules dont il s'agit ici, avec celles qui devaient être prononcées par les parties dans les actions de la loi. Les pantomimes, les gestes, les objets symboliques, et les paroles sacramentelles de ces actions disparaissent. L'idée mère, l'idée toute simple du nouveau système, c'est que le magistrat, après avoir entendu les parties devant lui (*in jure*), organise l'instance en leur délivrant une formule, par laquelle il constitue le juge, il précise les prétentions des parties que ce juge aura à vérifier ou à apprécier, soit en fait, soit en droit, et enfin il l'investit, plus ou moins largement, de ses pouvoirs.

L'étude des parties dont se compose la formule et de leurs diverses conceptions est la clef du système. En tête

---

qui me paraît singulier, c'est que les chronologies qui placent à l'an 512 la création des centumvirs, à l'an 510 la loi SILIA, à l'an 520 la loi CALPURNIA, à l'an 552 le *Jus Ælianum*, soient précisément celles qui adoptent l'an 520 pour la date de la loi ÆBUTIA. De telle sorte que la création des centumvirs n'aurait précédé que de huit ans la suppression des actions de la loi; la cinquième action de la loi, la *condictio*, n'aurait été créée que dix ans avant d'être supprimée; elle aurait été étendue à toute chose certaine, précisément au moment de sa suppression; enfin la publication des actions de la loi par Sextus Ælius aurait eu lieu quand ces actions étaient abrogées.

se trouve toujours l'institution du juge : JUDEX ESTO. On compte, en outre, comme pouvant se présenter dans la formule, quatre parties principales (*partes*).

1° Celle qui énonce, par indication affirmative, le point non contesté des faits du litige; qui montre, en quelque sorte, ce dont il s'agit; par exemple : « QUOD AULUS AGERIUS NUMERIO NEGIDIO HOMINEM VENDIDIT, » nommée en conséquence, *Demonstratio*. C'est un élément qui peut ne pas se rencontrer dans la formule; car il pourrait se faire que tous les faits concluants fussent contestés, et par conséquent mis en question.

2° Celle qui précise la prétention du demandeur, tant en faits contestés qu'en droit, que le juge aura à vérifier : « SI PARET... etc., s'il apparaît que... etc. » On la nomme *Intentio* (de *in* et *tendere*, tendre à; d'où nos locutions françaises, intention, prétention). C'est l'élément vital de la formule; il ne peut jamais y manquer.

3° Celle qui donne au juge, pouvoir, ordre, de condamner ou d'absoudre, selon le résultat de sa vérification, en lui fixant, avec plus ou moins de latitude, la condamnation : « ... CONDEMNATO; SI NON PARET ABSOLVITO. » Elle se nomme *Condemnatio*. Toute condamnation est pécuniaire. Le juge, quel que soit l'objet du procès, ne peut jamais condamner qu'à une somme d'argent. C'est là un principe capital, caractéristique. Les procédés qui servaient à en éviter les inconvénients dans un grand nombre de cas, sont ingénieux et dignes d'attention.

4° Enfin la quatrième, qui ne se trouve qu'accidentellement (dans trois formules d'action seulement, les actions en partage d'hérédité, en partage d'une chose commune, ou en bornage), et qu'on nomme l'*Adjudicatio*, par laquelle le magistrat confère au juge, indépendamment du pouvoir de condamner ou d'absoudre, celui d'attribuer aux parties, selon qu'il sera nécessaire, la propriété des choses objet du litige :

« QUANTUM ADJUDICARE OPORTET, JUDEX TITIO ADJUDICATO(1). »

Dans ce système de procédure, le mot action change notablement de sens. Il désigne le droit conféré par le magistrat, dans chaque cause, de poursuivre devant le juge ce qui est réclamé; ou bien, par une figure de langage, la formule elle-même qui confère ou réglemente ce droit; ou bien encore l'instance devant le juge, qui est organisée par cette formule. *Actio, formula, judicium*, sont pris souvent comme synonymes.

Au fond, ce système n'est autre chose que le moyen ingénieux de constituer un jury en matière civile. Il faut partir de ce principe que le juge n'est pas un magistrat, mais simplement un citoyen; qu'il n'a, par conséquent, pas d'autres attributions que celles qui lui sont conférées par le magistrat : hors des termes de la formule, il est sans pouvoir. La rédaction des formules est donc le point capital de la procédure. La science juridique y met tous ses soins et y travaille sans cesse. Les jurisconsultes les plus renommés sont consultés par le magistrat (2). L'analyse et l'enchaînement des parties; la concision et la rectitude des termes y sont admirables.

Chaque droit, pour peu qu'il demande une nuance spéciale, est prévu; car chaque droit a besoin de la formule de son action. Les formules sont rédigées à l'avance, incorporées dans la jurisprudence, inscrites sur l'album et exposées au public (3). Le demandeur, devant le tribunal du magistrat (*in jure*), désigne celle qu'il demande. Les éléments en sont débattus entre les parties, la formule accommodée au cas particulier, et enfin délivrée par le préteur (*postulatio*, *impetratio*

---

(1) GAI., *Instit.*, IV, §§ 39 et suiv.

(2) VALER. MAX., VIII, § 2.

(3) GAI., *Instit.*, IV, § 47. — CICER., *pro Rosc.*, 8.

*formulæ, vel actionis, vel judicii*) (1). Ensuite le juge, appréciateur du fait ou du droit, selon le cas, entend les parties, fait les vérifications convenables, résout le problème qui lui a été posé, et rend sa sentence (*sententia*), dans la limite des pouvoirs que lui confère la formule.

Comment un pareil système, un système si remarquable, substitué, par suite de la loi ÆBUTIA, au régime des actions de la loi, a-t-il été créé? Aurait-il été improvisé, tout d'un coup, à cette époque, ou doit-on chercher ses racines plus avant? C'est un point érigé en doute, que de savoir si déjà, même sous le système des actions de la loi, quelque chose de semblable n'existait pas : c'est-à-dire si le magistrat, après que le rite sacramentel de l'action de la loi avait été accompli devant lui, en renvoyant les parties devant un juge, ne leur donnait pas une formule qui précisât la mission et les pouvoirs de ce juge. De telle sorte, que l'innovation de la loi ÆBUTIA aurait été toute simple : il n'y aurait eu qu'une chose à faire, supprimer le rituel de l'action de la loi : le surplus de la procédure restait, et devenait, naturellement, la procédure formulaire. Je me range à l'avis de ceux qui pensent qu'il n'en était pas ainsi; c'est-à-dire que les actions de la loi n'étaient pas suivies de la dation d'une formule organisatrice de l'instance.

Cependant le nouveau système, à l'époque où la loi ÆBUTIA le sanctionna, n'en existait pas moins, en germe, depuis plus d'un demi-siècle; et il n'en avait pas moins été enté, dans son principe, sur une déduction éloignée des actions de la loi. En effet, c'est au préteur pérégrin que l'on doit, selon nous, rapporter tout l'honneur de ces premiers germes. Chargé de la juridiction dans les affaires entre étrangers ou entre citoyens et étrangers, il ne pouvait être question devant

(1) CICER., *Part. Orat.*, 28. — *pro Cæcin.*, 3. — *de Invent.*, 19. — *in Verr.*, IV, 66.

lui d'actions de la loi, procédure éminemment quiritaire. Il dut y suppléer, en conséquence, par des formes plus simples, plus rationnelles. Et comme il s'agissait de relations auxquelles le droit civil restait étranger; où tout, pour ainsi dire, était à créer, à régler par le magistrat, ce magistrat intervenait plus directement; il indiquait, par son édit, dans quels cas il donnerait action; et il donnait cette action lui-même, en précisant au juge sa mission. La formule, en quelques-unes de ses parties, était d'ailleurs une dérivation simplifiée de ce qu'il y avait d'important et de principal dans les actions de la loi. La *demonstratio*, qui indiquait l'objet du litige, remplaçait d'une manière purement spirituelle ces pantomimes, gestes, apports d'objets ou de vestiges symboliques, qui avaient pour but de faire matériellement cette démonstration dans l'action de la loi. Et l'on peut remarquer que l'*intentio*, qui indiquait la prétention du demandeur, était calquée assez évidemment sur les paroles mêmes prononcées par le demandeur dans l'action de la loi. « HUNC EGO HOMINEM EX JURE QUIRITIUM MEUM ESSE AIO, » disait, par exemple, le demandeur dans le *sacramentum* en matière réelle, en imposant la lance, la *vindicta*, sur l'homme qu'il réclamait (1) : « SI PARET HOMINEM EX JURE QUIRITIUM AULI AGERII ESSE, » dit le préteur dans sa formule de l'action réelle (2). Ce sont les mêmes idées, matérialisées dans l'action de la loi, spiritualisées dans la formule du préteur.

Ainsi avait procédé le préteur pérégrin, pour accommoder les formes à sa juridiction tout exceptionnelle; ainsi avait-il graduellement créé et perfectionné ce système. Rome voyait cette procédure se pratiquer pour les pérégrins depuis quatre-vingts ans peut-être, les citoyens avaient fini par l'envier, et la haine populaire

(1) GAI., *Instit.* IV, § 19.
(2) *Ibid.*, § 41.

par tomber généralement sur les actions de la loi ; lorsque la loi Æbutia vint y donner satisfaction.

Du reste, ce changement de procédure ne change rien au système quant au magistrat, ou aux citoyens chargés de juger. Ces derniers sont toujours, ou juges proprement dits, ou arbitres, ou récupérateurs ; et l'ordre du Sénat, à l'époque où nous sommes ici, a seul encore le privilége de fournir les juges.

Quelquefois le magistrat, au lieu de renvoyer la cause devant un juge, statue lui-même par son pouvoir de juridiction. Certaines affaires sont même toujours, par leur nature, décidées ainsi. On appelle cette forme de procéder : *extra ordinem cognoscere ; extra ordinem cognitio* ; d'où la dénomination de, procédure extraordinaire (*extraordinaria judicia*), par opposition à la procédure ordinaire par formules (*ordinaria judicia*).

**49. Introduction de la philosophie, et notamment du stoïcisme. — Son influence sur la jurisprudence.**

Pendant que les jurisconsultes donnaient à Rome des consultations publiques, une nouvelle classe d'hommes s'était glissée, celle des rhéteurs et des philosophes. Ce fut, au dire de Suétone, un député de la Grèce qui, dans l'intervalle de la seconde à la troisième guerre punique, s'étant cassé la jambe, pendant sa convalescence se forma un auditoire et se mit à professer publiquement la philosophie. Des écoles semblables s'ouvrirent bientôt (1). Plus tard (en 604) trois députés d'Athènes, Diogène, Critolaüs, Carneades, attirèrent

(1) Ces rhéteurs et leurs écoles furent réprouvés par le sénat et par les censeurs. Suétone nous transmet là-dessus deux actes qu'on verra peut-être avec intérêt : « Sous le consulat de......., le sénat, au rapport de » Marcus Pomponius, préteur, d'après ce qui a été dit sur les philosophes » et les rhéteurs, a décrété que M Pomponius y prît garde, et que dans » l'intérêt de la république il ne souffrît pas ces hommes dans la ville. » Le deuxième acte est une déclaration des censeurs : « E. Domitius Æno-

par leur éloquence l'attention des Romains. Ce dernier soutint un jour l'existence de la justice et le lendemain prouva qu'elle n'était qu'un mot; aussi le rigide Caton demandait-il qu'on renvoyât bien vîte de tels ambassadeurs. Les principes des stoïciens s'élevèrent à côté de ceux d'Épicure. Le stoïcisme surtout, qui paraissait taillé exprès pour des âmes romaines, se propagea solidement et d'une manière durable. Il devint la foi philosophique des esprits élevés et fortement trempés, tandis que l'épicurisme recrutait ailleurs ses partisans. Il pénétra profondément la jurisprudence, apportant le principe du droit fondé sur la raison, sur la notion austère et morale du juste, plutôt que sur le commandement. Il contribua puissamment à la décadence du droit quiritaire, et à la création scientifique du droit philosophique qui lui fut ingénieusement substitué. Ce fut à la fois par les préceptes et par la méthode qu'il influa sur la jurisprudence.

Arrêtons ici nos réflexions sur le siècle écoulé et regardons le siècle qui va suivre. Nous sommes parvenus au point où les historiens marquent la décadence rapide des mœurs, où toutes les institutions de la république s'écroulèrent. Les suffrages des comices furent achetés, les jugements vendus, la censure anéantie ou dégradée, la dictature perpétuelle, les provinces pillées. On vit des richesses énormes s'amonceler dans les mains

---

» barbus et L. Licinius Crassus, censeurs, ont déclaré ce qui suit : Nous » avons appris que des hommes, sous le nom de rhéteurs latins, ont établi » de nouvelles écoles, que les jeunes gens affluent auprès d'eux, qu'ils » y passent des journées entières. Nos ancêtres ont réglé ce que les enfants doivent apprendre et les écoles qu'ils doivent suivre; nous désapprouvons ces nouveautés contraires aux anciens usages, et nous les » croyons mauvaises; ainsi nous faisons connaître notre décision à ceux » qui tiennent ces écoles et à ceux qui les fréquentent : cela nous déplaît. » SUET., *de claris rhetoribus.*

d'un seul citoyen, un luxe effréné fut étalé, les armées appartinrent à leurs généraux et non à Rome, le sang des Romains coula, et tout cela finit par le pouvoir absolu.

**50. Séditions des Gracques** (*Grachanæ*). — **Lois agraires** (*Leges agrariæ*).

(An 621.) Les Gracques furent de terribles adversaires pour l'aristocratie sénatoriale de race ou de fortune, qui dominait maintenant la plèbe, non plus par les anciens priviléges de caste, mais par la suprématie écrasante des richesses. Élèves de la philosophie stoïcienne, tribuns démocratiques, agitateurs de la plèbe, défendant, au besoin, leur candidature électorale ou leur proposition de lois, par l'émeute et par le fer, ils y périrent tous les deux; et leurs tentatives de réforme sont restées dans l'histoire sous le nom de séditions.

Ces champs conquis, qui étaient réservés comme chose publique, hors de la propriété privée, sous le titre de *ager publicus* (ci-dessus, page 64), ces champs augmentés prodigieusement et d'une manière incessante par les armes romaines, et qui auraient dû être exploités, affermés au nom et au profit de l'État, ces champs avaient été dès le principe, et toujours de plus en plus, usurpés, d'abord par la caste patricienne, ensuite par les familles sénatoriales, par les familles riches et puissantes.

Ils n'en pouvaient avoir la propriété, puisque c'était là un domaine de la république; mais sous le titre de possessions (*possessiones*), ils en disposaient comme d'un patrimoine, ils le transmettaient héréditairement, s'affranchissant à la longue de toute espèce de redevance ou de fermage envers le trésor (*vectigal*), ne payant aucun impôt à cause de la nature publique de ces terres, et jetant là-dessus, pour les exploiter, des bras serviles, de nombreux troupeaux d'esclaves, que les guerres leur fournissaient aussi, et qui ne devaient aucun service à la république. La longue possession de ces biens, les ventes et les diverses mutations qui en étaient faites, formaient comme autant de titres pour ceux à qui ils étaient successivement transmis; et chaque fois qu'on voulait revenir contre un pareil état de choses, les possesseurs actuels criaient à la spoliation.

Voilà le sujet perpétuel des lois agraires, qui ont été et qui sont encore si méconnues lorsqu'on les présente comme appliquées à la propriété privée. Plus d'une fois, dans le cours de la république, des tentatives ont été faites, des lois ont été proposées pour apporter un remède au mal, pour limiter l'abus de ces possessions, pour les faire restituer à l'État, pour en demander le partage commun entre les citoyens; alors se soulevait la plèbe, s'ameutaient et s'agitaient les prolétaires, réclamant à grands cris une part de ce qu'ils appelaient leurs propriétés usurpées. Déjà, à diverses reprises, depuis le roi de la plèbe, Servius Tullius, et plus d'une fois après lui, diverses distributions de quelques portions de l'*ager publicus* avaient été faites au peuple. Déjà, surtout, la loi Licinia *agraria*, présentée et poursuivie pendant si longtemps, avec tant de persévérance, par les tribuns C. Licinius Stolo et L. Sextius, adoptée en 387 de Rome, avait défendu que nul ne pût posséder plus de cinq cents *jugera* de l'*ager publicus*, et avait fait opérer le partage du surplus. Loi mal observée dans ses défenses, violée, dès son principe, à ce que dit l'histoire, par celui même qui avait été son promoteur et qui lui avait donné son nom (1). Les anciens accaparements avaient repris vigueur; la conquête de toute l'Italie et ensuite des provinces leur avait ouvert un nouveau et vaste ter-

(1) C. Licinius Stolo fut condamné à une amende de 10,000 as, pour avoir possédé jusqu'à mille *jugera* de l'*ager publicus*, en contravention à sa propre loi.

ritoire; le mal était à son comble, lorsque le premier des Gracques, Tiberius Sempronius Gracchus, porté au tribunat, reprit, en la modifiant, l'œuvre inaccomplie de la loi Licinia. Nul citoyen ne pourrait posséder plus de cinq cents *jugera* de l'*ager publicus*, augmentés de deux cent cinquante par chaque enfant; les détenteurs actuels qui dépassaient ce maximum seraient dépossédés, mais avec indemnité aux frais du trésor public; les champs publics restitués seraient distribués aux citoyens pauvres, à charge par eux des redevances annuelles dues à l'État. Tel fut le plébiscite qu'il fit adopter (loi Sempronia *agraria*, an de Rome 621). Désigné avec son frère Caius Sempronius Gracchus et son beau-père Appius Claudius, comme triumvirs pour l'exécution de la loi et du partage qu'elle ordonnait, il n'eut pas le temps d'achever son œuvre. Il périt, accusé d'aspirer à la tyrannie, massacré sur le Capitole, tombant, lui et les partisans qui lui étaient restés fidèles, sous la réaction violente de la classe qu'il avait attaquée.

(An 632.) C. Gracchus lui succéda. Le second des Gracques, porté au tribunat comme le premier, éloquent, ardent, ulcéré par la mort de son frère, soutenant ses lois, en proposant de nouvelles, périt comme lui dans une émeute, obligé de recourir au fer et au bras de son esclave pour échapper à celui de ses ennemis; mais les séditions n'expirèrent pas avec lui.

Vers le milieu du septième siècle et dans l'intervalle de plus de trente ans, notre attention doit reposer plus spécialement sur trois objets : les questions perpétuelles créées successivement les unes après les autres; les lois judiciaires transmettant le pouvoir de juger, du sénat à l'ordre des chevaliers, de l'ordre des chevaliers au sénat; enfin le droit honoraire prenant naissance et croissant chaque jour.

**51. Questions perpétuelles** (*Quæstiones perpetuæ*). — **Jugements criminels extraordinaires** (*cognitiones extraordinariæ*).

Ce qui concerne la juridiction criminelle ne se présente pas dans le droit romain avec un caractère bien précis, bien arrêté dès le principe. Cette juridiction, sous la période royale, appartenait aux rois, avec droit d'appel (*provocatio*), pour les affaires capitales, au peuple, c'est-à-dire alors aux comices aristocratiques par curies. Après la constitution de la libre république, depuis surtout les lois Valeriæ et la disposition précise de la loi des XII Tables, il fut posé en principe du droit public, que les comices par centuries seuls pourraient rendre des décisions capitales contre les citoyens.

Les comices par tribus se donnèrent aussi, par la coutume, une juridiction répressive. On les vit même, contrairement à la loi fondamentale, statuer capitalement contre Coriolan ; mais un sénatus-consulte eut le soin de déclarer que ce serait sans conséquence pour l'avenir (1). Et régulièrement, le pouvoir que les tribus acquirent et retinrent, fut celui des répressions politiques plutôt que judiciaires : tandis que les comices par centuries devaient connaître des faits criminels punis de peines capitales par les lois, les comices par tribus faisaient comparaître devant eux les magistrats sortis de charge, les grands, accusés d'avoir porté quelque atteinte aux droits du peuple ou de la plèbe, et, sans aucune disposition de loi pénale existante, ils les frappaient d'une amende décrétée et prononcée par l'assemblée elle-même. Devant les comices par centuries ou par tribus, le droit d'accusation n'était pas encore un droit général qui appartînt à tous les citoyens. Les magistrats qui convoquaient et assemblaient ces

(1) Denys d'Halic., VII, 58.

comices, les consuls, les préteurs, les tribuns, avaient seuls le droit d'y porter l'accusation : sauf aux citoyens à s'adresser à ces magistrats pour leur dénoncer les faits.

Outre les comices, le sénat exerçait aussi des attributions de juridiction criminelle; car, chargé de veiller et de pourvoir au gouvernement de la république, à ces époques où l'analyse et la séparation métaphysique des pouvoirs n'avaient pas été faites comme aujourd'hui, il ne restait pas étranger à la surveillance, à l'arrestation, à la condamnation même des coupables, surtout quand il s'agissait d'actes qui pouvaient compromettre l'État. Sauf donc les affaires capitales, sur lesquelles le sénat, dans des troubles, dans des séditions politiques, a même quelquefois empiété, et sauf certaines matières spéciales, telles que les affaires pontificales, le sénat avait et exerçait une juridiction criminelle, indépendante d'aucune loi précise : réglant lui-même le délit ou la peine, pourvu que cette peine ne fût point capitale. Le règlement de cette juridiction lui appartenait éminemment à l'égard des provinces et des pérégrins. Il faut remarquer, du reste, qu'un grand nombre de délits inférieurs, qui attaquaient moins directement l'État, étaient, sous le titre de délits privés, abandonnés aux simples actions civiles entre particuliers, devant la juridiction civile.

Telles étaient, en somme, les autorités supérieures en matière de juridiction criminelle : les Rois, les Comices, d'abord par curies, puis par centuries, puis, aussi, par tribus, et le Sénat. Mais dès la période royale, et toujours depuis, il se produisit une coutume bien importante à noter. C'est que ces autorités supérieures, quand telle affaire criminelle se présentait, ou bien en connaissaient et la jugeaient elles-mêmes, ou bien se contentaient d'en déléguer la recherche et la connaissance (*quæstio*) à des commissaires (*quæstores*) spécialement désignés pour la cause.

Voilà ce que l'histoire nous montre comme constamment pratiqué. Ainsi, le roi délègue la connaissance (*quæstio*) à des patriciens. Les comices la délèguent tantôt au sénat, tantôt à des *quæstores*. Le sénat la délègue aux consuls, aux préteurs, aux divers gouverneurs de provinces. Ces délégations de juridiction criminelle, ou, pour parler le langage consacré, ces *quæstiones*, étaient ordinairement toutes spéciales, pour chaque cause seulement : la cause finie, la délégation, la *quæstio* expirait. Cependant elles prenaient quelquefois un caractère plus général. La connaissance (*quæstio*) était donnée, soit par le sénat, dans les limites de ses attributions, soit par les comices, pour tel genre de crime public; par exemple, pour les conjurations clandestines (*de clandestinis conjurationibus*), comme dans l'affaire des Bacchanales (an de Rome 568) (1); pour les crimes d'empoisonnement (*quæstio de veneficiis*) (an de Rome 570) (2); pour ceux d'homicide (*quæstio de homicidiis*). C'est ainsi qu'on voit, dans l'histoire, les comices faire certaines délégations au sénat; c'était ainsi, surtout, que le sénat faisait les siennes aux consuls, aux préteurs, aux gouverneurs des provinces, ou aux *quæstores* qu'il y envoyait pour une occasion spéciale.

Tel fut le procédé qui, enfanté d'abord par la coutume, nécessité de plus en plus, à mesure que la population croissait, que l'État s'agrandissait et que les crimes se multipliaient, régularisé enfin par des plébiscites, et appliqué successivement aux crimes les plus notables, donna naissance à ce qu'on nomma les questions perpétuelles (*quæstiones perpetuæ*).

Le système des questions perpétuelles fit sortir le

(1) Tit. Liv., XXXIX, 6.
(2) Tit. Liv., XXXIX, 38.

droit criminel des Romains de l'arbitraire auquel il était abandonné sur tant de points ; et, pour chaque crime qui fit l'objet d'une de ces questions, il détermina législativement, d'une manière précise, le délit, la peine et la procédure.

En effet, au lieu de ces missions (*quæstiones*) données pour chaque cause, ou pour certains délits commis en telle occasion, en telle localité, sans précision législative des conséquences de la question ; au lieu de ce système incertain et arbitraire, une loi spéciale pour chaque délit (par exemple, une loi pour le délit de brigue, une autre pour celui de concussion, et ainsi de suite) organisa une délégation perpétuelle (*quæstio perpetua*) ; c'est-à-dire qu'elle définit le délit, qu'elle en précisa la peine, et qu'elle détermina l'organisation d'une sorte de tribunal à qui elle en délégua pour toujours la connaissance (*quæstio perpetua*).

Quoique cette délégation, cette attribution de connaissance (*quæstio*), porte le titre de perpétuelle ; et quoique, par figure de langage, on ait appliqué au tribunal lui-même le nom de *quæstio perpetua*, tribunal permanent, cependant, suivant la règle commune des magistratures romaines, le tribunal, quant au personnel de sa composition, est seulement annuel ; mais son organisation est déterminée pour toujours. Il est présidé par un préteur, ordinairement par l'un de ceux qui n'étaient pas chargés d'une autre juridiction spéciale. La sentence n'y est pas rendue par des juges permanents, mais par des juges citoyens, par des juges jurés, désignés pour la cause seulement, avec le principe diversement appliqué, mais toujours général, qu'ils doivent être agréés par les parties. Devant les *quæstiones perpetuæ*, tout citoyen peut être accusateur : il désigne l'accusé, la loi en vertu de laquelle il l'accuse, les faits qu'il lui impute, prêtant serment que son accusation n'est pas calomnieuse. Il devient partie dans la cause, obligé de faire la preuve : c'est une large organisation du système accusatoire. Et le jury ne peut que prononcer selon la loi invoquée : condamner ou absoudre, ou déclarer qu'il n'est pas suffisamment éclairé (*Condemno*, *Absolvo*, *Non liquet*); sans que la peine édictée par cette loi puisse être modifiée (1).

Chaque délit, dans ce système, a donc sa loi, sa pénalité, son jury et sa procédure, dont l'ensemble et les détails sont réglés par la loi organisatrice de la question: soit pour le nombre de jurés, tantôt de 32, tantôt de 50, de 75, ou tout autre; soit pour le mode de désignation et de récusation de ces jurés; soit pour les témoins; soit pour les délais à accorder tant à l'accusateur qu'à l'accusé; soit enfin pour toutes les autres formes.

Les délits ainsi prévus par une loi spéciale, devenus l'objet d'une *quæstio perpetua*, étaient retirés de l'arbitraire et de l'incertitude primitifs. Ceux auxquels ce système n'avait pas encore été appliqué, restaient dans cet arbitraire, et ils faisaient, comme par le passé, l'objet de procès résolus soit par les comices, ou par le sénat, soit par des délégations aux consuls, aux préteurs, ou à des *quæstores* particuliers. Ce fut là ce qu'on nomma *cognitiones extraordinariæ*, *extra ordinem cognoscere*, en matière criminelle.

Voici le tableau des premières questions perpétuelles: An. de R. 605, loi Calpurnia *de repetundis*, *quæstio pecuniæ repetundæ*, contre les concussions ou exactions commises dans les provinces; an 635, loi Maria *de ambitu*, *quæstio ambitûs*, contre les brigues employées pour acheter ou obtenir illégalement les magistratures; dans la même année, *Quæstio peculatûs*, contre le péculat, c'est-à-dire contre le vol ou le détournement à

(1) Cicer., *pro Cluentio*, 10, 20, 33, 53 et suiv.; — *pro Sylla*, 22.

son profit des deniers publics, sacrés ou religieux; an 652, loi Appuleia *majestatis, quæstio de majestate*, ou de lèse-nation, contre tous les actes attentatoires à la sûreté ou à la majesté du peuple; dans la même année, loi Luctatia *de vi, quæstio de vi;* an 659, loi Licinia Mucia *de civitate, quæstio de civitate;* an 665, loi Fabia *de plagio, quæstio de plagio;* enfin sous Sylla nous verrons aussi établir des questions perpétuelles pour les crimes commis contre les particuliers, tels que les faux, les meurtres.

**52. Lois judiciaires** (*Leges judiciariæ*).

Les Romains, comme nous l'avons vu, avaient, dès les temps primitifs, le jugement par jurés, tant en matière civile qu'en matière criminelle. Tout informe et souvent indéterminé que fût ce jugement dans le principe, la procédure formulaire l'a organisé de la manière la plus ingénieuse pour les affaires civiles, et les *quæstiones perpetuæ* l'ont législativement régularisé pour chacun des délits soumis à l'une de ces questions. Le principe que les parties devaient agréer leur juge, soit qu'elles le choisissent d'un commun accord, soit qu'il leur fût désigné par le magistrat ou par le sort, avec un large droit de récusation, est aussi un ancien principe. Mais quels sont les citoyens aptes à être juges-jurés, soit en matière civile, soit en matière criminelle? Il y a là un monopole patricien qui s'est longtemps maintenu, auquel nous avons vu que l'institution des récupérateurs et du tribunal quiritaire des centumvirs avait porté brèche; mais qui, quoique ainsi entamé, se soutient encore jusqu'au temps des Gracques. Le juge-juré ne peut être pris que dans l'ordre des sénateurs.

Sous le tribunat du second des Gracques, commence, pour l'aptitude d'être juge-juré, une lutte opiniâtre, qui se prolonge avec des alternatives diverses, jusqu'à ce que le monopole ait été détruit, et le droit généralisé. Sur une rogation de C. Gracchus, un plébiscite enlève aux sénateurs l'aptitude judiciaire et la transporte aux chevaliers. C'est la première loi judiciaire (*lex* SEMPRONIA *judiciaria*, an de R. 632). Mais quelles rivalités, quelles agitations ne dut-elle pas amener, puisque aussitôt nous voyons apparaître, les unes après les autres, des lois judiciaires se modifiant, se détruisant, comme si les sénateurs et les chevaliers luttaient et s'arrachaient tour à tour le pouvoir: (an 632) loi SEMPRONIA *judiciaria*, aux chevaliers; (an 648) loi *prima* SERVILIA *jud.*, partage entre les deux ordres; (an 654) loi *secunda* SERVILIA *jud.*, aux chevaliers; (an 663) loi LIVIA *jud.*, partage entre les deux ordres; (an 672) sous Sylla, loi CORNELIA *jud.*, aux sénateurs; (an 684) sous Pompée, loi AURELIA *jud.* et loi POMPEIA *judiciaria* (an 699), partage entre les deux ordres. Tel est le tableau mobile que présentent ces lois, auxquelles il faut joindre, sans doute encore, les lois JULIÆ *judiciariæ*, soit de César (an 708), soit d'Auguste (an 729).

Était-ce seulement l'aptitude d'être juge-juré pour les matières criminelles, ou tout à la fois pour les matières civiles et pour les matières criminelles, qui se trouvait si vivement disputée entre les deux ordres? Malgré les hésitations que quelques textes peuvent faire naître sur ce point, c'est à la dernière opinion qu'il faut s'arrêter. Sous l'empire d'Auguste cela ne fait plus question (1).

Au temps du monopole des sénateurs, la liste des juges-jurés est toute faite : c'est la liste sénatoriale (*ordo senatorius*); ils sont trois cents. Mais lorsque l'aptitude passe à un autre ordre, il faut dresser une liste annuelle. Le préteur urbain en est chargé. Il le fait publiquement, au forum, sous le serment de n'y admettre

(1) « Ad tres judicum decurias quartam addixit ex inferiori censu; quæ *ducenariorum* vocaretur, judicaretque de levibus summis. » SUETON., *Oct.*, 32. — AUL. GELL., *Noct. Attic.*, XIV, 2. — SENEC., *de Benefic.*, III, 7.

que les meilleurs citoyens (1), dans les conditions et dans le nombre prescrits. La liste dressée en est affichée sur l'album. Ce sont les *judices selecti*, les *judices in albo relati*, pour toute l'année.

En vertu de la loi Aurelia, la liste dut se composer de trois décuries (*decuriæ judicum*) : la première de sénateurs, la seconde de chevaliers, la troisième des tribuns du trésor. Ce système de décuries, avec des variations dans leur nombre ou dans leur personnel, fut définitivement maintenu. On compta, plus tard, sous Auguste quatre, sous Caligula cinq décuries, distinguées chacune par un nom particulier (2). L'aptitude à y être inscrit se généralisa et descendit jusqu'aux militaires, quel que fût leur cens, jusqu'aux citoyens plus faiblement imposés que les chevaliers (*ex inferiori censu*). Et le nombre total des *judices selecti* inscrits sur les listes annuelles, s'éleva successivement, de trois cent, à trois cent soixante, à huit cent cinquante, jusqu'à ce qu'il eût atteint, sous l'empire d'Auguste, le chiffre de quatre mille environ (3).

---

(1) « Prætores urbani, qui, jurati, debent optimum quemque in selectos judices referre. » Cicer., *pro Cluent.*, 43.

(2) « Decuriæ quoque ipsæ pluribus discretæ nominibus fuere, *tribunorum æris*, et *selectorum*, et *judicum*. » Plin., *Hist. natur.*, XXXIII, 7. — A quoi il faut ajouter la quatrième, celle des *ducenariorum*, citée à la page précédente, note.

(3) Trois cent soixante, selon l'indication de Velleius Paterculus, II, 76, et de Plutarque, *Pomp.*, 55; huit cent cinquante, selon celle de Cicéron, *ad Attic.*, VIII, 16; environ quatre mille, mille dans chaque décurie, sous Auguste, selon l'indication de Pline, *Hist. natur.*, XXXIII, 7.

**53. Droit honoraire** (*Jus honorarium*). — **Édit** (*Edictum*) **du préteur urbain, du préteur des étrangers, des édiles, du gouverneur provincial.** (*Edictum perpetuum; Edictum repentinum; Interdictum; Edictum tralatitium.*) — **Loi Cornelia**, *de edictis.*

Voici une nouvelle branche du droit. Comment a-t-elle été reçue? Par une loi spéciale ou par l'usage? J'adopterai la dernière opinion, elle me paraît la plus certaine. En effet quatre magistrats, à Rome, présidaient à une juridiction particulière: le préteur de la ville, celui des étrangers et les deux édiles; joignez-y, dans les provinces, le gouverneur. La juridiction, comme le terme lui-même l'indique, consistait dans la mission générale de déclarer le droit. Or cette déclaration du droit pouvait avoir lieu dans diverses situations: *Jus dicere,* déclarer le droit, organiser la formule dans une contestation; *Addicere,* attribuer la propriété par une déclaration de droit; *Edicere,* déclarer le droit par une émission générale et à l'avance, pour servir de règle à tous; *Interdicere,* émettre une pareille règle, pour faire la loi d'une contestation entre deux parties, seulement. *Jus dicere, Addicere, Edicere, Interdicere,* c'est la même famille de mots. C'est aux deux derniers plus particulièrement que se réfère le droit honoraire. En effet, sous l'empire d'une législation aussi laconique que celle de Rome, à une époque où l'on ne se faisait pas, sur la séparation des pouvoirs, les idées que nous en avons aujourd'hui, il était naturel que les magistrats chargés d'une juridiction, publiassent des ordonnances: pour régler leur propre juridiction; pour faciliter l'exécution des lois; pour indiquer aux citoyens les voies à prendre dans leurs réclamations. Et ces ordonnances prenaient, à côté de la loi, une sorte de caractère législatif. Il est facile d'expliquer comment elles y furent amenées. Le préteur de la ville rencontrait, dans le courant des affaires, des cas imprévus, des cas où la loi paraissait injuste; il sentait la nécessité de suppléer à cette loi ou de la corriger par quelque moyen; il déclarait que dans tel et tel cas il prendrait telle décision. Le préteur des étrangers avait à employer, pour ainsi dire, à reconnaître, à constituer un droit nouveau dans la cité, le droit des gens; il ne trouvait rien là-dessus dans la loi civile : il fallait bien, pour prévenir l'arbitraire, qu'il posât quelques règles, qu'il consacrât quelques principes. Quant aux édiles, chargés d'une police générale, n'avaient-ils pas des règlements à faire sur les jeux, sur les constructions, sur la sûreté des rues, sur les marchés et les ventes qui s'y faisaient, en un mot sur les divers objets soumis à leur juridiction? Et, dans les provinces, le gouverneur arrivant en un pays conquis, qu'il fallait organiser, dont les lois devaient être fondues avec les lois romaines, pouvait-il se dispenser d'indiquer d'après quelles règles il allait gouverner? Ces ordonnances furent régularisées; elles se publièrent au commencement de la magistrature; les magistrats qui les avaient faites se trouvèrent astreints à s'y conformer. Une loi spéciale, la loi CORNELIA (an de Rome 687), leur en imposa la nécessité. Elles devinrent ainsi obligatoires pendant toute une année : aussi Cicéron les nomme-t-il *lex annua*. Mais comme elles n'étaient que des actes émanés de magistrats et non des actes législatifs, elles expiraient avec le pouvoir de leur auteur, et le magistrat qui suivait, modifiait, abrogeait ce qu'avait ordonné son prédécesseur. Souvent néanmoins il adoptait quelques chefs de l'ordonnance précédente. En effet, il y eut des dispositions tellement utiles, qu'elles se transmirent chaque année, et qu'on s'attendit à les retrouver toujours comme une règle qu'on n'avait plus le droit d'abroger : l'usage successif en fit une espèce de loi, et ces dispositions se rangèrent dans le droit coutumier. Voilà comment il dut arriver que, sans aucune loi qui en ait créé le droit de dessein prémédité, mais par l'usage, par la nature des idées et des institutions du temps (1), par le consentement tacite du peuple qui vaut bien autant, les magistrats furent reconnus dans le pouvoir de publier des ordonnances, des règlements obligatoires pendant leur magistrature, et voilà comment certaines dispositions de ces ordonnances devinrent même des lois. Les ordonnances des magistrats portaient le nom de *Edicta*, édits, du verbe *edicere*. Il faut distinguer : l'édit du préteur, *Prætoris edictum*; celui des édiles, *Edictum ædilium* ou *Ædilitium edictum*; celui du proconsul ou du propréteur, *Edictum provinciale*. On leur donnait le titre de *Edicta perpetua*, parce qu'ils étaient faits non pour une affaire particulière, mais pour toute l'année (*jurisdictionis perpetuæ causâ; non prout res incidit*). Il y avait quelquefois des édits rendus pour une circon-

---

(1) C'est à la loi CORNELIA, en 687, du temps de Cicéron, que quelques auteurs ont cru pouvoir attribuer la création du droit conféré aux magistrats de faire des édits. Le fait est qu'elle ordonne aux préteurs de publier un édit en commençant leurs fonctions, et de s'y conformer pendant toute l'année. Elle régularise la publication des édits; mais il n'en faut pas conclure qu'elle les introduit pour la première fois, et qu'ils n'existaient pas auparavant. Cicéron, dans une oraison contre Verrès, se plaint des dispositions que ce magistrat avait insérées dans son édit, et de l'injustice avec laquelle il prononçait selon ses intérêts contre les termes de cet édit : or, l'action contre Verrès est antérieure à la loi CORNELIA. On trouve aussi dans une loi découverte au siècle dernier, *lex de Galliâ cisalpinâ*, une mention de l'édit du préteur des étrangers; mais on ne peut induire de là rien de certain; on ne sait si cette loi est antérieure à la loi CORNELIA, et l'on peut la placer, soit pendant les guerres puniques, à l'époque où la Gaule cisalpine fut réduite en province, soit beaucoup plus tard, en 705, lorsque les habitants de cette Gaule reçurent le droit de cité. Sans entrer dans une discussion trop longue, je m'en tiendrai à l'opinion de ceux qui considèrent ces édits comme ayant été introduits par l'usage pendant la première partie du septième siècle. Je suis même persuadé que l'institution du préteur des étrangers et des gouverneurs de province, pour qui un édit était indispensable, dut amener sinon l'origine, du moins l'extension des édits.

stance momentanée et propres seulement à cette circonstance : ils se nommaient *Edicta repentina*. Quelquefois même le préteur rendait, entre deux parties, un édit spécial pour elles, par lequel il donnait un ordre, il faisait une défense, qui devait faire la loi de la cause, et qu'on nommait *Interdictum*, en quelque sorte *edictum inter duos*. On désignait par *Edictum tralatitium*, celui qui était maintenu et qui passait d'une magistrature à l'autre.

Les décisions approuvées par l'usage et transmises d'édit en édit formèrent une espèce de droit introduit par les magistrats, qui se nomma *jus honorarium*, droit honoraire. On peut le décomposer en droit prétorien (*jus prætorium*) et droit des édiles (*jus ædilium*); le premier est beaucoup plus important. Ce droit ne reposait pas sur la rigueur sévère des lois civiles, il admettait des tempéraments; il donnait plus à l'équité, plus à la nature; il convenait davantage à ce qu'on nomme la civilisation; mais aussi il préparait la disparition successive du droit primitif (1). Ce fut l'œuvre de la science, l'œuvre de la philosophie, l'œuvre du progrès, qui remplaça successivement le vieux droit quiritaire. Nous verrons Cicéron se plaindre déjà que de son temps on n'étudiât plus, comme autrefois, les XII Tables, et qu'on les remplaçât par l'édit des préteurs.

Cependant les Romains ne se bornaient pas aux succès contre Carthage et contre la Macédoine. Les armées portaient au loin le joug. Jugurtha, roi de Numidie, leur résista, non avec des armes, avec de l'or. Il acheta les suffrages du sénat, il acheta la paix, il acheta la fuite d'une armée; Rome périra, disait-il, si elle trouve un

(1) Papinien dit que le droit prétorien avait été introduit *adjuvandi, vel supplendi, vel corrigendi juris civilis gratiâ*. (Dig., I, 1, *de Justit. et jur.*, 7, § 1, fragment de Papinien.)

acheteur. Il orna le triomphe de Marius, et la Numidie fut enchaînée au nombre des provinces romaines. Elle avait servi à dompter Carthage, elle devait être domptée à son tour. Sur les bords du Var, sur ceux du Rhône et de l'Isère, les légions combattirent les habitants sauvages des Gaules. Les Cimbres, les Teutons, émigrant de la Germanie vers un climat plus doux, furent exterminés. Alors parurent aussi, à la suite les unes des autres, la guerre sociale, les guerres civiles, les guerres des esclaves.

### 54. Guerre sociale

(An 663.) Les alliés du Latium, ceux de l'Italie, avaient fait la puissance de Rome, et le titre et les droits publics de citoyens leur étaient refusés! Déjà, depuis quelques années, les tribuns qui voulaient se faire un parti promettaient une loi qui réparerait cet état de choses. On voyait alors ces alliés accourir à Rome, se presser sur la place publique, attendant la proposition; mais ces promesses n'avaient point d'effet. L'Italie se souleva; les drapeaux des villes alliées, des villes municipales, des colonies elles-mêmes, flottèrent de toute part et s'avancèrent sur Rome; la guerre fut courte et meurtrière; des consuls, des légions romaines, des légions alliées y périrent; l'Italie perdit plus de trois cent mille hommes (1). Rome ne triompha qu'en inscrivant au nombre de ses citoyens, d'abord ceux qui n'avaient pas pris les armes ou qui les quittèrent les premiers, ensuite tous ceux qui combattaient encore (*lex* JULIA (an de Rome 664), *lex* PLAUTIA (an 665), *de civitate*). Ainsi, dans l'espace de deux ans, furent acquis à presque toute l'Italie les droits de

(1) VELL. PATERC., II, § 15.

cité, même ceux de suffrage; mais pour diminuer l'influence de ces nouveaux citoyens, on les classa dans huit tribus nouvelles qui s'ajoutèrent aux tribus déjà existantes; et dans les délibérations, l'Italie entière n'eut que huit voix, tandis que Rome en avait trente-cinq. Disproportion, du reste, qui dura peu : les Italiens parvinrent bientôt à se faire distribuer dans les trente-cinq tribus romaines.

### 55. Guerres civiles.

(An 667.) Les gouverneurs se rendaient indépendants du sénat; des tribuns cherchaient à se maintenir par la force dans leur magistrature expirée; Marius avait été nommé consul pendant six ans, atteinte funeste aux lois constitutives qui exigeaient dix ans d'intervalle entre deux consulats; mais au milieu de ces troubles et de ces violations du droit public, les citoyens n'avaient pas encore marché contre les citoyens. La guerre sociale était un prélude; Marius et Sylla apportèrent avec eux les guerres civiles. Ce n'est plus pour les plébéiens, pour le sénat, pour les lois, c'est pour le commandement qu'ils se battent. Rome tomba tour à tour dans leurs mains et dans celles de leurs soldats. De quels maux, de quelles cruautés ne fut-elle pas le théâtre! Il faut dire comme Montesquieu : « Je supplie qu'on me permette de détourner les yeux des guerres de Marius et de Sylla. » Celui-ci triompha le dernier et fut nommé dictateur perpétuel; il abattit les plébéiens, comprima les tribuns, abaissa les chevaliers, releva les sénateurs. Les assemblées par tribus furent dissoutes, les comices par centuries investis de tout le pouvoir. Sylla voulait rendre au sénat son ancienne splendeur, à la république son énergie primitive. Il fallait lui rendre ses vertus, son désintéressement et surtout sa liberté.

Ce fut peut-être cette dernière idée qui le conduisit, après cinq ans de dictature, à cette abdication que l'histoire rapporte avec étonnement. On peut remarquer de lui quelques lois (de l'an de Rome 673) : *Lex* CORNELIA *judiciaria* qui enlevait aux chevaliers le pouvoir judiciaire et le rendait aux sénateurs ; *lex* CORNELIA *de Falsis*, nommée aussi *testamentaria; lex* CORNELIA *de Sicariis*, qui établissaient deux nouvelles questions : l'une contre les crimes de faux principalement en matière de testament, l'autre contre les meurtres. C'est probablement cette dernière loi dont parlent les Instituts de Justinien (liv. 4, tit. 4, § 8), comme ayant statué aussi sur la punition de certaines injures violentes (1).

(1) C'est postérieurement à la guerre sociale, peu de temps après les lois JULIA et PLAUTIA *de civitate*, que l'on place un plébiscite connu sous le nom de Table d'Héraclée, TABULA HERACLEENSIS, dont deux fragments ont été découverts au 18e siècle, inscrits sur deux tables de bronze trouvées dans les environs du golfe de Tarente, l'une en 1732, l'autre en 1735. Une autre partie, qui devait être la première, manque à ce monument. Ses dispositions embrassent plusieurs sujets assez divers pour avoir fait mettre en question s'il y avait là une seule loi ou une réunion de plusieurs lois, quoique le monument ne porte aucune trace de solution de continuité. Certaines déclarations à faire à Rome, au consul, ou, à défaut, au préteur urbain, ou, à défaut, au préteur pérégrin; — des règlements sur la voirie et sur la police des édiles, à Rome et dans ses environs; — puis, un ensemble de dispositions spéciales pour les municipes, les colonies, les préfectures, les *fora* et les *conciliabula*, relativement aux magistratures dans ces villes, aux conditions d'âge, aux dispenses, aux incapacités : — tel est le triple objet traité dans les fragments que nous connaissons. Des énonciations même de cette loi indiquent qu'elle a été rendue à une époque où les villes de l'Italie jouissaient du droit de cité romaine, et par conséquent après la guerre sociale. M. Mazochi (1755) a cru pouvoir la considérer comme un plébiscite réglant la mise à exécution des lois JULIA et PLAUTIA *de civitate* (an. de R. 664 et 665), et M. de Haubold l'a placée, dans sa chronologie, vers l'an 680. M. Blondeau en a donné le texte dans son recueil du droit antéjustinien, page 81.

### 56. Guerres serviles.

(An 682.) Parmi les troubles et les combats de cette époque, passent les guerres des esclaves presque inaperçues, et cependant ne devrait-on pas les signaler plus que toute autre guerre? Des troupeaux innombrables de captifs envoyés de toutes les parties du monde étaient entassés dans les propriétés romaines. Le citoyen riche possédait des milliers de têtes; tout à coup, dans la Sicile, ces têtes se relèvent, les chaînes sont brisées, les esclaves sont des soldats, au nombre de soixante mille. Rome envoie contre eux des armées; ils les battent, ils enlèvent les camps de quatre préteurs, succombent sous les coups d'un consul, et reçoivent, au lieu de la liberté qu'ils voulaient conquérir, la mort cruelle des esclaves, le supplice de la croix. Ils laissent des successeurs; une nouvelle armée paraît, triomphe et tombe comme la première : ils s'étaient laissé bloquer, et, domptés par la famine, ils s'entr'égorgèrent pour échapper aux Romains. Ce fut au sein même de l'Italie que surgit la troisième guerre servile. Des esclaves gladiateurs échappés de Capoue, poussèrent le cri de liberté. Spartacus, leur chef, est illustre; couvert de la pourpre consulaire, il a ravagé l'Italie, mis en fuite les légions; toutes les forces romaines se sont réunies contre lui : enfin il a été accablé, lui et les siens, au milieu du carnage, sans demander quartier. Là s'arrêtèrent les efforts des esclaves qui rentrèrent dans leurs fers et dans leur nullité.

(An 684.) Avec Marius et Sylla n'étaient point mortes les guerres civiles. Catilina, Pompée et César, Antoine et Octave vinrent après eux. L'ouvrage de Sylla fut détruit par Pompée. Les plébéiens reprirent leurs assemblées, les tribuns leurs priviléges, les chevaliers leurs pouvoirs judiciaires qu'ils partagèrent avec le sénat (1). Mais à quoi bon examiner ces lois éphémères qui se choquent et se détruisent? Qu'est-ce que tout cela? sinon des mouvements convulsifs qui annoncent la dissolution prochaine de la république. Pompée eut beau faire traverser aux légions l'Asie dans tous les sens, vaincre Mithridate, parcourir l'Arménie, la Colchide, l'Albanie, la Syrie, l'Arabie, les mener jusque dans Jérusalem, il ne fit que hâter cette dissolution.

Passons rapidement ces dernières années de la république, passons ce pacte ou plutôt cette ligue formée entre Pompée, Crassus et César, sous le nom de triumvirat (690). Ils s'unissaient pour commander au sénat; dicter le choix des candidats ; se partager les provinces: à Pompée l'Espagne, à Crassus la Syrie, à César les Gaules. Ce fut alors que ce général, qui garda dix ans son gouvernement, explora ces terres inconnues, pénétra jusque dans la Grande-Bretagne, soumettant tous les peuples sauvages qu'il découvrait, écrivant ses Commentaires immortels.

Passons la lutte de Pompée et de César. L'ambition les avait unis, elle ne tarda pas à les séparer. César vainquit en Thessalie Pompée, en Afrique Scipion et Caton, en Espagne les fils de Pompée. Le sénat, le peuple, Rome, se livrèrent à lui; les consulats lui furent prodigués, puis la dictature perpétuelle, que Brutus et les sénateurs conjurés terminèrent au bout de six mois, en immolant le dictateur au milieu du sénat, comme s'ils avaient voulu mettre à sa dignité, avec leurs glaives, le terme qu'on y mettait jadis avec les lois (709). Avant cette mort, toute la Gaule cisalpine avait déjà reçu le

---

(1) En vertu de la loi AURELIA *judiciaria*, l'aptitude judiciaire ne fut pas donnée seulement aux sénateurs et aux chevaliers, on admit aussi dans son exercice les tribuns du trésor ainsi que nous l'avons exposé, ci-dessus, page 203.

droit de cité (1); deux nouveaux édiles avaient été créés, les édiles céréaux (*Ædiles cereales, qui frumento præessent*); le nombre des préteurs avait été porté jusqu'à dix, il le fut ensuite jusqu'à seize.

Passons les guerres amenées par le meurtre de César. Les républicains étaient commandés par Cassius et Brutus. Celui-ci, imitateur du premier Brutus, voulait régénérer la république qu'avait fondée le premier : comme si lorsque le pays, les hommes, les biens, tout a changé, les institutions pouvaient rester les mêmes.

Passons le second triumvirat d'Antoine, de Lépide et d'Octave, ou pour mieux dire d'Octavien-César (2), car Jules-César l'avait adopté dans son testament et lui avait laissé un héritage qu'il sut bien reconquérir.

Passons les terribles proscriptions qui reparurent avec le deuxième triumvirat; mais cependant ces proscriptions rappellent un homme qu'il me serait impardonnable d'oublier, celui qu'on propose encore pour maître au barreau, Cicéron. Ses ouvrages sont restés comme des sources précieuses et pour le droit et pour l'histoire. En lisant ses lettres à Atticus et à Brutus, on assiste aux drames critiques dont il parle, on voit les

---

(1) C'est sans doute à cet événement qu'il faut rapporter le plébiscite connu sous le nom de loi de la Gaule cisalpine (*lex Galliæ cisalpinæ*), ou, selon certains critiques, loi RUBRIA, quoiqu'il parle lui-même, dans ses dispositions, d'une loi de ce nom. Il est relatif principalement au mode de procédure qu'il faut suivre dans cette province, et il traite notamment : de la dénonciation du nouvel œuvre (*de operis novi nunciatione*), du dommage imminent (*de damno infecto*), du prêt d'argent (*de pecunia certa credita, signata forma publica populi romani*), et de l'action en partage d'hérédité (*familiæ erciscundæ*). Des fragments de ce plébiscite ont été découverts sur des tables de bronze en 1760, dans des fouilles des ruines de Velleia. Le texte en a été inséré, par notre collègue M. Blondeau, dans son recueil antéjustinien, page 77. (Voir ci-dessus, page 206, note 1.)

(2) Les adoptés prenant le nom de l'adoptant, et donnant à leur nom naturel la terminaison adjective *ianus*, Octave après son adoption doit s'appeler Octavien-César.

intérêts divers, les ambitions opposées, les craintes, les espérances des partis; on voit l'ancien consul placé au milieu de l'anarchie, parmi des hommes corrompus (1), leur opposer tantôt une politique adroite, tantôt des paroles éloquentes, s'appuyer sur ses clients, sur ceux de ses amis, sur les villes qu'il protége; on lui reconnaît quelques faiblesses, et le tableau plaît davantage parce qu'il est plus naturel; mais au milieu de ces faiblesses, l'amour du bien et le désir d'une juste gloire l'animent toujours. Il avait sauvé Rome de Catilina, reçu le nom de Père de la patrie, suivi le parti de Pompée contre César; il avait fait retentir le Forum de ses philippiques contre Antoine : aussi la vengeance ne l'épargna point. Lorsque après le second triumvirat le sang des proscrits

---

(1) Deux citations de ces lettres nous feront juger le degré de corruption auquel Rome était parvenue. L'une est relative aux jugements, l'autre aux magistratures : Cicéron raconte comment Clodius fut absous de l'accusation portée contre lui. « Dans deux jours il (*un affidé de » Clodius*) a terminé la chose par le ministère d'un seul esclave gladia» teur. Il a fait venir les juges chez lui, il a promis, cautionné, donné. » Et même, ô grands dieux! quelle perdition! les nuits de quelques da» mes romaines ont formé comme un supplément de prix pour plusieurs » des juges. Aussi les gens probes s'étant retirés, le Forum étant envahi » par des esclaves, il n'y a eu que vingt-cinq juges assez courageux pour » braver tous les périls et s'exposer à périr plutôt qu'à perdre la républi» que. Mais trente et un ont plus écouté la cupidité que l'honneur. Pour» quoi, dit Catulus à l'un de ces juges qu'il rencontra, pourquoi nous de» mandiez-vous des gardes? était-ce de peur qu'on ne vous volât l'argent » que vous avait payé Clodius? » (*Lett. à Att., liv.* I, *lett.* 16.) Voici la seconde citation : « Les consuls sont couverts d'infamie. C. Memmius, can» didat, a lu au sénat une convention qu'ils ont faite et que voici : En cas » que les deux consuls parviennent à faire nommer pour l'année prochaine » Memmius et son compétiteur, ceux-ci s'engagent à payer à ces consuls » 400,000 sesterces s'ils ne leur fournissent trois augures qui affirmeront » avoir vu faire en leur faveur la loi curiate, bien qu'on n'en ait point » fait, et de plus deux consulaires qui attesteront avoir signé le décret » sur l'organisation de leurs provinces, bien qu'il n'y ait pas eu de dé» cret. » (*Ibid., liv.* IV, *lett.* 18.) Quelle dépravation! et en même temps quelle confusion! puisqu'on peut faire croire au peuple et au sénat qu'ils ont fait une loi curiate et un décret qu'on n'a pas même proposés.

coula, lorsque leurs têtes sanglantes parurent exposées sur la tribune aux harangues, là, sur cette même tribune, on reconnut la tête de Cicéron.

» Une indignation que mon âme ne peut retenir me » force d'interrompre un moment ces récits. Marc Antoine! c'est en vain que tu as mis à prix la tête du » plus éloquent, du plus illustre des hommes, et que » tu as compté un funeste salaire au meurtrier du consul magnanime qui sauva la république. Tu n'as pu » ravir à Cicéron que des jours inquiets, près de s'éteindre, et qui, sous ta domination, auraient été plus » misérables que ne le fut sa mort sous ton triumvirat. » T'étais-tu promis d'obscurcir la gloire de ses actions » et celle de ses discours? Tu n'as fait qu'en accroître » l'éclat. Son nom vit et vivra dans la mémoire des » siècles... La postérité tout entière, en admirant les » écrits dont il a flétri ton nom, détestera son assassin, » et le genre humain périra plutôt que le souvenir de » Cicéron. »

Qui n'admirerait ce beau mouvement de Velleius Paterculus! Je n'ai pu m'empêcher de le partager (1).

Les amitiés formées par l'ambition finissent toujours par des haines. La discorde ne tarda pas à paraître entre les seconds triumvirs, comme elle avait paru entre les premiers. Lépide fut abandonné en Sicile par son armée qui suivit César; Antoine, vaincu à Actium, se donna la mort, et César-Octavien resta maître de Rome. Il ne tarda guère à y entrer aux acclamations du sénat et du peuple. Ce fut alors que, dans ses mains, la république expira pour toujours.

---

(1) VELL. PATERC., II, § 66.

## RÉSUMÉ SUR L'ÉPOQUE QUI PRÉCÈDE.

### POLITIQUE EXTÉRIEURE DE ROME.

Les maximes politiques n'ont point changé. On les a appliquées à des nations puissantes ; et, comme elles avaient servi à soumettre l'Italie, elles ont servi à conquérir le monde connu. Plus d'une fois un roi étranger a, dans son testament, institué le peuple romain pour son héritier, et le peuple romain, après sa mort, s'est mis en possession de ses états.

*Citoyens*. Ce titre accordé fréquemment à des particuliers et à des villes, appartient aujourd'hui aux habitants de l'Italie, en y comprenant même la Gaule cisalpine. Des rois, avec la permission du peuple, s'en décorent et le préfèrent à celui de roi.

*Colons*. Les colonies situées dans l'Italie ont obtenu avec les alliés les droits de citoyens, même dans l'ordre politique ; mais d'autres colonies sont fondées dans les contrées nouvellement soumises, comme l'Afrique, l'Asie, l'Espagne, les Gaules. Il s'est introduit aussi sous le nom de colonies militaires, un moyen de spoliation que les généraux emploient pour payer les troupes qui ont servi leur ambition. Ils dépouillent les villes qui ont pris parti contre eux et distribuent aux soldats une portion de leur territoire. Ce fut ainsi que Sylla, Jules-César et les triumvirs s'acquittèrent envers leurs armées. Nous voyons Virgile venir à Rome implorer Octave pour qu'on lui rende son petit patrimoine ; nous le voyons, dans une églogue touchante, exprimer les regrets du malheureux berger fuyant à la hâte avec son troupeau le champ héréditaire, devant le farouche centurion qui va s'en emparer.

*Alliés latins, alliés de l'Italie*. Depuis la guerre sociale, les villes du Latium et de l'Italie, selon leurs diverses distinctions, se gouvernent toujours de la même manière; mais les habitants jouissent à Rome des droits de cité, même dans l'ordre politique, et se confondent chaque jour avec les Romains.

*Alliés étrangers.* Rome, avant d'avoir des sujets, a eu des alliés étrangers. Ceux de l'Achaïe l'ont aidée à soumettre la Macédoine, le roi de Syracuse à chasser les Carthaginois de la Sicile, le roi de Numidie à détruire Carthage; mais les Achaïens, le roi de Syracuse, celui de Numidie et tous les autres alliés se trouvent sous le joug. C'est par gradation, à l'aide d'une scission, d'une guerre habilement ménagée, qu'ils y sont parvenus. Leur titre d'allié a disparu ou n'est plus qu'un vain mot. Les rois se rangent en sujets sous la protection du sénat, sous celle des consuls ou des généraux. On partage, on brise, on relève leur trône à volonté. Pompée, César disposent des couronnes; Antoine met aux pieds de Cléopâtre les royaumes de Phénicie, de Chypre, et celui de Judée, qu'il avait donné peu de temps auparavant à Hérode.

*Sujets.* Sous ce nom se classent les habitants des provinces. Soumis à un tribut, pliant sous la domination romaine, livrés aux proconsuls, aux lieutenants, aux questeurs, aux publicains, leurs dépouilles enrichissent tous ceux que Rome leur envoie; leur misère augmente chaque jour avec les déprédations. Qu'on lise Cicéron dans sa harangue pour la loi Manilia, dans son action contre Verrès; qu'on lise Jules-César, on est effrayé du tableau qu'ils présentent. Le gouvernement des provinces les plus riches s'arrache par l'intrigue et l'argent; on calcule, sur ce qu'il pourra produire, la somme qu'on peut sacrifier pour acheter les suffrages.

DROIT PUBLIC.

Le peuple, le sénat, les plébéiens sont toujours les trois corps politiques. Entre ces deux derniers se placent les chevaliers dont le nombre et la fortune sont augmentés et qui luttent souvent contre les sénateurs. Mais au milieu des guerres civiles, sous le despotisme des ambitieux et sous l'oppression des armées, que sont devenus ces corps politiques et quelle a été leur influence? Ils ont suivi les variations des partis et se sont baissés devant le général qui triomphait. Ils touchent au moment où ils ne connaîtront plus qu'une chose, l'obéissance. Aussi, en parlant du pouvoir législatif, du pouvoir exécutif et du pouvoir judiciaire, si l'on dit quelles sont les lois et ce qui devrait être, on croira qu'il existe encore de l'ordre et des principes; mais si l'on dit quels sont les faits et ce qui est, on verra que tout est renversé.

*Pouvoir législatif.* Les comices par centuries, les assemblées par tribus, le sénat, voilà toujours les autorités législatives; on peut y joindre certains magistrats, car leurs édits sont au moins des lois annuelles. Le changement le plus important pour les assemblées du peuple ou des plébéiens, c'est que les votes se donnent aujourd'hui au scrutin secret. On distribue à chaque citoyen deux bulletins, l'un pour l'adoption portant ces lettres U. R. (*uti rogas*), l'autre pour le rejet marqué d'un A. (*antiquo*).

Les sources de la législation sont, pour le droit écrit: *les lois* qui sont devenues de plus en plus rares; *les plébiscites* qui se sont multipliés et qui ont remplacé presque entièrement les lois; *les sénatus-consultes* qui, à mesure que les pouvoirs se confondent, prennent plus fréquemment la puissance législative, même en matières de droit privé, et qui finiront par remplacer à leur tour les lois et les plébiscites.

Pour le droit non écrit : *les édits des magistrats* (1), dont quelques dispositions, transmises d'année en année et confirmées par l'usage, deviennent des lois de coutume, qui étendent le droit civil, le détournent souvent de l'austérité des premiers principes et le rapprochent de l'équité naturelle ; *les réponses des prudents* qui, reçues par les plaideurs, adoptées par les juges, répétées dans des cas analogues, donnent une branche du droit coutumier d'où découlent certaines solutions, certaines maximes de droit et certains modes de procédure. L'une et l'autre sont le travail incessant de la science, de la philosophie et de la civilisation.

Nous pouvons, pour offrir la récapitulation de ces sources du droit, citer ici un passage de Cicéron dont nous avons déjà donné la traduction page 69 : « ... *ut si quis jus civile dicat id esse quod in legibus, senatus consultis, rebus judicatis, juris peritorum auctoritate, edictis magistratuum, more, æquitate consistat* (2). »

*Pouvoir exécutif, pouvoir électoral.* En principe, ils reposent toujours dans les mêmes mains : les élections appartiennent toujours au peuple et aux plébéiens, l'administration au sénat et à quelques magistrats, le commandement des armées aux consuls, ainsi qu'aux proconsuls ou aux propréteurs revêtus de ce commandement par une loi curiate (3). En fait, l'argent, l'in-

---

(1) Pourquoi place-t-on les édits des magistrats comme source du droit coutumier, puisqu'ils étaient écrits *in albo, ubi de plano recte legi possit* ? C'est qu'à l'époque où nous sommes, l'édit lui-même n'est pas à proprement parler une loi ; il n'est obligatoire que pour une année, il se rattache à l'exercice des fonctions du magistrat qui l'a publié et finit avec ces fonctions (*lex annua*). On ne peut donc appeler réellement *lois*, que ces décisions des édits qui ont passé en usage et que les préteurs adoptent toujours comme obligatoires, et l'on a raison de les classer dans le droit coutumier.

(2) Cicer., *Topic.*, 5.

(3) Pour donner aux proconsuls ou aux propréteurs la puissance militaire et le commandement des armées, il fallait une loi rendue par les

trigue ou la force font les élections; chaque candidat fait venir à Rome ses satellites, ses soldats, les villes entières qu'il a prises sous sa protection. Des citoyens, par une association illégale, dominent tous les corps politiques et se partagent en quelque sorte l'empire; les gouverneurs des provinces se rendent indépendants du sénat; les généraux se maintiennent à la tête de leur armée; on voit des consulats de plusieurs années, et des dictatures perpétuelles (1). Les tribuns du trésor, les triumvirs des monnaies, les triumvirs capitaux, les quatuorvirs pour les routes, les quinquevirs pour la garde de nuit, les deux édiles céréaux, les gouverneurs, les lieutenants et les questeurs des provinces sont de nouvelles magistratures.

*Pouvoir judiciaire.* Les préteurs, aujourd'hui au nombre de seize, les centumvirs, les décemvirs, les juges-jurés, ou arbitres, et les récupérateurs, concourent à l'administration de la justice, soit comme magistrats investis d'une juridiction, soit simplement comme juges chargés de prononcer sur une cause; les édiles ont aussi un tribunal et une juridiction.

*Affaires criminelles.* L'établissement des questions ou délégations perpétuelles, tout en enlevant au peuple une grande partie de ses pouvoirs en cette matière, a néanmoins fait sortir du vague et de l'arbitraire le droit criminel quant aux délits auxquels s'applique une de ces questions. Chaque délit, ainsi réglé, a sa loi, son tribunal, sa procédure bien déterminés. Nul ne peut être traduit devant ces tribunaux perma-

---

curies. C'est encore un des cas où l'on avait recours au simulacre de ces assemblées dont nous avons parlé pag. 162.

(1) On resta près d'un siècle, jusqu'à Sylla, sans nommer de dictateur. Le sénat, dans les dangers pressants, donnait aux consuls un pouvoir plus énergique en déclarant la patrie en danger, et prononçant cette formule : « *Videant*, ou *Caveant*, *consules*, *ne quid detrimenti res publica capiat.* »

nents, si ce n'est en vertu d'une loi, d'un plébiscite, ou d'un sénatus-consulte approuvé par les tribuns. Ces actes permettent et règlent la mise en accusation. On procède ensuite à la désignation des juges, citoyens jurés, pris sur le tableau annuel dressé publiquement par le préteur et affiché au *forum*. Le mode de cette désignation, ainsi que le nombre nécessaire de jurés, sont déterminés, pour chaque délit, par la loi établissant la question perpétuelle. C'est, en règle générale, l'accusateur qui les choisit. Il en prend un nombre double de celui qui est nécessaire pour former la question, et l'accusé doit en récuser la moitié. Dans certains cas cependant, les juges sont tirés au sort : l'accusateur et l'accusé ont chacun le droit de récuser ceux qu'ils ne veulent pas admettre (1). Le droit de fournir les juges, ou en d'autres termes, l'aptitude à être inscrit sur les listes des juges-jurés, disputé entre les sénateurs et les chevaliers, est tantôt aux premiers, tantôt aux seconds, quelquefois partagé, enfin étendu à d'autres classes de citoyens : c'est ce qui a lieu au moment où nous sommes parvenus (2). — Lorsque les comices, le sénat, des magistrats, ou des *quæstores*, statuent pénalement, comme par le passé, au dehors d'une question perpétuelle, on dit que cette procédure, cette connaissance, est extraordinaire (*cognitio extraordinaria*).

*Affaires civiles*. Les actions de la loi sont presque entièrement supprimées, et ne se pratiquent plus que dans les cas soumis à la compétence des centumvirs. Le système formulaire, substitué à la procédure des actions de la loi, a ingénieusement régularisé l'application du

---

(1) Cicer., *ad Attic.*, I, 16, §§ 3, 4 et 5.

(2) Il est à remarquer que lorsqu'un citoyen se voyait accusé d'un crime capital, il pouvait s'exiler volontairement : on ne le jugeait pas alors par contumace, mais ses biens seulement étaient confisqués, et il échappait à la peine de mort.

jury aux affaires civiles, avec la distinction antique, entre la déclaration du droit et l'organisation de l'instance (*jurisdictio*) d'une part, et la connaissance du procès (*judicium*) de l'autre. Les préteurs sont les principaux magistrats investis de la juridiction. L'*unus judex*, ou l'arbitre, ou les récupérateurs sont chargés, dans chaque affaire, du *judicium*. Les juges sont pris sur les listes annuelles des juges-jurés. Le tribunal des centumvirs, les décemvirs, dont nous ne connaissons ni l'organisation, ni la compétence précise, sont venus s'y ajouter. — Quand le magistrat statue lui-même sur l'affaire, on dit qu'il en connaît extraordinairement (*cognitio extraordinaria, — judicia extraordinaria*).

Dans les provinces, le proconsul, le propréteur, leurs lieutenants, comme magistrats investis de la juridiction, et les récupérateurs, comme juges-jurés organisés sur des listes annuelles d'après un procédé analogue à celui qui se pratique à Rome pour les juges, rendent la justice criminelle et civile. Quelquefois cependant, le gouverneur laisse à certaines villes, surtout dans les affaires civiles, leurs juges particuliers.

*Revenus publics, dépenses publiques.* Jusqu'au roi Servius Tullius, l'impôt avait été égal pour chaque citoyen : il consistait dans une capitation. Après la division des classes, il fut remplacé par un impôt territorial ; on y avait ajouté lors de l'établissement de la solde une nouvelle capitation. Enfin lorsque Rome victorieuse engloutit l'or des nations vaincues, les impôts devaient disparaître. Ce fut en 586, après la conquête de la Macédoine, que les citoyens furent affranchis de toute contribution. Depuis ce moment, quels ont été et quels sont encore aujourd'hui les revenus publics? Les terres publiques affermées au profit du trésor, le butin fait sur les ennemis, les tributs des provinces apportant à Rome l'or et les denrées de toutes les nations, les bénéfices sur la vente du sel qui se fait exclusivement au profit de l'État, certains droits d'entrée perçus dans les ports, le droit d'un vingtième sur les ventes et sur les affranchissements des esclaves, voilà pour les revenus. Voici pour les dépenses : l'entretien des troupes, leur solde, les guerres lointaines, les constructions et l'embellissement des monuments publics les routes, les aqueducs, et surtout les distributions de grains qu'on fait gratuitement à certaines classes. A voir ainsi les citoyens sur la place publique tendre la main pour recevoir une nourriture gratuite et de là courir aux cirques applaudir aux jeux gratuits qu'on leur donne, on conçoit déjà combien il est juste de dire que les Romains avilis ne demandaient plus à leurs chefs que du pain et des jeux. Les magistratures ne sont pas encore salariées; mais les proconsuls, les propréteurs, leurs lieutenants ont su trouver dans leurs places un moyen de s'enrichir, si ce n'est aux dépens de l'État, du moins aux dépens des provinces.

### DROIT SACRÉ.

Le droit sacré a perdu une grande partie de son influence sur le droit civil. Il s'unit toujours à l'administration de l'État; les augures n'ont pas cessé de consulter les auspices; leur collége est, depuis Sylla, composé de quinze membres. On voit Cicéron se mettre au rang des candidats et aspirer à en faire partie. Ce sont aujourd'hui les comices qui nomment à ce collége, comme aussi à celui des pontifes.

Avec les conquêtes de Rome, ses dieux se sont multipliés. Elle renferme ceux de tous les peuples qu'elle a vaincus. Une ville est-elle détruite, le général romain conjure ses divinités tutélaires de l'abandonner, de venir à Rome; on leur donne des autels et un culte. Scipion ne manqua pas d'adresser cette prière aux dieux de Carthage, et l'on nous a conservé la formule qui probablement était consacrée : « S'il est un dieu, une déesse qui » protége les Carthaginois et leur cité, et toi dieu grand, » qui as pris sous ta tutelle cette ville et son peuple! je » vous prie, je vous conjure, je vous supplie d'aban- » donner et le peuple et la cité, de quitter leurs de- » meures, leurs temples, leurs choses sacrées, leur » ville; de vous retirer d'eux, de jeter parmi eux l'é- » pouvante, la terreur, l'oubli; venez à Rome vers moi » et les miens; choisissez nos demeures, nos temples, » nos choses sacrées, notre ville; présidez au peuple » romain, à mes soldats, et à moi; donnez-nous le sa- » voir et l'intelligence. Si vous cédez à mes prières, je » fais vœu de vous offrir des temples et des jeux (1). »

DROIT PRIVÉ.

Les lois civiles suivent la fortune, le territoire, les mœurs; il est impossible que Rome, vaste, riche et polie, ait les mêmes lois que Rome petite, pauvre et grossière. Le droit civil de la république avec son énergie, ses règles impératives et dures, cède à des principes plus naturels, plus civilisés; le changement des idées, le mélange des Romains avec les autres peuples apportent des règles moins singulières et plus générales; mais ici paraît un contraste que nous remarquerons toujours davantage. Tandis que les édits des préteurs, les réponses des prudents, les ouvrages des jurisconsultes se dirigent sans cesse vers l'équité, vers les liens et les usages naturels, le droit primitif fondé sur le mépris de cette équité, de ces liens et de ces usages, est toujours proclamé; on le pose comme une base fondamentale de la science, et l'on voit apparaître ses principes les plus rigoureux et les plus extraordinaires, au milieu des

(1) MACROB., *Saturn.*, 3, 9.

mots, des distinctions et des suppositions qui servent à l'éluder.

*Sur les personnes*. Les diverses puissances, durant cette période, ont pris les noms bien déterminés, de *potestas*, pour celle sur les esclaves et sur les enfants, *manus*, pour celle sur la femme, *mancipium* pour celle sur les hommes libres acquis par mancipation ; mais elles commencent à se modifier considérablement. La puissance (*potestas*) sur les esclaves est la même, quoique leur nombre et leur position de fait soient bien changés. La puissance paternelle (*patria potestas*) s'est affaiblie de beaucoup. La puissance maritale (*manus*) a presque entièrement disparu : des trois modes de l'acquérir, la coemption est rarement employée ; la confarréation ne se pratique plus qu'entre les pontifes, et l'usage (*usus*) parait être tombé en désuétude. Les droits sur l'homme libre, acheté ou abandonné en propriété (*mancipium*), n'ont presque plus lieu que fictivement ; et, dans les cas où ils existent encore, ils sont bien modérés. La gentilité, par suite de la disparition de la clientèle, de l'extinction des races antiques, et de la superposition incessante de nouvelles couches de population, devient déjà plus rare. La parenté de sang (*cognatio*) commence aux yeux du préteur à produire quelque lien et quelques effets. La tutelle perpétuelle des femmes est presque abolie ; le tuteur n'intervient que dans les actes les plus importants, pour la forme et sans pouvoir refuser son autorisation, à moins toutefois que ce tuteur ne soit un des agnats ; mais les femmes ont trouvé le moyen, par une vente fictive (1), d'échapper à la tutelle de ces derniers.

(1) Les femmes, par une vente simulée *per æs et libram* (*coemptio*), feignaient de passer sous la puissance (*in manu*) de l'acquéreur. Et comme alors elles sortaient de leur famille, ainsi que nous l'avons dit en parlant de la femme *in manu conventâ*, pag. 108 et 110, les agnats

*Sur les choses et sur la propriété.* Le nom de *mancipium* donné jadis à la propriété, à l'époque où la force était le moyen type de l'acquérir et la lance son symbole, est aujourd'hui adouci. La propriété est comme concentrée dans chaque famille; le chef, jouissant seul d'une personnalité individuelle, a seul tous les droits; mais les enfants soumis à son pouvoir, qui ne peuvent rien avoir individuellement, sont comme copropriétaires avec lui; on reconnaît la propriété comme une chose de communauté dans la maison (*in domo*) : de là son nouveau nom de *dominium*. Cette propriété n'est plus unique : à côté d'elle, la philosophie de la jurisprudence en a fait admettre une nouvelle. Les choses peuvent être ou dans la propriété d'un citoyen (*in dominio*), ou dans les biens (*in bonis*); le *dominium* est la propriété romaine (*dominium ex jure Quiritium*); l'autre rapport nouvellement introduit et pour lequel un terme exact nous manque, est une sorte de propriété naturelle (les commentateurs la nomment *dominium bonitarium*, mot qui n'est pas romain). La division des choses en choses *mancipi* et choses *nec mancipi* subsiste toujours; mais le nombre des premières, caractérisées par le vieux droit quiritaire, n'a plus augmenté.

*Sur les testaments.* Les prudents et l'usage ont diminué le droit absolu du père de famille. S'il veut déshériter ses enfants, il doit en déclarer formellement la volonté (*exhæredatio*), sinon son testament sera nul, dans certains cas, ou, dans d'autres cas, n'empêchera pas les enfants de venir prendre une part d'hérédité; il doit avoir aussi un juste motif, sinon son testament pourra être attaqué devant les centumvirs comme contraire aux devoirs de la nature (*testamentum inofficio-*

---

perdaient leurs droits, et leur tutelle cessait. Voilà un des cas où l'on employait des institutions de l'ancien droit, pour éluder ce même droit.

*sum*), et sous le prétexte fictif que le testateur était en démence (1).

*Sur les successions.* Les liens civils (*agnatio et gentilitas*) ne sont plus les seuls qui donnent des droits de succession. Le préteur chargé pour faire exécuter la loi de livrer à l'héritier *la possession des biens* du défunt, a imaginé de faire de cette possession une espèce d'hérédité prétorienne (*bonorum possessio*) qu'il donne souvent à des personnes auxquelles le droit civil refuse l'hérédité (2). C'est ainsi qu'il accorde la possession des biens à l'enfant émancipé; quelquefois à l'enfant donné en adoption, quoiqu'ils ne soient plus dans la famille; c'est ainsi que lorsqu'il n'y a ni héritier sien, ni agnat, au lieu de donner la possession des biens au fisc, il la livre au plus proche cognat.

*Sur les obligations et sur les contrats.* Le nombre des contrats, ou conventions obligatoires, est augmenté. Le *nexum*, pratiqué comme manière de s'obliger, s'est transformé et a produit des dérivés. Il est remplacé par les quatre contrats civils formés *re*, c'est-à-dire par la livraison de la chose : le prêt de consommation (*mutuum*), le prêt à usage (*commodatum*), le dépôt (*depositum*), et le gage (*pignus*). Le premier dérivé du *nexum*,

---

(1) *Hoc colore quasi non sanæ mentis fuerint, cum testamentum ordinarent*, disent les Instituts (liv. II, tit. 18, pr.). Voilà un cas où, pour justifier une nouvelle cause de nullité qui n'était pas fournie par le droit ancien, on la rattache, on l'assimile en quelque sorte à une autre cause de nullité déjà existante. — De même, la nécessité de l'exhérédation est tirée, par les prudents, d'un principe du droit civil, celui de la copropriété de famille. Les enfants sont comme copropriétaires du patrimoine de la famille; si donc le chef veut les en repousser, il faut au moins qu'il le déclare formellement.

(2) Voilà un cas où à l'aide d'un mot on change le droit ancien en paraissant le respecter. On ne donne pas à l'enfant *l'hérédité*, le titre *d'héritier*, parce que le droit civil les lui refuse; mais on lui donne la *possession des biens* (*bonorum possessio*), le titre de *possesseur des biens*, ce qui, à l'aide des institutions prétoriennes, revient à peu près au même, sous d'autres mots.

la stipulation, s'est étendu dans la pratique : l'antique formule quiritaire *Spondes? Spondeo*, est toujours exclusivement propre aux citoyens, mais, à l'aide d'autres formules, aujourd'hui permises, *Promittis? Promitto*, et autres semblables, le contrat peut se faire avec un étranger. A ce premier dérivé du *nexum*, il faut, indubitablement ici, en ajouter un second, le contrat *litteris*, ou l'*expensilatio*, qui, exclusivement propre aux citoyens dans certaines formes, a été aussi, à l'aide de certaines modifications, étendu aux étrangers. Enfin le droit civil a donné accès à quatre contrats du droit des gens, livrés tout à fait au spiritualisme des volontés, et dans lesquels les obligations sont produites par le consentement seul : la vente (*emptio venditio*), le louage (*locatio conductio*), le mandat (*mandatum*), et la société (*societas*). Le préteur a, de plus, reconnu comme obligatoires quelques-unes de ces conventions qui, d'après le droit civil, ne produisaient aucun lien, aucune action, quand on ne les avait pas accompagnées de stipulation. Ces conventions non obligatoires nommées pactes en général (*pacta*), quoique dépourvues d'action, reçoivent cependant de la jurisprudence philosophique et du droit prétorien certains effets, sont reconnues comme constituant des obligations naturelles; et quand le préteur les a sanctionnées complétement, elles prennent le nom de pactes prétoriens. De même la jurisprudence ou le droit prétorien, outre les faits qualifiés de délits par l'ancien droit civil, en ont reconnu d'autres, tels que le vol, la violence, le rapt, comme engendrant aussi des obligations. De sorte qu'en somme, on commence à distinguer maintenant : les obligations civiles, les obligations prétoriennes et les obligations naturelles.

*Sur les actions*. La procédure des actions de la loi, abolie par la loi ÆBUTIA et par les deux lois *Juliæ*, est remplacée par la procédure formulaire. Cependant les actions de la loi sont conservées encore dans deux cas, parmi lesquels se range celui où l'on agit devant les centumvirs. Le mot action a changé notablement de signification. Il ne désigne plus un ensemble de procédure. Chaque droit donnant faculté de poursuite, a son action. L'action est le droit de poursuivre, concédé en général par le droit, soit civil, soit prétorien, et obtenu, en particulier, du préteur, dans chaque affaire. Dans bien des circonstances où le droit civil ne donne point d'action quoique l'équité ou l'utilité sociale paraissent l'exiger, le préteur en donne que l'on nomme actions prétoriennes (*honorariæ actiones*); et, à l'inverse, dans des cas où le droit strict donne des actions contraires à l'équité, le préteur accorde, pour les repousser, des moyens que l'on nomme *exceptions*, qui ne sont autre chose que des restrictions mises par lui, dans la formule, à l'ordre de condamner; en quelque sorte, des exceptions au pouvoir de condamner (1).

C'est ici que l'on marque ordinairement le point où le droit romain commence à fleurir : c'est ici qu'en prenant ces mots de droit romain pour le droit quiritaire, le droit véritablement national, nous signalerons sa décadence. En effet, à l'aperçu rapide que nous venons d'exposer, il est facile de conclure que le droit simple et rude d'autrefois disparaît en réalité, quoiqu'on ne cesse de l'invoquer en principe. Chaque jour la civilisation, le changement des mœurs apportent une nouvelle modification. Le droit commence à devenir une science, cela est vrai; cette science commence à se rattacher à l'équité et aux lois naturelles, cela est

(1) Voilà encore un moyen ingénieux de corriger le droit ancien. Une action est-elle contraire à l'équité naturelle, le préteur ne déclare pas qu'il l'abolit, qu'elle n'aura plus lieu. Le droit civil la donne, il ne se permettrait pas de la détruire; mais il promet de la rendre inutile devant le juge; et pour cela il crée ce qu'on nomme une *exception*, qui sera un moyen de défense contre l'attaque (*l'action*).

encore vrai ; mais elle porte en elle un grand vice, elle est formée de deux éléments contraires : les principes anciens qui lui servent de fondement, les décisions et les institutions nouvelles auxquelles on veut arriver ; de là ce droit civil en opposition avec le droit prétorien et les réponses des jurisconsultes ; de là ces subterfuges ingénieux et subtils que l'on emploie pour tout concilier. Il faut avouer cependant qu'une fois les deux éléments contradictoires admis, il est impossible d'avoir, pour les faire accorder, plus d'esprit, plus de jugement, plus de méthode que les prudents et les préteurs. En résumé, parle-t-on en jurisconsulte, abstraction faite de l'histoire romaine, et ne juge-t-on le droit qu'en lui-même, par rapport à la nature commune des hommes ? Il est juste de dire qu'il s'améliore et qu'ici se développe cette vaste science destinée à régler un jour toutes les nations. Parle-t-on en historien, jugeant les lois pour le peuple qui se les donne, par rapport au caractère particulier de ce peuple et de ses intitutions ? Il faut dire que la république et ces lois fortes qui ont fait sa prospérité se sont évanouies.

### MOEURS ET COUTUMES.

Quand les institutions politiques et les lois civiles ne sont plus, les mœurs, qui les produisent, doivent être bien changées ; mais est-il nécessaire ici de peindre les nouvelles mœurs ? Ne se lisent-elles pas assez dans le récit des événements ? Cependant deux usages méritent quelques réflexions particulières (1). Les consulaires, les premiers magistrats de la république, viennent devant les juges plaider les affaires des citoyens ; c'est que

(1) Peut-être n'est-il pas inutile de donner une idée de la manière dont les Romains désignaient les personnes : 1o le prénom (*prænomen*) servait à distinguer les divers membres de la même famille ; la langue

leurs discours se prononcent au Forum, devant tout le peuple; c'est là un moyen de se mettre en évidence, surtout dans les causes civiles ou criminelles qui se rattachent à la politique. L'autre usage n'appartient pas au droit; il n'en est pas moins remarquable; c'est la facilité étonnante avec laquelle les Romains de ces derniers temps se donnent la mort : un parti est-il défait, le général, les lieutenants, les chefs se percent de leur épée, ou demandent ce service à un ami; ainsi meurent Scipion, Caton, Cassius, Brutus, Antoine, pour neci ter que les noms les plus illustres. Montesquieu avec son

---

romaine n'en comptait pas un grand nombre, aussi ne les écrivait-on ordinairement que par la lettre initiale. Le fils aîné prenait celui du père; les filles en général n'en portaient point : elles se distinguaient dans la famille par les épithètes de *major, minor, prima, secunda, tertia*, etc.; 2° le nom (*nomen*) appartenait à toute la race, il était toujours énoncé le second; les filles le portaient au féminin; 3° le surnom (*cognomen*) était une espèce de sobriquet donné à l'occasion de quelque haut fait, de quelque plaisanterie, de quelque beauté, de quelque difformité. Quelquefois le *cognomen* restait à la famille entière de celui qui l'avait porté le premier, et alors outre ce surnom général les divers membres pouvaient avoir un second surnom qui leur était personnel; ce second surnom est nommé par quelques auteurs *agnomen*. Dans la désignation du grand pontife *Ap. Claudius Cæcus*, nous trouvons le prénom *Appius*, le nom *Claudius* et le surnom *Cæcus*. Dans la famille des Scipions nous pouvons citer *P. Cornelius Scipio Africanus, L. Cornelius Scipio Asiaticus; Publius* et *Lucius* sont les prénoms des deux frères, *Cornelius* le nom de la race, *Scipio* le surnom général de la famille, *Africanus* et *Asiaticus* le surnom particulier de chacun de ces frères.

Les adoptés prenaient le nom de l'adoptant, et conservaient celui de leur ancienne famille, transformé en adjectif; c'est ainsi que César-Auguste se nommait *Octavianus*, Octavien, parce que, fils de C. Octavius, il avait été adopté par le testament de J. César.

Les femmes mariées ajoutaient au nom de leur famille celui de leur époux, mis au génitif, comme indice de leur dépendance. *Calpurnia Antistii*, Calpurnia, femme d'Antistius, celle qui avala des charbons ardents lorsque son mari eut été victime du parti de Marius.

Les esclaves n'avaient jamais qu'un nom : *Stichus, Geta, Davus;* une fois affranchis, ils y joignaient le prénom et le nom de leur patron. C'est ainsi que Térence, dont nous ne connaissons pas le nom d'esclavage, prit après son affranchissement celui de son maître *P. Terentius*, qu'il a fait passer à la postérité.

style rapide indique plusieurs causes à cette coutume; il me semble qu'il en est une décisive, et la voici : lorsque les consuls combattaient pour la république, étaient-ils vaincus, la république vivait toujours, ils continuaient à vivre avec elle; mais lorsque les chefs ne se battent que pour un parti, après une défaite entière que leur reste-t-il ? Le parti est anéanti; ils doivent disparaître avec lui : que feraient-ils avec le vainqueur? Qu'on remarque que cet usage est venu à la suite des guerres civiles et des proscriptions : ce sont des condamnés à mort qui se tuent pour échapper au supplice (1); la nécessité a fait du suicide un point d'honneur.

(1) Ils ne pourraient fuir nulle part, puisque le vainqueur va commander au monde connu : s'ils cherchaient un asile, ils subiraient le sort de Pompée et de son fils Sextus.

# TROISIÈME ÉPOQUE.

## LES EMPEREURS.

### § I. DEPUIS L'ÉTABLISSEMENT DE L'EMPIRE, JUSQU'A CONSTANTIN.

(An de Rome 723.) CÉSAR-AUGUSTE (*Cæsar-Octavianus*, *Augustus*, *cognomine*).

Après la bataille d'Actium et les triomphes qui la suivirent, César-Octavien ne proclama point que la république était renversée, qu'un nouveau mode de gouvernement allait s'élever, qu'un seul commanderait à l'État; ce ne fut que lentement et par gradation qu'il parvint au but. « Sylla, homme emporté, dit » Montesquieu, mène violemment les Romains à la » liberté; Auguste, rusé tyran, les conduit douce- » ment à la servitude. » Il gagne ses soldats par des largesses, ses ennemis par la clémence, les Romains par l'abondance et les jeux. Le tumulte et les maux des guerres civiles ont cessé, la tranquillité renaît, avec elle tous les beaux-arts; c'est au milieu d'un cortége de rhéteurs, de poëtes et d'historiens que chaque jour croît et s'affermit la puissance d'un seul. Le sénat et le peuple semblent eux-mêmes serrer leurs fers d'année en année : le sénat donne à Octavien le titre d'*imperator* à perpétuité (1); il confirme tous ses actes et leur jure obéissance (an 725). Deux ans après, le sénat décore Octavien du titre de Père de la patrie (*P. P.*), de celui d'Auguste, réservé aux choses saintes; il lui remet pour dix ans le pouvoir suprême; il lui abandonne les plus belles provinces de l'empire comme lui appartenant (*provinciæ Cæsaris*), quelques-unes seulement restent au peuple (*provinciæ populi*) (An de R. 727). Quatre ans après, le peuple donne à Auguste la puissance tribunitienne à perpétuité, à perpétuité la puissance proconsulaire (An de R. 731); quatre ans après, à perpétuité, la puissance consulaire (An de R. 735). Deux ans après, le sénat renouvelle pour dix ans le pouvoir absolu d'Auguste (An de R. 737). Enfin, deux ans encore, et le peuple donne à Auguste le titre de souverain-pontife : comme faisaient les rois il présidera au culte des dieux (An de R. 741). C'est ainsi que sans paraître détruire les magistratures de la république Auguste les amortit en les cumulant sur sa tête, et de leur réunion compose le pouvoir absolu.

Cependant il y eut encore des consuls (2), des proconsuls, des préteurs, des tribuns; on les donnait pour collègues au prince, dont ils étaient les premiers sujets. L'empereur s'associait à leur élection en désignant des candidats sûrs d'être nommés. Auguste ne manqua pas de porter ces dignités dans sa famille, sur ses neveux, ses beaux-fils, ses petits-fils à peine sortis de l'enfance.

---

(1) C'est un ancien titre d'honneur que les acclamations des soldats donnaient au général dans la joie et les transports qui suivent la victoire : plusieurs pouvaient le porter à la fois ; il ne conférait aucune autorité particulière (Tacit., *Ann.*, 3, § 74). Il finit par désigner le chef suprême de l'État.

(2) Comme les consuls se trouvaient, dans le fait, dépouillés de la direction générale de l'État, que l'empereur avait prise, on leur rendit une partie de la juridiction qu'ils avaient autrefois, et ils partagèrent avec le préteur quelques fonctions de la justice criminelle.

Mais pour compléter le nouveau système qui s'élevait il fallait une organisation dépendante du prince, de nouveaux dignitaires nommés par lui, attachés à sa fortune; aussi voyons-nous commencer sous Auguste plusieurs charges nouvelles, qui recevront sous ses successeurs plus ou moins de développement : les lieutenants, les procureurs de l'empereur, le préfet de la ville, les préfets du prétoire, les questeurs candidats de l'empereur, le préfet des approvisionnements, le préfet des gardes de nuit.

### 57. Lieutenants de l'empereur (*Legati Cæsaris*).

Les provinces, nous l'avons dit, étaient partagées entre le peuple et l'empereur : une partie, considérée comme appartenant plus spécialement au peuple (*provinciæ populi*), était gouvernée comme autrefois par les consuls et les préteurs sortant de charge; leur impôt, versé dans le trésor public, se nommait *stipendium*. Les autres étaient comme la propriété de César (*provinciæ Cæsaris*); leur impôt se nommait *tributum* (1); elles étaient administrées par des officiers envoyés par le prince (*legati Cæsaris*). Il existait quelques différences, mais légères, dans les priviléges et les pouvoirs des proconsuls et des lieutenants de l'empereur : on désigne l'un et l'autre de ces magistrats sous la dénomination générale de président de la province (*Præses provinciæ*) (2)

(1) Gai., *Instit.*, II, § 21.

(2) Dig., I, 16, *de officio proconsulis et legati*; — 18, *de officio præsidis*. — Le gouvernement de l'Égypte était considéré comme au-dessus de celui de toutes les autres provinces impériales; le lieutenant avait un titre particulier : *Præfectus augustalis*. On envoyait aussi dans cette province un magistrat chargé de rendre la justice de concert avec le président; il portait le nom de *Juridicus per Ægyptum*, *Juridicus Alexandriæ*. Dig., I, 17, *de officio præfecti augustalis*. — 20, *de officio juridici*.

**58. Procureurs de l'empereur** ( *Procuratores Cæsaris* ).

Comme les provinces, le trésor s'était divisé en deux parts, l'une pour le public (*ærarium*), l'autre pour le prince (*fiscus*). Auguste, pour veiller à ses intérêts et pour administrer les biens qui composaient son domaine particulier, plaça dans les provinces une espèce d'intendants, de fondés de pouvoirs, remplissant à peu près les fonctions de questeurs; ces derniers n'étaient point envoyés dans les provinces impériales. On ne devrait pas compter au rang des magistrats ces procureurs, qui n'étaient pour ainsi dire que les agents d'affaires de César, aussi n'étaient-ils choisis dans le principe que parmi les affranchis; mais dans un pays où le prince est tout, ses agents d'affaires sont beaucoup, et les procureurs de l'empereur acquirent par la suite une importance administrative, reçurent le droit de juger toutes les affaires relatives au fisc, et remplacèrent même quelquefois les présidents de la province (1).

**59. Préfet de la ville** ( *Præfectus urbi* ).

Le préfet de la ville était autrefois le magistrat qui restait à Rome pour gouverner et prendre part à l'administration de la justice lorsque les consuls s'éloignaient à la tête des armées; Auguste en fit une autorité permanente et locale. Le préfet de la ville devait, de concert avec les consuls, juger extraordinairement certains criminels; il avait aussi quelques-unes des fonctions attribuées jadis aux édiles curules. Son autorité s'accrut avec celle de l'empereur; nous le verrons enfin, chargé de presque toute la juridiction criminelle, s'élever au-

(1) Dig., I, 19, *de officio procuratoris Cæsaris, vel rationalis.*

dessus des préteurs. Il n'y avait du reste de préfet qu'à Rome, et ses pouvoirs, renfermés dans des limites étroites de territoire, ne s'étendaient pas au delà d'un rayon de cent milles autour de la ville (1).

**60. Préfets du prétoire** ( *Præfecti prætorio*).

Auguste se forma un corps de troupes nommées *gardes prétoriennes*, soldats dévoués entièrement au pouvoir. Il mit à leur tête deux chevaliers, nommés Préfets du prétoire, par imitation, dit un fragment au Digeste, des anciens dictateurs, qui se nommaient un maître de la cavalerie. Le nombre de ces préfets fut tantôt augmenté, tantôt diminué : ils avaient d'abord une autorité toute militaire; ils y joignirent sous les empereurs suivants une autorité civile, et finirent par ne plus garder que cette dernière. Ce sont ces préfets du prétoire dont les fonctions prirent tant d'éclat sous les jurisconsultes illustres qui en furent revêtus (2).

**61. Questeurs candidats de l'empereur** ( *Quæstores candidati principis* ).

Différant des questeurs chargés de l'administration du trésor, soit à Rome, soit dans les provinces, ceux-ci furent créés par Auguste pour lire dans le sénat les écrits qu'il adressait à ce corps, et tous les actes qu'il jugeait à propos de lui communiquer (3).

**62. Préfet des approvisionnements** ( *Præfectus annonum* ).

Le nom de ce magistrat suffit pour nous indiquer quelles étaient ses fonctions; il était placé sous l'autorité du préfet de la ville.

---

(1) Dig., I, 12, *de officio præfecti urbi.*
(2) Dig., I, 11, *de officio præfecti prætorio.*
(3) Dig., I, 13, *de officio quæstoris.*

### 63. Préfet des gardes de nuit (*Præfectus vigilum*).

Pour veiller pendant la nuit à la tranquillité publique, on avait autrefois cinq magistrats (*quinque viri*), dont nous avons déjà parlé (p. 171, note 1). Auguste consacra à ce service sept cohortes commandées chacune par leur tribun, et distribuées dans la ville de manière que chacune eût deux quartiers à surveiller, ce qui nous prouve que Rome était divisée en quatorze quartiers. Pour diriger toutes ces cohortes il fut créé un magistrat spécial (*præfectus vigilum*), qui devait faire faire des rondes nocturnes, ordonner aux locataires toutes les précautions propres à préserver du feu, punir les contraventions; on ajouta même à sa juridiction la connaissance de quelques délits qui se rattachent à la sûreté publique, les vols avec effraction, les vols commis dans les bains. Cependant toutes les fois que le crime entraînait une peine trop forte le préfet des gardes de nuit n'était plus compétent, et devait renvoyer au préfet de la ville (1).

Toutes ces magistratures impériales en s'étendant étouffèrent par la suite les magistratures républicaines : plusieurs de ces dernières disparurent en entier ; quelques-unes ne restèrent que de nom ; fort peu, comme celle des préteurs, conservèrent une partie de leur importance, et le pouvoir absolu s'éleva entouré d'institutions nouvelles qui lui devaient naissance et servaient à le soutenir.

Ce changement remarquable dans l'administration, on le voit aussi dans la législation ; sous l'influence des volontés impériales non-seulement les sénatus-

---

(1) Dig., I, 15, *de officio præfecti vigilum*.

consultes prirent plus d'extension, et réglèrent plus fréquemment les points de droit civil, mais le prince de son côté commença à publier ses volontés, et à leur donner force de loi sous le nom de *constitutions*.

**64. Constitutions des empereurs** (*Constitutiones principum*).

C'est ici la dernière et plus tard l'unique source du droit. Le nom générique de constitution embrasse tous les actes émanés du prince; mais il faut les diviser principalement en trois classes distinctes : 1° les ordonnances générales promulguées spontanément par l'empereur (*edicta*, édits); 2° les jugements rendus par lui dans les causes qu'il évoquait à son tribunal (*decreta*, décrets); 3° les actes adressés par lui à diverses personnes, comme à ses lieutenants dans les provinces, aux magistrats inférieurs des cités, aux préteurs ou proconsuls qui l'interrogeaient sur un point douteux de jurisprudence, à des particuliers qui l'imploraient dans une circonstance quelconque (*mandata*, *epistolæ*, *rescripta*, mandats, épîtres, rescripts). De ces constitutions les unes étaient générales, et s'appliquaient à tout le monde, d'autres particulières et destinées seulement aux cas et aux personnes pour lesquelles elles étaient rendues. Mais ici s'élèvent deux questions controversées : à quelle époque et de quel droit les constitutions impériales ont-elles commencé?

*A quelle époque?* Sous Adrien seulement, disent plusieurs écrivains; et leur opinion se fonde sur ce que jusque-là le droit nous paraît réglé en entier par des plébiscites et par des sénatus-consultes. La plus ancienne constitution que nous rencontrions dans le recueil que Justinien nous en a laissé, est en effet de l'empereur Adrien; mais est-ce là une raison suffisante, quand tout nous prouve que l'origine des constitutions doit remonter plus haut? Auguste avait des lieutenants dans les provinces impériales soumises entièrement à lui et indépendantes du sénat; ne devait-il pas nécessairement envoyer à ces lieutenants des instructions? Qu'on lise l'histoire; on se convaincra qu'il le faisait fréquemment : il y avait donc *des mandats*. Bien souvent des particuliers s'adressaient à Auguste; ils imploraient sa protection, des faveurs : ne fallait-il pas leur répondre? Il y avait donc *des rescripts*. Bien avant Adrien l'empereur a jugé des affaires importantes qu'il enlevait aux tribunaux ordinaires; l'histoire nous en offre plus d'un exemple : Tacite nous peint le sénat lui-même, après le meurtre de Germanicus, priant Tibère de connaître et de juger lui seul cette affaire. Il y avait donc *des décrets*. Enfin ne trouvons-nous pas des citations indirectes de constitutions qui introduisaient de nouvelles dispositions dans le droit, et ne pouvaient être pour la plupart que *des édits*? (1) L'er-

(1) Jules-César accorde le premier aux militaires le droit de faire leur testament sans formalité. « *Militibus liberam testamenti factionem primus quidem divus Julius Cæsar concessit. Sed ea concessio temporalis erat.* » (Dig., 29, 1, *de Testam. milit.*, 1, princ. f. Ulp.)

Auguste, Nerva, Trajan accordent aux militaires le droit de tester sur leur pécule castrant. « .... *Quod quidem jus in primis tantum militantibus datum est, tam auctoritate divi Augusti, quam Nervæ nec non optimi imperatoris Trajani : postea vero subscriptione divi Hadriani etiam dimissis à militia, id est veteranis concessum est.* » (Inst., 2, 12, pr.)

Auguste ordonne le premier qu'on exécute les fidéicommis. « *Postea primus divus Augustus semel iterumque gratia personarum motus vel quia per ipsius salutem rogatus quis diceretur, aut ob insignem quorumdam perfidiam, jussit consulibus auctoritatem suam interponere.* » (Inst., 2, 23, § 1.) C'était ici des mandats ou des rescripts.

Auguste, et ensuite Claude, défendent par leurs édits que les femmes puissent se charger des dettes de leur mari. « *Et primo quidem, temporibus divi Augusti, mox deinde Claudii, edictis eorum erat interdictum, ne fœminæ pro viris suis intercederent.* » Dig., 16, 1, *ad sen. Cons. Velleian.*, 2 pr. fr. Ulp.

Tibère décide un point de droit en discussion dans une affaire concernant un de ses esclaves. Les Instituts, après avoir exposé le point de droit

reur n'a donc pu venir que de ce que plusieurs innovations importantes apportées au droit civil nous paraissent consacrées par des plébiscites ou par des sénatus-consultes, Auguste et ses premiers successeurs ayant eu le soin de consulter quelquefois le peuple ou le sénat, et de revêtir leurs volontés des formes usitées dans la république.

*De quel droit?* Du droit du plus fort, si ces deux mots peuvent s'allier. Un seul homme s'est élevé, plaçant sous lui les magistrats et le peuple, mettant sa volonté au-dessus de la volonté générale : n'est-ce pas avoir pris le pouvoir de rendre des constitutions? Mais ce qu'avait fait la force, la législation l'a-t-elle légitimé? Ceci nous conduit à examiner une loi qui a donné matière à bien des doutes; la loi REGIA.

### 65. Loi Regia (*Lex Regia*).

D'après les Instituts le droit qu'a l'empereur de donner à sa volonté force obligatoire est incontestable, parce que le peuple par la loi Regia lui a cédé tous ses pouvoirs, assertion qui se trouve répétée au Digeste dans un fragment d'Ulpien. Cependant aucun historien ne nous révèle l'existence de cette loi Regia : et dès lors, d'un côté on a accusé Tribonien de l'avoir supposée en falsifiant le passage d'Ulpien; de l'autre on l'a défendu. Enfin la découverte du manuscrit de Gaïus, levant les doutes sur l'existence d'une loi, en a laissé sur sa nature et ses dispositions : est-ce une loi unique rendue définitivement pour régler les pouvoirs des empereurs? ou bien cette loi était-elle répétée à chaque avéne-

---

et la décision, ajoutent : « *Idque Tiberius Cæsar in personâ Parthenii servi sui constituit.* » (INST., 2, 15, § 4.) Cette constitution était au moins un décret.

ment à l'empire? Tout me semble prouver qu'il s'agit ici seulement de la loi faite par le peuple ou par le sénat après le choix d'un empereur, pour le constituer dans ses pouvoirs; et les divers passages que l'on cite ne me paraissent avoir d'autre sens que celui-ci : Comme c'est par une loi que le peuple donne l'empire et cède ses pouvoirs à l'empereur, celui-ci incontestablement a le droit de rendre des constitutions. C'est la vieille loi Regia, la loi d'élection, rendue, au temps de la période royale, par les comices par curies pour la nomination de chaque roi (ci-dessus, page 38). Quoique les institutions soient bien changées, le nom en est exhumé, et s'applique à la loi élective de l'empereur (1).

---

(1) Je ne sais si je me trompe dans cette question qui me paraît résolue par le manuscrit de Gaïus et un passage de Cicéron, mais voici les textes et mes raisonnements ; on en jugera.

« *Sed et quod principi placuit, legis habet vigorem; cum lege Regia*, quæ de ejus imperio lata est, *populus ei et in eum omne imperium suum et potestatem concedat.* » (D'autres mettent *concessit.*) (Inst., I, 1, § 6.)

« *Quod principi placuit, legis habet vigorem, utpote cum lege Regia*, quæ de imperio ejus lata est, *populus ei et in eum omne suum imperium et potestatem conferat.* » (Dig., 1, 4, 1 fr. Ulp.)

« *Constitutio principis est quod imperator decreto, vel edicto, vel epistola constituit, nec unquam dubitatum est quin id legis vicem obtineat, cum ipse imperator per legem imperium accipiat.* (Gaïus, *Instit.* 1, § 5.)

Le passage de Gaïus est clair, et littéralement on ne peut le traduire qu'ainsi : « Personne n'a jamais douté que ces constitutions fassent loi, » puisque c'est par une loi que le prince lui-même reçoit l'empire. »

Le sens des Instituts et du fragment d'Ulpien est plus obscur. Ces mots, *quæ de ejus imperio lata est,* signifient-ils : « la loi Regia qui a été rendue » pour régler les pouvoirs des empereurs » ; ou bien : « la loi Regia qui a été rendue pour constituer l'empereur dans ses pouvoirs ? » Dans le premier sens on ne dirait pas ce que dit Gaïus ; dans le second, on serait entièrement d'accord. Toute la question gît donc en entier dans l'appréciation exacte de ces mots *de imperio ejus.* Un trait de lumière me paraît jaillir à cet égard des fragments de la République de Cicéron, découverts par M. Mai : la citation est longue, mais elle est trop importante pour ne point la faire ; Cicéron parle de la manière dont les différents rois de Rome furent portés sur le trône :

« .... *Numam Pompilium... regem... patribus auctoribus, sibi ipse populus adscivit,.... qui ut huc venit, quamquam populus curiatis eum*

### 66. Réponses des prudents (*Responsa prudentum*). — Conseil permanent de jurisprudents.

Quand tous les pouvoirs se rattachaient à l'empereur, celui de la jurisprudence, de l'interprétation

---

*comitiis regem esse jusserat*, *tamen ipse* de suo imperio *curiatam legem tulit.* » (Cic., *de Republ.*, II, § 13.)

« *Mortuo rege Pompilio*, *Tullum Hostilium populus regem*, *interrege rogante*, *comitiis curiatis creavit : isque* de imperio suo, *exemplo Pompilii*, *populum consuluit curiatim.* » (Ib., § 17.)

« *Post eum*, *Numæ Pompilii nepos ex filia*, *rex à populo est Ancus Martius constitutus : idemque* de imperio suo *legem curiatam tulit.* » (§ 18.).

« *Mortuo Martio*, *cunctis populi suffragiis rex est creatus L. Tarquinus... isque ut* de suo imperio *legem tulit*, *etc.* » (§ 20.)

« *Post eum*, *Servius Sulpicius primus injussu populi regnavisse traditur.... sed Tarquinio sepulto*, *populum de se ipse consuluit*, *jussusque regnare*, *legem* de imperio suo *curiatam tulit.* » (§ 21.)

Ne voyons-nous pas ici identiquement les expressions des Instituts? Cette loi Regia dont parle Ulpien, *quæ de ejus imperio lata est*, n'est-elle pas, pour les empereurs, ce qu'était, pour chaque roi, la loi dont parle Cicéron, *de imperio suo legem tulit*? D'où pourrait même venir cette dénomination qu'Ulpien donne à la loi, *lex Regia*? L'aurait-on inventée à une époque où les Romains, tombés sous le pouvoir absolu, avaient encore en horreur le nom de roi? ne faut-il pas la faire remonter aux premiers rois, et voir dans le jurisconsulte une expression ancienne dont il se sert? Chaque roi était appelé par le choix du peuple; après avoir accepté il se faisait constituer dans ses pouvoirs (*legem de imperio suo ferebat*) (v. p. 38). Chaque empereur était désigné ou par son prédécesseur ou par les acclamations de l'armée; une loi (alors sénatus-consulte) le confirmait dans l'empire (*Lex Regia de imperio ejus ferebatur*). On concevrait le silence des historiens sur cette loi, toute de forme et toujours prête pour celui qui triomphait : mais ce silence n'existe même pas; ils nous montrent toujours le sénat confirmant le choix des armées, et Eutrope dit en parlant de Maximin : *Post hunc Maximinus ex corpore militari primus ad imperium accessit*, *solâ militum voluntate*, *cùm nulla senatûs intercessisset auctoritas* (Eutr., liv. 9). Comment pourrait-on justifier au contraire l'oubli des historiens et des jurisconsultes, sur une loi unique qui aurait donné aux empereurs le pouvoir législatif? Toutes ces raisons me font conclure que les passages d'Ulpien et des Instituts ne signifient rien autre que le passage de Gaïus : personne ne doute que les volontés de l'empereur n'aient force de loi, parce que c'est par une loi que lui-même reçoit l'empire.

populaire et publique du droit, ne pouvait rester libre; les magistrats étaient déjà soumis, les jurisconsultes le furent aussi, et leur antique indépendance faiblit devant la volonté impériale. « Il est bon de sa» voir, dit Pomponius, qu'avant le siècle d'Auguste le » droit de répondre publiquement n'était pas concédé » par les chefs de la république, mais il était ouvert » à tous ceux qui se confiaient assez en leurs connais» sances dans les lois; ils ne donnaient pas leurs ré» ponses revêtues de leur sceau, mais le plus souvent » ils écrivaient eux-mêmes aux juges, ou les parties » consultantes faisaient attester par témoins quelles » avaient été ces réponses. Auguste, dans le but d'aug» menter l'autorité du droit, établit, le premier, que les » jurisconsultes répondraient en vertu de son autori» sation; et depuis, cette autorisation commença à être » demandée comme une faveur (1). »

Ainsi, tel est le procédé suivi par Auguste : Il veut, dit-il, donner plus de crédit à la jurisprudence, plus d'autorité aux réponses des jurisconsultes (*ut major juris auctoritas haberetur*); il veut que ces réponses soient faites, en quelque sorte, avec sa propre autorité, comme une émanation de sa propre puissance (*ut ex auctoritate ejus responderent*). Il crée, en conséquence, une classe de jurisconsultes privilégiés, de jurisconsultes officiels, qu'il investit du droit de répondre sous l'autorité du prince, et qui donnent leurs réponses revêtues de leur sceau (*responsa signata*), forme qui, sans doute, sert de garantie et d'attestation de l'autorité qu'ils ont reçue. Toutefois, quels étaient la portée et les avantages de ce privilége, de cette mission impériale? Ces jurisconsultes officiels recevaient-ils des honoraires publics, et ces expressions « *publice res-*

---

(1) Dig., 1, 2, *de Orig. jur.*, 2, § 47 fr., Pomp.

*pondere,* » signifient elles, à l'époque où nous sommes parvenus, « répondre aux frais du trésor public? » Nous l'ignorons, et ce n'est pas le sens que paraît leur attribuer Pomponius. Quelle était la différence d'autorité, entre les réponses données par ces jurisconsultes officiels, et celles des autres jurisconsultes qui, sous la seule foi de leurs connaissances et sans privilége impérial, auraient donné leurs avis aux plaideurs? Nous ne le savons pas davantage. Je ne crois pas cependant que les réponses des jurisconsultes officiels, revêtues de leur sceau, aient reçu une autorité impérative, obligatoire pour le magistrat ou pour le juge, qui les aurait rangées dès lors parmi les sources du droit écrit. Ce n'est que plus tard, que nous verrons des constitutions impériales leur donner véritablement, dans de certaines conditions, une pareille autorité. Il paraît même que le nouvel ordre introduit par Auguste, quoique donnant un crédit officiel aux jurisconsultes investis de l'autorisation impériale, n'empêcha pas cependant l'opinion publique de considérer les prudents comme puisant leur droit dans leur capacité; car après le passage que nous avons cité, Pomponius ajoute : « Des personnages prétoriens demandant à Adrien » l'autorisation de répondre sur le droit, cet excellent » prince leur répondit que ce n'était point une faveur » qu'ils dussent demander, mais un droit qui leur appartenait selon l'usage; et que si quelqu'un se confiait assez dans son savoir il pouvait se préparer à » répondre au peuple. »

Un second point important à considérer dans le rôle auquel sont appelés les jurisconsultes, c'est l'influence qu'ils prennent comme conseils, dans l'administration de la chose publique, dans la préparation des actes législatifs, et dans la solution des difficultés juridiques. Déjà au temps de la libre République, les magistrats, les préteurs, les juges eux-mêmes, pouvaient se faire assister, pour l'accomplissement de leurs fonctions respectives, de jurisconsultes auxquels ils étaient libres d'en référer, de demander avis. Mais lorsque au-dessus de ces magistratures temporaires se trouva un pouvoir impérial permanent, qui gouvernait, qui statuait législativement par ses édits, qui donnait des ordres, des instructions, des solutions judiciaires ou des faveurs par ses rescripts, qui décidait extraordinairement des affaires contentieuses par ses décrets, le besoin devenait plus marqué et surtout plus constant, pour l'empereur, d'avoir auprès de lui un conseil particulier, pour s'éclairer dans les diverses affaires gouvernementales, législatives ou judiciaires. Il ne faisait que suivre en cela la tradition des anciens magistrats. Les jurisconsultes les plus éminents furent appelés à ce conseil. La part qu'ils prirent, par leurs délibérations, à la décision des points difficiles ou importants pour la législation, leur concours dans la préparation des projets de sénatus-consultes présentés par l'empereur au sénat, ou dans les constitutions de diverse nature, et dans les décisions contentieuses de l'empereur, nous sont signalés en mainte occasion. Ainsi, lorsqu'il s'agit de se prononcer sur les codicilles, Auguste convoque les prudents et leur soumet la question (1). Ainsi, les divins frères (Marc-Aurèle et Lucius Verus), dans le texte même d'un rescript qui prononce sur une difficulté de succession d'affranchis, ont soin de dire que leur décision a été prise après avoir été examinée et traitée avec l'assistance de Mœcianus et de plusieurs autres jurisconsultes qu'ils appellent leurs amis (2). Mais ces conseils, sans

---

(1) « Dicitur autem Augustus convocasse prudentes, inter quos Trebatium quoque cujus tunc auctoritas maxima erat, et quæsiisse an posset hoc recipi, nec absonans a juris ratione codicillorum usus esset. » (INSTIT., 2, 25, *de codicillis*, pr.)

(2) « .... Volusius Mœcianus, amicus noster. » « Sed cum et ipso Mœ-

qu'on puisse en préciser exactement ni l'époque ni les détails d'organisation, prirent un caractère permanent, dont on peut faire remonter le germe jusqu'au temps d'Auguste. On les trouve, depuis l'empereur Adrien, séparés en deux bien distincts : le *consistorium*, conseil privé pour les affaires gouvernementales; l'*auditorium*, conseil privé pour les affaires juridiques et contentieuses : et l'on peut désigner nommément plusieurs jurisconsultes distingués, comme en ayant fait partie (1).

**67. Labéon et Capiton** ( *M. Antistius Labeo et C. Ateius Capito* ). — **Division des jurisconsultes en deux écoles ou sectes** ( *scholæ*) : **les Proculéiens ou Pégasiens; les Sabiniens ou Cassiens.**

Ces deux jurisconsultes rivaux différaient de caractère en politique aussi bien qu'en jurisprudence. Empruntons leur parallèle à Tacite et à Pomponius.

« Comptant pour aïeul un centurion de Sylla, pour » père un ancien préteur, Ateius Capiton, par l'étude » des lois, se plaça au premier rang. Auguste s'était » hâté de l'élever au consulat pour qu'il dépassât en » dignité Antistius Labéon, qui le dépassait en savoir; » car ce siècle produisit à la fois deux de ces génies qui

---

ciano, et aliis amicis nostris jurisperitis, adhibitis, plenius tractaremus : magis visum est..., etc. » Dig., 37, 14, *de jur. patron.*, 17 pr. fr. Ulp.

(1) Celse, Neratius, Julianus faisaient partie du conseil d'Hadrien (Spartian, *Hadr.* 18). Mæcianus, Marcellus, Javolenus, de celui d'Antonin-le-Pieux (Capitolin, *Pio.*, 12). Alexandre ne sanctionna aucune constitution sans le conseil de vingt jurisprudents (Lamprid, *Alex.* 16 et Ult.). — Il est question, dans un fragment d'Ulpien ( Dig., 4, 4, *de minor. vigent. quinq. ann.*, 18, § 1 ), de l'auditoire du prince, en général, et de celui de Sévère et Antonin, à propos des restitutions accordées par l'empereur. — Dans un fragment de Paul (Dig., 12, 1, *de reb. credit.*, 40), nous voyons l'*auditorium* présidé par Papinien, préfet du prétoire, et désigné sous la qualification d'*auditorium Papiniani*.

» sont l'ornement de la paix : Labéon, incorruptible et » libre, obtint plus de célébrité; Capiton, complaisant » du pouvoir, plus de faveurs. Pour le premier, qui » n'arriva qu'à la préture, naquit de sa disgrâce la » considération publique; pour le second, qui monta » jusqu'au consulat, de sa fortune l'envie et l'animad- » version. » (1) Ainsi parle Tacite; et Pomponius, après avoir dit : de l'un qu'il fut consul; de l'autre qu'il ne voulut pas l'être, et qu'il refusa cette dignité que lui offrait Auguste, caractérise ainsi la différence de leur esprit sous le rapport de la science : « Ateius Capiton » continua à présenter les choses telles qu'elles lui » avaient été présentées à lui-même; Labéon, doué d'un » esprit ingénieux, plein de confiance dans sa doctrine, » versé dans la connaissance des autres sciences, s'é- » leva à des vues nouvelles, et introduisit plusieurs in- » novations. »

C'est à ces deux jurisconsultes que le même Pomponius rapporte la naissance de deux sectes : à Labéon celle des Proculéiens ou Pégasiens (*Proculeiani*, *Pegasiani*); à Capiton celle des Sabiniens ou Cassiens (*Sabiniani*, *Cassiani*). Un pareil événement n'était pas sans importance; dans un gouvernement où les jurisconsultes, revêtus comme d'un caractère public, guidaient par leurs réponses les plaideurs et même les juges, ce ne fut pas sans une certaine sensation qu'on dut les voir former une scission et se diviser en deux partis opposés. Mais quels furent l'occasion de cette séparation et le point de distinction scientifique entre les deux sectes ? On peut conjecturer avec quelque fondement, que l'enseignement du droit avait déjà commencé, à cette époque, à prendre un caractère différent de ce qu'il avait été du temps de Tiberius Coruncanius et de

---

(1) TACIT., *Annal.* III, § 75.

ses successeurs. Au lieu d'être confondu avec la pratique, et de se formuler au jour le jour, par une initiation expérimentale à la solution de chaque affaire, l'enseignement s'était dégagé. Il était devenu chose principale, offert théoriquement en un enchaînement de principes, en un corps de science, hors du prétoire et du cercle des plaideurs, sans que pour cela les professeurs abandonnassent le point de vue pratique qu'on retrouve toujours dans la jurisprudence romaine. En un mot, l'enseignement doctrinal avait été créé. On peut dire que la science du droit avait des précepteurs (*præceptores*), des écoles (*scholæ*). Cela est indubitable pour les temps postérieurs, où Ulpien nous parle des professeurs de droit civil (*juris civilis professores*) qu'il rapproche des philosophes (1); où Modestin s'explique sur les dispenses de tutelle à l'égard de ceux qui professent le droit soit à Rome soit dans les provinces (*legum doctores docentes*) (2). Mais, même en remontant vers des temps antérieurs, Gaïus appelle constamment les Sabiniens, dont il suit la doctrine, *præceptores nostri*, et les Proculéiens, *diversæ scholæ auctores* : expressions qui dénotent un véritable enseignement. Javolenus, plus près encore de la souche que lui, se sert aussi de ces termes, *præceptores tui* (3). Nous savons que Sabinus, le disciple immédiat de Capiton, sous Tibère, trouvait ses moyens d'existence dans la rétribution de ses auditeurs (4). Enfin Pomponius nous dit encore de Labéon lui-même, qu'il avait arrangé son temps de manière à passer six mois à la ville avec les

---

(1) Dig., 50, 13, *de extraord. cognit.*, 1, § 5 fr., Ulp.

(2) Dig., 27, 1, *de excusat.*, 6, § 12 fr., Modest.

(3) Dig., 42, 5, *de reb. auct. judic.*, 28 fr., Javolen.

(4) Dig., 1, 2, *de orig. jur.*, 2, § 47 fr., Pomp. : « Huic (Sabino) nec amplæ facultates fuerunt, sed plurimum a suis auditoribus sustentatus est. »

étudiants, et six mois dans la retraite, pour écrire ses livres (1).

Ainsi, déjà du temps de Labéon et de Capiton, il y a eu, de la part de l'un et de l'autre, un véritable enseignement de doctrine; il s'est formé, autour de chacun d'eux, dans l'acception propre du mot, une école (*schola*), un ensemble d'écoliers, d'étudiants (*studiosi*). Si l'on réfléchit à l'opposition radicale qui séparait ces deux hommes en politique : l'un courtisan d'Auguste, l'autre républicain inflexible; si l'on considère la diversité de leur esprit scientifique : l'un docile, l'autre indépendant, en science comme en politique; l'un attaché, non pas au droit strict, comme on l'a dit à tort, mais aux traditions reçues dans la jurisprudence; l'autre, appliquant à l'étude du droit l'étendue de ses connaissances et de sa philosophie, et porté aux innovations, on concevra facilement qu'il y ait eu, dès leur vivant, une séparation, une scission, peut-être passionnée, entre leurs deux écoles, à ne les considérer même que dans les écoliers, que dans les partisans de l'un ou de l'autre maître. L'histoire, même générale, nous présente Labéon et Capiton comme deux rivaux : à plus forte raison doit-il en être ainsi, de l'histoire spéciale du droit. Mais cela ne s'est transformé en deux sectes diverses de jurisconsultes, que lorsque les écoliers sont devenus jurisconsultes, que les disciples ont succédé aux maîtres, Nerva, Proculus et Pégasus à Labéon, Sabinus et Cassius à Capiton, et que l'enseignement des deux écoles séparées s'est perpétué. Aussi les deux sectes n'ont-elles pas pris les noms des deux chefs primitifs, Labéon et Capiton : on n'y songeait pas encore de leur vivant; mais ceux des

(1) « ..... Totum annum ita diviserat, ut Romæ sex mensibus cum studiosis esset, sex mensibus secederet, et conscribendis liberis operam daret. » *Ibid.*

maîtres postérieurs : les Proculéiens ou Pégasiens, tirant leur origine de Labéon ; les Sabiniens ou Cassiens, tirant la leur de Capiton. Maintenant, si l'on cherche un point de division radical, sous le rapport de la science, entre les deux écoles ; un principe général de dissidence, une espèce de théorie différente pour chaque secte, qui pût rendre constamment raison de la diversité de leurs décisions particulières sur différentes questions de détail, je crois qu'on cherchera ce qui n'a jamais existé et ce qui n'a pas dû exister. Il ne sera pas vrai de dire que les uns se décident exclusivement par le droit strict, les autres par l'équité; que ceux-ci soient exclusivement novateurs, et ceux-là défenseurs exclusifs de la tradition ; car l'équité, l'innovation, se trouvent tantôt d'une part et tantôt de l'autre. C'est une erreur que de vouloir appliquer radicalement aux deux écoles entières, l'opposition de caractère ou de génie qui a existé entre les deux jurisconsultes primitifs à qui elles se rattachaient. D'une part, la jurisprudence romaine, même dans son enseignement doctrinal en dehors des affaires, a toujours été éminemment pratique : les deux écoles étaient l'une et l'autre dirigées vers ce but. D'autre part, les hommes ont succédé aux hommes, les caractères se sont modifiés. Il y avait deux écoles ou sectes ; sur diverses questions controversées, on professait telle solution dans l'une et telle autre solution dans l'autre; les divers disciples, plus tard sectateurs ou professeurs à leur tour, s'en transmettaient la doctrine; mais il n'y avait pas là une barrière irrévocable et inflexible ; plus d'une fois les jurisconsultes d'une secte, sur certaines questions, abandonnent l'opinion de leur maître pour donner la préférence à celle de l'école opposée (1) ; d'un autre côté, le temps et

(1) Ainsi, Proculus, Celsus, dans les fragments cités au Digeste (7, 5, *de*

l'étude font surgir de nouvelles questions sur lesquelles de nouveaux dissentiments peuvent se produire : *eas dissentiones auxerunt*, dit Pomponius (1). Il n'y a donc là qu'une transmission de doctrine, des maîtres aux disciples et aux partisans successifs, qui n'exclut pas une certaine variation, résultat de la critique et du travail personnel de chaque jurisconsulte. Cette transmission, ainsi modifiée, se continua pendant près de deux siècles. Pomponius, qui écrivait sous Antonin le Pieux, nous donne, en les distinguant par les sectes, à peu près jusqu'à son époque, la succession des principaux jurisconsultes (2), qu'on peut ranger sous le tableau suivant :

| *Sabiniens* ou *Cassiens.* | *Proculéiens* ou *Pégasiens.* |
|---|---|
| Capiton. | Labéon. |
| Massurius Sabinus. | Nerva, le père. |
| Gaïus Cassius Longinus. | Proculus. |
| Cœlius Sabinus. | Nerva, le fils. |
| Priscus Javolenus. | Pegasus. |
| Aburnus Valens. | Juventius Celsus, le père. |
| Tuscianus ou Tuscius Fuscianus. | Celsus, le fils. |
| Salvius Julianus. | Neratius Priscus. |

La distinction se prolongea plus loin encore; car Gaïus, qui écrit sous Marc-Aurèle, se rattache expressément aux sabiniens, par ces expressions souvent répétées *nostri præceptores* (3). Mais elle finit par s'effacer; et probablement, l'apparition d'un jurisconsulte tel que Papinien, qui se créa une puissante personna-

---

*usuf. ear. rer.*, 3 fr., Ulp. — 28, 5, *de hæred. instit.*, 9, § 14 fr., Ulp.), adoptent des opinions des Sabiniens.—Et, en sens inverse, Javolenus, dans l'exemple que nous fournit le Digeste (28, 5, *de hæredib. instit.*, 11 fr. Javol.) donne son approbation à un avis de Proculus.

(1) Dig., 1, 2, *de Orig. jur.*, 2, § 47 fr., Pomp.

(2) *Ibid.*

(3) Notamment Gai, *Instit.*, II, § 195, etc.

lité, et qui fut nommé le Prince des jurisconsultes, dut, en absorbant sur lui le crédit, rompre définitivement cette chaîne du passé. Toutefois, les dissidences des sabiniens et des proculéiens, sur un grand nombre de questions, nous sont parvenues par quelques extraits de leurs écrits, et la trace s'en retrouve encore plus d'une fois dans le Digeste de Justinien, malgré l'harmonie que les rédacteurs avaient pour mission d'y introduire.

L'opinion qu'il se serait formé, à l'époque d'Adrien, une troisième secte, d'ecclectiques, nommée *Erciscundi* ou *Miscelliones*, doit être considérée comme une méprise de Cujas, qui l'a mise en vogue.

Si, après avoir examiné les changements survenus dans le droit politique, nous portons nos regards sur le droit civil privé, nous y trouverons sur les mariages, sur les fidéicommis, sur les affranchissements, trois innovations essentielles, toutes trois amenées par les circonstances.

**68.** **Loi** Julia *de maritandis ordinibus ;* **loi** Papia Poppoea, *nommée aussi*, **loi** Julia et Pappia, *quelquefois simplement* Leges, *sur le mariage et sur la paternité.*

Les derniers temps de la république avaient offert une dépravation de mœurs étonnante; le mariage des citoyens (*justæ nuptiæ*) avait été ou abandonné, ou changé en libertinage par des divorces annuels. On pouvait dire alors des dames romaines : elles ne comptent point les années par les consuls, mais par leurs maris. Le célibat était chose de mode. Les guerres civiles et les proscriptions avaient laissé de grands vides dans les familles; et sous le flot des esclaves, des affranchis ou des pérégrins la race des citoyens s'en allait. Plus d'une fois la censure avait signalé le péril. Auguste tenta de remédier par la législation et par la fiscalité :

la corruption des mœurs et à l'épuisement de la population légitime. Un premier plébiscite, proposé dans ce but, sur le mariage des deux ordres, *lex* JULIA, *de maritandis ordinibus*, après avoir échoué une première fois devant le vote des comices (an de Rome 737), avait enfin été adopté vingt ans après (an de Rome 757). Une seconde loi, la loi PAPPIA POPPOEA, à peu d'intervalle (an de Rome 762), compléta le système. La loi précédente y fut incorporée, refondue de manière à former un seul tout avec le nouveau plébiscite, que les jurisconsultes romains nomment souvent, à cause de cela, *lex* JULIA ET PAPPIA, et quelquefois les lois par excellence, LEGES.

Ce fut un monument législatif considérable, le plus étendu après la loi des XII Tables, et qui produisit une vive impression dans la société. Non-seulement le mariage, mais tout ce qui, par divers points, venait y aboutir : les fiançailles, le divorce, la dot, les donations entre époux, le concubinat, les hérédités et l'époque de l'adition, les legs et l'époque de leur dévolution au légataire (du *dies cedit*), l'aptitude ou l'incapacité de recueillir soit les unes, soit les autres, enfin des droits, faveurs ou dispenses particuliers accordés sur divers points spéciaux aux pères ou aux mères qui avaient des enfants, ou qui en avaient tel ou tel nombre : tout cela formait un ensemble important de dispositions nouvelles, qui venaient toucher, plus ou moins, à un grand nombre de parties du droit civil. Aussi, les commentateurs ne manquèrent pas à la loi PAPPIA, et le nombre des fragments de ces divers commentaires (*ad legem Pappiam*), que nous trouvons encore dans le Digeste de Justinien, témoigne de la trace profonde que cette œuvre législative avait laissée dans la jurisprudence. Le meilleur travail qui ait été tenté pour la restitution de cette loi est celui d'Heineccius. La découverte des Instituts de Gaïus nous a fourni de nouvelles notions et nous a mis à même de relever plusieurs erreurs que l'absence de documents a fait commettre à nos devanciers (1).

La loi JULIA et la loi PAPPIA POPPOEA partagèrent toute la société romaine en des classes bien distinctes : d'une part, en vertu de la loi JULIA, les célibataires (*cœlibes*) et les personnes mariées; d'autre part, en vertu de la loi PAPPIA, les personnes sans enfant (*orbi*) et celles qui en avaient (*patres* ou *matres*).

Tout homme âgé de plus de vingt ans et de moins de soixante, toute femme âgée de plus de vingt ans et de moins de cinquante, qui n'étaient pas mariés, ou qui après la dissolution d'un premier mariage n'en avaient pas contracté un nouveau dans un délai fixé, étaient célibataires (*cœlibes*); tout individu âgé de plus de vingt-cinq ans et de moins de soixante, sans enfant au moins adoptif, était *orbus*. La loi était combinée de manière à accorder des récompenses de diverses natures à ceux qui étaient mariés et pères, et à punir par diverses incapacités ceux qui n'avaient pas d'enfant (*orbi*), et plus sévèrement encore les célibataires (*cœlibes*). Le point principalement vulnérable et sur lequel le législateur avait frappé, était la capacité de recevoir par testament d'une personne à laquelle on était étranger. Le célibataire (*cœlebs*) avait été déclaré incapable de rien recevoir, et le citoyen sans enfant (*orbus*) incapable de recevoir au delà de la moitié de ce qui lui avait été laissé. Ainsi, voilà des dispositions testamentaires, institutions d'héritiers ou legs, qui, quoique valables selon le Droit civil, tombaient, en quelque sorte, par suite de la loi JULIA ET PAPPIA, en tout ou en partie, des mains de celui qui y était appelé : aussi les qualifia-t-on de *caduca*. Cet adjectif *caducus*, *caduca*, *caducum*,

---

(1) GAI., *Instit.* II, §§ 206 et suiv., 286, etc.

désignant une qualité si souvent réalisée dans les dispositions testamentaires, se transforma en substantif, devint consacré, et les *caduca* tinrent la plus large place dans les écrits des jurisconsultes et dans la préoccupation des citoyens. La littérature de ces temps, dans les historiens, dans les prosateurs, comme dans les poëtes, est pleine des vestiges de cette préoccupation et de la sensation profonde produite par ces nouvelles lois.

Nos grands interprètes du Droit romain, au seizième et au dix-septième siècle, ont tous cru que les *caduca* étaient dévolus directement au fisc, et ils ont exagéré ainsi le caractère fiscal des lois Julia et Pappia, nommées quelquefois, à cause de leurs principales dispositions, lois caducaires. Nous savons, par les détails que nous a laissés là-dessus Gaïus, que la loi Julia et Pappia attribua ces dispositions caduques, non plus en exécution des formules du testament, mais de sa propre autorité, à titre nouveau, par la puissance même de la loi, aux héritiers et aux légataires compris dans le même testament qui avaient des enfants (*patres*). Enlevés aux uns, attribués aux autres, les *caduca* étaient, du même coup, punition pour la stérilité et récompense pour la procréation légitime. Ce ne fut pas là un droit d'accroissement, mais une acquisition nouvelle : aussi, le nom consacré fut-il celui de *jus caduca vindicandi*, droit de revendiquer les caduques. Et ce mode d'acquisition fut compté au nombre des moyens d'acquérir le domaine romain en vertu de la loi (*ex lege*) (1). La loi Julia et Pappia déterminait exactement l'ordre dans lequel les pères (*patres*) inscrits dans le testament seraient appelés, comme prix de leur paternité, à réclamer les *caduca*; et ce n'était qu'à défaut de tout héritier ou légataire ayant des enfants, que les *caduca*

(1) Ulp., *Regul.*, XIX, § 17.

étaient dévolus au fisc (1). Ce ne fut que plus tard, sous Antonin Caracalla, qu'une constitution mit directement et immédiatement le fisc, qui ne manquait jamais, à la place de tout le monde : « *Hodie ex constitutione imperatoris Antonini omnia caduca fisco vindicantur* », dit Ulpien (2). On punit les uns, mais on ne récompensa plus les autres. Les lois nouvelles, les lois caducaires, devinrent entièrement des lois fiscales.

Telles furent ces lois, qui supprimées en partie par cette disposition de Caracalla, quant aux priviléges de la paternité relatifs à la réclamation des caduques; puis, quant aux peines du célibat, par Constantin, ne furent complétement et textuellement abrogées que par Justinien, et qui s'en allèrent ainsi peu à peu avant de tomber radicalement.

### 69. Fidéicommis (*Fideicommissa*), Codicilles (*Codicilli*).

Certaines dispositions testamentaires étaient nulles d'après le droit civil; le testateur qui voulait les faire ne pouvait que les confier à la bonne foi de son héritier (*fidei committere*), et le prier de vouloir bien les exécuter. Ces dispositions se nommaient *fideicommissa*. D'un autre côté, toute volonté du défunt était nulle encore si elle n'avait été exprimée dans un testament avec les formes qui devaient accompagner cet acte; consignées dans des lettres, dans des écrits sans solennité (*codicilli*), elles n'étaient qu'une prière adressée à l'héritier, qui restait libre de ne point y accéder. Cependant, plus l'on s'éloignait de l'ancienne jurisprudence, plus cette nullité paraissait rigoureuse, plus l'opinion publique réprouvait celui qui voulait s'en prévaloir.

(1) Gai., *Instit.*, II, §§ 206 et 207.
(2) Ulp., *Regul.*, XVII, § 2.

Auguste, institué plusieurs fois héritier, se fit un devoir d'exécuter les dispositions dont on l'avait chargé ; il ordonna même aux consuls de faire intervenir leur autorité pour protéger les volontés du testateur lorsque l'équité et la bonne foi l'exigeraient. Les mœurs et l'approbation commune confirmèrent ces décisions ; bientôt elles prirent une extension telle qu'on vit peu de testaments sans fidéicommis et sans codicilles. On fut enfin, comme nous le verrons, obligé de créer deux nouveaux préteurs, chargés spécialement de ces sortes d'affaires sur lesquelles ils statuaient eux-mêmes, extraordinairement, sans renvoi devant un juge, et selon l'appréciation des circonstances (1).

#### 70. Affranchissements. Loi ÆLIA SENTIA ; loi FURIA CANINIA.

Les guerres de Marius et de Sylla, de Pompée et de César, armant des milliers d'esclaves, avaient jeté dans Rome des légions d'affranchis ; les victoires éloignées, cumulant dans l'Italie les captifs, avaient diminué leur valeur et multiplié les affranchissements : on affranchissait pour augmenter le nombre de ses clients, quelquefois pour que l'esclave, devenu citoyen, reçût sa part dans les distributions gratuites, le plus souvent au moment de sa mort, pour qu'un long cortége, coiffé du bonnet de la liberté, suivît le char funéraire. La loi ÆLIA SENTIA et la loi FURIA CANINIA apportèrent des restrictions à ces libéralités immodérées. Nous aurons à les examiner en expliquant les Instituts de Justinien, car elles se prolongèrent jusqu'à cette époque.

Avant de quitter le règne d'Auguste, signalons un événement qui, presque inaperçu dans l'empire romain, doit changer la face de cet empire, et plus tard celle de

(1) INSTIT., II, 23, *de fideic. heredit.* § 1, et 25, *de codicillis*, pr.

tout l'univers. Ce fut en 753, quatorze ans avant la mort d'Auguste, que Jésus-Christ naquit dans un bourg de la Judée. Sa naissance nous donne une ère nouvelle, que nous ajouterons à l'ère de la fondation de Rome.

A. de R. A. de J.-C.

### (767—14). TIBÈRE (*Tiberius*).

Tibère avait été adopté par Auguste. A la mort de ce dernier, on ne savait comment les choses se feraient; c'était pour la première fois qu'on allait passer d'un empereur à l'autre. Tibère prit bien de fait le gouvernement; mais il paraissait n'agir qu'en sa qualité de tribun et seulement pour faire régler les honneurs dus à la mémoire de son père. Les sénateurs intérieurement connaissaient bien leurs droits; mais ils étaient dans l'attente, les yeux fixés sur le prince, cherchant à étudier leur conduite dans la sienne. Il faut lire dans Tacite cette scène si bien jouée, où les sénateurs conjurent le fils adoptif d'Auguste d'accepter l'empire, où celui-ci oppose toutes sortes de raisons pour refuser; demande que plusieurs administrent, qu'on lui associe quelqu'un, et se hâte d'accepter lorsqu'il craint qu'on le prenne au mot. Les premières années de son règne ne furent qu'un drame où chacun jouait son rôle : il avait pris celui de la modération, de la simplicité, du respect pour les lois; mais il arrivait toujours au but, et son caractère naturel perçait dans ses actions ou dans ses désirs.

Sous lui, les élections furent transportées du peuple au sénat, l'empereur se réservant le droit de désigner quelques candidats (1). Le crime de lèse-majesté fut étendu aux actions, aux écrits, aux paroles, aux pensées qui avaient pu blesser l'empereur; il devint le complément de toute accusation, le crime de ceux qui n'en

---

(1) TACITE, *Ann.*, I, c. 15.

avaient point : alors naquit cette classe hideuse de citoyens, les délateurs. L'histoire de Tibère n'est presque qu'une longue énumération des sentences de mort prononcées par le sénat, à qui la connaissance de ce crime avait été déférée.

La disposition la plus saillante dans le droit civil de ce règne, est la division des affranchis en deux classes : les affranchis citoyens, les affranchis latins Juniens. Cette distinction dépendait du mode d'affranchissement et de quelques autres circonstances : les uns acquéraient une liberté entière et la qualité de citoyens, les autres une liberté moindre et seulement les droits des colons latins (*lex* JUNIA NORBANA).

Les jurisconsultes que l'on doit remarquer sont :

SABINUS (*Masurius Sabinus*) ; NERVA le père (*M. Cocceius Nerva*). Le premier, successeur de Capiton, ayant donné son nom à la secte des Sabiniens ; le second, successeur de Labéon (1).

PROCULUS (*Sempronius Proculus*, fragm. 37) ; CASSIUS (*C. Cassius*). Le premier, successeur de Nerva, donnant son nom à la secte des Labéon ; le second, successeur de Sabinus.

L'époque des empereurs est celle où l'étude du droit civil prit le plus d'extension : les jurisconsultes se multiplièrent, des ouvrages nombreux sur le droit parurent ; tous les principes se trouvèrent développés, enchaînés ; la jurisprudence devint une vaste science, approfondie sur tous ses points. Cependant, le droit politique ne changeait guère ; le despotisme n'est point innovateur : Auguste avait posé toutes les bases fon-

(1) Nous indiquerons sous chaque empereur les principaux jurisconsultes, ne dussions-nous donner que leur nom ; les chiffres placés à côté désigneront le nombre de fragments qu'on leur a empruntés comme lois dans la composition du Digeste.

damentales du pouvoir absolu ; ses successeurs n'eurent qu'à les laisser affermir par le temps ; à peine rencontrons-nous de loin à loin quelques institutions nouvelles. Les agitations et les troubles avaient pris un autre objet. Dans une république, où les lois règnent, ils ont pour but le changement des lois ; dans un état despotique, où règne un maître, le changement du maître. Ces réflexions indiquent les traits que nous avons à tracer. Peindrons-nous Tibère étouffé par Caligula, qui se hâte de lui succéder ; Caligula immolé par des sénateurs et des chevaliers conjurés ; Claude porté sur le trône par les soldats prétoriens, empoisonné par sa femme ; Néron obligé de se poignarder ; Galba élu par les légions d'Espagne, massacré par les prétoriens ; Othon et tant d'autres encore ? Non sans doute ; qu'il nous suffise de signaler ces événements tragiques comme des conséquences inévitables du système de gouvernement adopté par les Romains, et de la conduite de leurs empereurs. Cette réflexion est le seul profit qu'on en puisse retirer. La liste des princes qui se succèdent, l'indication de quelques légers changements qu'ils introduisent, les noms des jurisconsultes les plus illustres, la nature et le caractère de leurs ouvrages, là se borne ce que nous avons à dire.

A. de R. A. de J.-C.

(790—37). CALIGULA (*Caïus Cæsar, cognomento Caligula*).

(794—41). CLAUDE (*Claudius*).

Sous lequel furent créés les deux préteurs fidéicommissaires dont nous avons déjà parlé, page 258.

A. de R. A. de J.-C.

(807—54). NÉRON (*Nero*).

(821—68). GALBA (*Servius-Sulpitius Galba*).

(822—69). OTHON (*Otho*).

(Même année). VITELLIUS.

A. de R. A. de J.-C.
(723—70). VESPASIEN (*Vespasianus*).
(832—79). TITUS (*Titus*).

Sous lequel on supprima un des deux préteurs fidéicommissaires créés sous Claude.

A. de R. A. de J.-C.
(834—81). DOMITIEN (*Domitianus*).
(849—96). NERVA.
(851—98). TRAJAN (*Ulpius Trajanus Crinitus, à senatu Optimi cognomine appellatus*).

Les jurisconsultes à remarquer sous cet empereur sont :

CELSE le fils (*P. Juventius Celsus*, fragm. 142).
NARATIUS PRISCUS (fragm. 64).
PRISCUS JAVOLENUS (fragm. 206).

A. de R. A. de J. C.
(870—117). ADRIEN (*Ælius Hadrianus*).

Le règne d'Adrien a été présenté comme formant une époque nouvelle pour la jurisprudence. Il est vrai qu'on peut remarquer sous cet empereur la division de l'Italie en quatre provinces confiées à des consulaires; la création des deux conseils du prince dont nous avons déjà montré le germe et signalé le caractère, ci-dessus page 247, sous les noms de consistoire et d'auditoire (*consistorium, auditorium principis*) ; le commencement de la puissance civile des préfets du prétoire, considérés jusque-là seulement comme autorités militaires; l'institution de l'appel (*appellatio, provocatio*), qui permit aux parties condamnées par une autorité judiciaire de recourir, dans un délai donné, devant le magistrat supérieur, et quelquefois même devant le prince, qui formait le dernier degré de juridiction. Mais les événements auxquels on s'attache le plus, et que l'on signale comme les plus remarquables, sont : le commencement des constitutions impériales; l'extinction du droit qu'avaient les magistrats de publier des édits; la liberté rendue aux jurisconsultes de répondre sur le droit sans aucune autorisation : événements qui tous les trois sont susceptibles d'être contestés. Déjà nous avons prouvé, page 239, que les constitutions impériales existaient sous Auguste; examinons les modifications qu'éprouvèrent le droit honoraire et les réponses des prudents.

**71. Droit honoraire, édit perpétuel de Salvius Julien** (*Edictum perpetuum*).

Un travail sur l'édit parut, au temps d'Adrien, sous le nom d'édit perpétuel. Quel était ce travail? son pouvoir? son but? C'était à ce qu'il paraît un exposé méthodique du droit prétorien suivant les divers édits publiés jusqu'à ce jour et les dispositions passées en usage; l'auteur était un jurisconsulte illustre de l'époque, Salvius Julien; son ouvrage fut sanctionné, peut-être même ordonné par l'empereur; le but était de fixer d'une manière positive le droit honoraire. On dit que du moment qu'il fut promulgué, on ordonna aux magistrats de se conformer à l'avenir à ses dispositions, et on leur retira le droit qu'ils avaient de publier eux-mêmes leurs édits. Il faut convenir que cette défense s'accorderait bien avec la marche de l'autorité impériale. Le prince, possesseur de tous les pouvoirs, rendant des décrets, des rescrits, des édits, devait naturellement empêcher que ses magistrats partageassent avec lui ce privilége; néanmoins, plusieurs raisons nous prouvent qu'ils le conservèrent encore après Adrien, et tout ce que nous pouvons induire de l'apparition de l'édit perpétuel c'est que les préteurs, obligés d'en adopter les dispositions et de s'y conformer, n'ajoutèrent plus de leur chef que quelques règles de forme, quelques dispositions accessoires nécessitées par les circonstances (1). On conçoit bien que leur office dut se

(1) L'édit perpétuel était-il simplement le travail d'un jurisconsulte,

borner là, car déjà le droit prétorien était entièrement développé et avait atteint le point d'extension auquel il devait s'arrêter.

---

ou fut-il ordonné par l'empereur, et revêtu d'un caractère législatif? Fut-il publié comme devant durer à perpétuité, et retira-t-on dès cet instant aux magistrats le droit de publier des édits? Voilà deux questions qu'il n'est pas inutile d'examiner.

C'est Salvius Julien qui composa l'édit perpétuel. Eutrope dit en parlant de lui : *qui sub divo Adriano perpetuum composuit edictum* (Liv. 8. Règne de l'empereur Julien). Mais cet ouvrage n'était pas seulement un commentaire particulier sur les édits; le titre d'abord nous le prouve; un pareil commentaire eût pris le nom de *ad edictum*, et non celui de *edictum perpetuum*. De plus, nous avons deux textes qui disent formellement que l'empereur y prit part; ce sont deux passages de deux constitutions de Justinien, l'une en grec, l'autre en latin : « Le divin » Adrien, d'heureuse mémoire, *lorsqu'il eut réuni* en un résumé tout » ce que les préteurs avaient publié dans leurs édits annuels, *employant* » *à ce travail* l'illustre Julien, dit aussi lui-même, dans un discours » qu'il fit publiquement dans l'ancienne Rome, que si quelque cas non prévu » se présente les magistrats doivent s'efforcer de le décider par induction » des règles déjà existantes. » (Code, 1, 17. *de veter jur. enucl.* const 3, § 18.) « *Cum et ipse Julianus legum et edicti perpetui subtilissimus conditor, in* » *suis libris hoc retulerit : ut sit quid imperfectum inveniatur ab impe-* » *riali sanctione hoc repleatur; et non ipse solus, sed et* divus Hadrianus » in compositione edicti, et senatus consulto quod eam secutus est, *hoc* » *apertissimè definivit ut si quid in edicto positum non inveniatur, hoc* » *ad ejus regulas ejusque conjecturas et imitationes possit nova instruere* » *auctoritas.* » (Ibid., const. 2, § 18.) C'est donc Adrien qui a fait composer l'édit, et un sénatus-consulte est venu après, probablement pour le confirmer. A ces raisons faut-il encore ajouter que l'édit perpétuel se nommait *edictum D. Hadriani*?

La seconde question est plus difficile à résoudre.

Il ne faut pas invoquer l'épithète de *perpetuum* donnée à l'édit d'Adrien pour conclure que cet édit fut promulgué pour toujours; le mot de *edictum perpetuum* était employé depuis longtemps pour les édits des préteurs dans le même sens que celui de *questiones perpetuæ*, c'est-à-dire pour indiquer un édit permanent durant toute l'année (p. 199 et 206); mais ce qu'on doit ne pas induire de l'épithète on le conclut de cette réflexion fort juste, qu'Adrien n'aurait pas fait faire un travail aussi important, ne l'aurait pas revêtu de sa sanction, peut-être même de celle du sénat, pour ne lui donner qu'une existence d'une année, et pour le laisser à la merci des magistrats.

Cependant un passage de Gaïus, postérieur à Adrien, nous prouve ir-

**72. Sentences et opinions des prudents (*sententiæ et opiniones*). Autorité expresse que leur confère un rescrit d'Adrien.**

Les paroles adressées par Adrien à des personnages prétoriens qui lui demandaient la permission de répondre sur le droit : « Ce n'est point une faveur que » vous deviez implorer, mais un droit que l'usage et » vos connaissances vous donnent, » ces paroles ont fait conclure qu'Adrien rendit aux jurisconsultes leur ancienne indépendance. Il est plus exact de n'y voir qu'une protection particulière, ou si l'on veut même une protection générale accordée par ce prince aux prudents ; mais cette protection, toute de fait, ne changea rien aux règles établies par Auguste, puisque Gaïus, postérieur à Adrien, dit encore : « *Responsa prudentum sunt sententiæ et opiniones eorum quibus* permissum est *jura condere* (1). »

Ce qui appartient incontestablement à ce prince en cette matière, ainsi que nous l'a révélé la découverte des Instituts de Gaïus, c'est l'autorité expresse dont il investit les sentences des prudents (*sententiæ*), ordon-

récusablement que ceux-ci publiaient toujours des édits : « *Jus autem edicendi* habent *magistratus populi; sed amplissimum jus est in edictis duorum prætorum, urbani et peregrini. quorum in provinciis jurisdictionem præsides earum habent; item in edicto ædilium curulium, quorum juridictionem in provinciis populi quæstores habent; nam in provincias Cæsaris omnino quæstores non mittuntur, et ob id hoc edictum in his provinciis non proponitur* (Gai., *Instit.*, I, § 6). Comment, si les magistrats avaient perdu le droit de faire des édits, Gaïus, si rapproché d'Adrien, loin de parler de ce changement, eût-il dit : les magistrats ont le droit ; comment eût-il si bien distingué l'édit des deux préteurs, celui des édiles, des préteurs, des questeurs ? comment eût-il ajouté : « Dans les provinces » de César on n'envoie point de questeurs, aussi n'y a-t-il point ce genre » d'édit ? » De tout cela que conclure ? D'un côté que l'édit perpétuel reçut une autorité en quelque sorte législative, comme règlement général et commun du droit honoraire ; de l'autre, que cela n'empêcha point que les magistrats publiassent leur édit, dans lequel, en se conformant à l'édit perpétuel, ils pouvaient cependant ajouter des règles de forme et des dispositions accessoires, nécessitées par les circonstances.

(1) Gai., *Instit.*, I, § 7.

nant, par rescript, que lorsqu'elles seraient unanimes elles auraient force de loi (*legis vicem obtinet*), le juge, si elles étaient en désaccord, restant libre de suivre celle qu'il voudrait. « *Quorum omnium si in unum sententiæ concurrant, id quod ita sentiunt legis vicem obtinet; si vero dissentiunt, judici licet, quam velit sententiam sequi : idque rescripto divi Hadriani significatur* (1). » Cette dernière indication de Gaïus ne s'applique évidemment qu'aux jurisprudents dont il vient de parler : c'est-à-dire à ceux *quibus permissum est jura condere.* Elle nous montre, ainsi organisée, l'autorité particulière dont jouissent les jurisconsultes autorisés; par comparaison avec ceux qui ne le sont pas. C'est en quelque sorte à dater de cette époque que l'on peut classer dans le droit écrit les réponses de ces prudents autorisés, car elles étaient alors consignées par eux dans leurs traités, et en vertu du rescript d'Adrien elles faisaient loi (*legis vicem obtinet*) lorsqu'elles étaient unanimes.

*Jurisconsultes :* Valens (*Alburnus Valens*, fragm. 20).

Julien (*Salvius Julianus*, fragm. 457). Il fut préteur, préfet de la ville, deux fois consul. Son plus grand titre dans l'histoire du droit est son travail sur l'édit, travail qui l'a fait passer jusqu'à nous comme attaché à l'histoire juridique du siècle d'Adrien. Il ne nous reste de cet ouvrage que des fragments épars dans le Digeste. La critique a cherché à les réunir en ordre et à recomposer ainsi l'édit perpétuel.

Africain (*Sextus Cæcilius Africanus*, fragm. 131).

A. de R. A. de J.-C.

(891 — 138). ANTONIN LE PIEUX (*T. Antonius Fulvius, Pius cognominatus.*)

---

(1) Gai., *Instit.*, I, § 7.

Adopté par Adrien et parvenu ainsi à l'empire, il fut un des meilleurs princes ; il encouragea les savants et les philosophes; il en établit plusieurs aux frais du trésor public, chargés de donner leurs leçons dans Rome et dans les provinces; c'est de lui que nous voyons aux Instituts un rescript contenant l'ordre de punir la cruauté des maîtres, et de les forcer à vendre les esclaves qu'ils auraient maltraités.

*Jurisconsultes :* Terentius Clemens (fragm. 35).

Pomponius (*Sextus Pomponius*, fragm. 588). A qui nous devons un Abrégé de l'Histoire du Droit, inséré dans un titre du Digeste : « *De Origine juris et omnium magistratuum et successione prudentium.* » C'est dans cet ouvrage, bien qu'il soit très-court et fort incomplet, qu'il faut chercher encore les meilleures notions sur cette matière.

L. Volusius Moecianus (fragm. 44).

A. de R. A. de J.-C.
(914—161). MARC-AURÈLE et LUCIUS VERUS (*M. Aurelius Antoninus et L. Verus, divi fratres*).

Marc-Aurèle, adopté par Antonin et parvenu à l'empire, s'associa Lucius Vérus, son frère par adoption. Les vertus du premier ont fait oublier les vices du second, et tous les deux sont désignés sous le nom des Divins Frères (*Divi Fratres*).

A. de R. A. de J.-C.
(922—169). MARC-AURÈLE seul.

*Jurisconsultes :* Papirius Justus (fragm. 16).

Scævola (*Q. Cervidius Scævola*, fragm. 307).

Ulpius Marcellus (fragm. 159).

Gaius (fragm. 355). C'est sous ce nom seul que nous est parvenu le souvenir de ce jurisconsulte illustre. Il a vécu sous Antonin le Pieux et sous Marc-Aurèle : nous savons qu'il a composé des commentaires sur les XII Tables et un travail sur l'édit provincial (*ad edic-*

*tum provinciale*); mais quelques fragments cités au Digeste, voilà tout ce qui nous reste de ces ouvrages : aussi Gaïus était-il confondu avec tant d'autres jurisconsultes distingués de ces temps, lorsqu'une heureuse découverte en a fait pour nous un des auteurs les plus précieux. A Vérone, en 1816, M. Niebuhr remarqua un manuscrit de droit romain, dont les feuilles avaient été pour la plupart grattées et surchargées d'une nouvelle écriture. M. Savigny reconnut le manuscrit, et enfin, après plusieurs mois d'un travail opiniâtre et patient, MM. Gæschen, Bekker et Bethmann, parvenus à le déchiffrer, nous rendirent les Instituts de Gaïus. Cet ouvrage élémentaire, composé de quatre commentaires, présente un résumé succinct et méthodique de la jurisprudence au temps d'Antonin le Pieux et de Marc-Aurèle. Le droit de cette époque s'y trouve révélé, sans aucune altération, dans sa pureté, tel qu'il était alors; et ces révélations ne s'appliquent pas seulement au droit, elles s'étendent aux mœurs, aux institutions, en un mot, à la société de ces temps, sous presque toutes ses faces d'intérieur et de publicité. Placés à côté des Instituts de Justinien, qui ont été composés sur le même plan et dans le même ordre, les Instituts de Gaïus offrent le plus vif intérêt à celui qui aime à suivre la marche du droit, et à compter les changements qu'apportent les siècles. Sa découverte, rectifiant des idées fausses, donnant des idées nouvelles, a éclairé un grand nombre de points obscurs ou tout à fait inconnus. Il est, du reste, aujourd'hui dans les mains de tous ceux qui étudient sérieusement le droit romain.

A. de R. A. de J.-C.

(929—176). MARC-AURÈLE ET COMMODE.

(933—180). COMMODE seul (*L. Antoninus Commodus*).

(946—193). PERTINAX.

(Même année). JULIEN (*Didius Julianus*).

La tranquillité, amenée par quelques bons princes, avait disparu sous Commode : celui-ci, étouffé par des conjurés, avait été remplacé par un vieillard, Pertinax, que les prétoriens avaient massacré presque aussitôt. Alors, chose incroyable ! on vit l'empire réellement mis aux enchères par les soldats : deux enchérisseurs se présentent ; Didius Julien, descendant de l'illustre jurisconsulte d'Adrien, offre le dernier prix : l'empire lui reste, et l'adjudicataire monte sur le trône, d'où il fut précipité au bout de sept mois par les légions, qui le tuèrent et mirent à sa place Septime-Sévère. Tel est le point où se trouvait parvenu alors cet épouvantable despotisme militaire qui bouleversa l'empire pendant si longtemps.

A. de R. A. de J.-C.
(946—193). SEPTIME-SÉVÈRE (*Septimius Severus*).

*Jurisconsultes :* Papinien (*Æmilius Papinianus*, fragments 596). Celui de tous les jurisconsultes romains qui fut environné de plus d'honneurs, dont les décisions, toujours respectées, eurent le plus d'autorité, dont les ouvrages servirent le plus à tous ceux qui cultivèrent la science des lois (1). Parmi ces ouvrages, les plus remarquables sont les livres de questions, de réponses et de définitions (*quæstionum, responsorum et definitionum libri*), dont il nous reste un grand nombre de fragments au Digeste. Papinien avait été compagnon d'études de Sévère, qui l'éleva à la dignité de préfet du prétoire. Il survécut assez à cet empereur pour voir les haines des deux fils ses successeurs, et la mort de l'un

---

(1) Plus de deux cents ans après, lorsque les élèves dans les écoles de droit parvenaient au moment où on leur expliquait les livres de Papinien, ils commençaient cette année de leurs études par une fête en l'honneur de ce jurisconsulte, et ils prenaient dès lors le nom de *Papinianistes*, qui les élevait au-dessus de leurs condisciples moins avancés.

d'eux, Géta, sous les coups de son frère. Le meurtrier Caracalla s'adressait à Papinien pour faire légitimer son crime devant le sénat : — « Il est plus facile de commettre un parricide que de le justifier. » Et comme on lui faisait entendre qu'on pouvait chercher à prouver que Géta avait mérité la mort. — « Accuser un innocent assassiné c'est commettre un nouvel assassinat. » — Telles furent les réponses du jurisconsulte ; et Caracalla le fit massacrer par des soldats. Ce trait d'héroïsme, s'il était vrai (1), honorerait Papinien autant que l'ont fait ses écrits.

CLAUDIUS TRYPHONINUS (fragm. 79).

A. de R. A. de J.-C.
(964—211). ANTONIN CARACALLA ET GÉTA.
(965—212). ANTONIN CARACALLA (*Aurelius-Antonin-Bassianus Caracalla*).

Nous passerions sans nous arrêter les cinq années que régna ce monstre, s'il n'avait rendu une constitution remarquable qui attache son nom à l'histoire des lois. Déjà les droits de cité étaient répandus dans les villes et dans les provinces les plus éloignées ; Caracalla les accorda universellement à tous les habitants de l'empire. Mais alors qu'étaient-ils ces droits de cité ? Qu'étaient devenus les Romains ? On dit que depuis cette constitution tous les sujets furent citoyens ; ne pourrait-on pas dire aussi justement qu'à cette époque tous les citoyens étaient sujets ? Cependant je ne prends pas ces dernières expressions à la lettre ; je ne m'en sers que pour peindre l'abaissement politique où l'on était parvenu, car il est vrai que, pour les droits civils privés

(1) La vérité de ce fait est contestée par des historiens presque de cette époque ; toutefois, il est certain que Papinien mourut par l'ordre de Caracalla. (DION. CASS., liv. LXXVII, § 4. — SPARTIANUS, *Caracall.*, 8. — AURELIUS VICTOR, *Cæs.*, 20, 33.)

surtout, il était encore fort utile d'avoir la qualité de citoyen.

La disposition d'Antonin Caracalla est loin de nous être bien connue; une chose remarquable, c'est que les historiens de ces temps ne nous en disent rien, tandis que ceux de la république avaient grand soin d'énumérer les plus petits bourgs à qui l'on accordait les droits de cité: tant le titre de citoyen sous les empereurs avait perdu de son prix! L'opinion la plus naturelle, celle qu'ont adoptée autrefois nos grands interprètes du droit romain, celle qui s'accorde le mieux avec une infinité de circonstances, est que Caracalla donna pour toujours à tous les sujets le titre de citoyen; que depuis cette époque il n'y eut plus aucune différence entre les habitants de l'empire, et que tous jouirent de droits égaux (1). Cependant, cette opinion n'est pas exempte de critiques. Ainsi quelques passages d'Ulpien font

(1) Voici la plupart des textes que nous possédons sur cet objet :

Justinien, dans la novelle par laquelle il supprime toutes les différences qui existaient entre les affranchis, s'exprime ainsi :

« Facimus autem novum nihil, sed egregios ante nos imperatores sequimur. Sicut enim Antoninus Pius cognominatus (ex quo etiam ad nos appellatio hæc pervenit) jus romanæ civitatis prius ab unoquoque subjectorum petitus et taliter ex iis qui vocantur peregrini, ad Romanam ingenuitatem deducens, hoc ille omnibus in commune subjectis donavit, Theodosius junior post Constantinum maximum sanctissimum hujus civitatis conditorem, filiorum prius jus petitum in commune dedit subjectis : sic etiam nos hoc videlicet regenerationis et aureorum annulorum jus, unicuique petentium datum, et damni et scrupulositatis præbens occasionem, et manumissorum indigens auctoritate, omnibus similiter subjectis ex hac lege damus : restituimus enim naturæ ingenuitate dignos, non per singulos de cætero sed omnes deinceps qui libertatem à dominis meruerint, ut hanc magnam quamdam et generalem largitatem nostris subjectis adjiciamus. » (Justinian, nov. LXXVIII, c. 5.)

On voit qu'une erreur commise dans ce passage aurait pu faire attribuer faussement à Antonin le Pieux la disposition d'Antonin Caracalla.

Ulpien, qui vivait sous ce dernier empereur, dit :

« In orbe romano qui sunt, ex constitutione imperatoris Antonini, cives romani effecti sunt. » (Dig., I, 5, *de stat. hom.* 17 fr. Ulp.)

penser qu'après Caracalla, même sous lui, on distinguait encore les citoyens des étrangers (1). Pour expliquer cela on a dit que Macrin, successeur de Caracalla, supprimant les dispositions de ce dernier, rétablit les anciennes distinctions, et l'on a trouvé cette assertion dans une phrase de Dion-Cassius (2). On expliquerait bien ainsi comment il existait encore après Caracalla des différences entre les citoyens et les *peregrini*, mais non comment ces différences subsistaient même sous Caracalla, qui les avait supprimées. M. Haubold, dans une dissertation spéciale, a présenté, pour résoudre cette difficulté, une opinion ingénieuse, qui ne laisse pas que d'être appuyée sur des inductions séduisantes (3) : cette opinion est que Caracalla accorda le droit de cité à tous les sujets actuellement existants, mais non à ceux qui surviendraient. Pour nous, malgré les doutes qui embarrassent la matière, et les raisonnements contraires qui se combattent, nous nous rangeons fermement à l'opinion la plus générale (4).

---

(1) Ulp., *Regul.*, XVII, § 1.

(2) Voici la traduction de cette phrase : « Il (Macrin) abolit les disposi» tions de Caracalla sur les hérédités et les affranchissements. » (Dion. Cass., liv. LXXVIII, § 12.) Caracalla avait, par une constitution, augmenté les impôts perçus sur les testaments et sur les libertés ; au lieu d'un vingtième, il les avait avait portés à un dixième. Dion, pour faire l'éloge de Macrin, nous apprend qu'il supprima cette augmentation d'impôts. Comment a-t-on vu là dedans l'assertion que Macrin abolit la constitution qui accordait les droits de cité à tous les sujets ? Le voici : Caracalla, dit-on, n'avait donné ces droits de cité que dans un esprit fiscal, afin que les impôts sur les testaments et sur les manumissions fussent plus fructueux, de telle sorte que ces deux dispositions sont liées l'une à l'autre. Dire que Macrin supprima ce qui concernait les hérédités et les affranchissements, c'est donc dire aussi qu'il enleva les droits de cité accordés par Caracalla.

(3) Haubold : « Ex constitutione imp. Antonini quomodo qui in orbe Romano essent, cives romani effecti sint. » Lipsiæ, 1819.

(4) Dans la cour d'Orient, on ne distingue plus entre les sujets et les citoyens ; tout sujet de l'empire a les droits de cité. D'où est venu ce changement si ce n'est de la constitution de Caracalla ? Faut-il

La constitution de Caracalla ne s'étendait pas, sans doute, à ces espèces d'affranchis nommés *latins-juniens* et *déditices*. Du reste, quand bien même, en leur appliquant le système de M. Haubold, on dirait que, comme tous les autres sujets, les affranchis actuellement existants devinrent citoyens, mais que les affranchis venus par la suite restèrent dans leur classe respective, toujours est-il certain que les trois classes d'affranchis continuèrent à exister; que tous les jurisconsultes postérieurs ne cessèrent pas un moment de les distinguer, et que Justinien le premier les supprima totalement (1).

Ce qu'il y a de remarquable, c'est que la constitution de Caracalla, qui donna à tous les sujets de l'empire le droit de cité, ne donna pas à tous les territoires l'aptitude au droit civil. En élevant toutes les personnes, elle n'éleva pas tout le sol à la même condition civique : le sol italique, le sol des villes dont le territoire avait été admis à l'application du droit de cité, restèrent tou-

---

l'attribuer à la seule transposition du siége impérial de Rome à Bysance, ou à la seule désuétude, tandis qu'on a sur ce point une disposition législative précise? Justinien, en disant que de même que Caracalla accorda à tous les sujets les droits de cité, de même que Théodose leur donna les droits réservés à ceux qui avaient des enfants, de même il veut donner à tous les affranchis le titre de citoyen, n'indique-t-il pas que la constitution de Caracalla était définitive? L'eût-il comparée à celle de Théodose et à la sienne si elle eût été momentanée et seulement pour une génération? D'ailleurs, quels résultats entraînerait une loi qui déclarerait tous les individus existants citoyens, sans donner ce titre aux individus à venir? Comment des pères citoyens auraient-ils eu des enfants qui ne l'étaient point? Quant à la différence que l'on continue toujours à faire entre les citoyens et les *peregrini*, doit-on s'en étonner? Ne peut-on pas dire que cette différence n'a pas cessé un moment d'exister ; que les individus seuls ont changé de position? Les sujets de l'empire qui étaient *peregrini* sont devenus *cives*, et il n'est plus resté dans la classe des *peregrini* que les membres des peuples réellement étrangers.

(1) Instit., I, 5, *de libertinis*, § 3. — Cod., VII, 5, *de dedilit. libert.*, et 6, *de latin. libert.* — Nov. 78.

jours distincts du sol provincial; et la distinction se maintint jusqu'à Justinien (1).

Venuleius Saturninus ( fragm. 71 ).

Ulpien et Paul (*Domitius Ulpianus*, fragm. 2462); (*Julius Paulus*, fragm. 2083). L'un originaire de Tyr, l'autre natif de Padoue. Rivaux de talents et de gloire, tous deux avaient vécu au temps de Papinien, dont ils étaient l'un et l'autre assesseurs ; tous deux montèrent par les diverses dignités de l'empire jusqu'à celle de préfet du prétoire; tous deux composèrent plusieurs écrits, mis à contribution par les rédacteurs des Pandectes, et des notes critiques sur les livres de Papinien, notes qui, plus tard, ont été réprouvées par deux constitutions impériales, et dénuées de toute autorité ; tous deux firent un ouvrage élémentaire, dont les fragments, parvenus jusqu'à nous, se placent à côté des Instituts de Gaïus, et forment la source où nous devons étudier la jurisprudence de ce temps. L'ouvrage d'Ulpien se désigne par le nom de *liber singularis regularum Ulpiani*, ou simplement *Fragmenta Ulpiani*; celui de Paul par le nom de *Julii Pauli sententiarum receptarum libri V*, ou simplement *Pauli sententiarum libri V*.

Callistratus (fragm. 99).

Ælius Marcianus (fragm. 275).

Florentinus (fragm. 42).

Æmilius Macer (fragm. 62).

Herennius Modestinus (fragm. 345).

A. de R. A. de J.-C.

(970 — 217) MACRIN (*Opilius Macrinus*).

(971 — 218) HÉLIOGABALE ( *M. Aurelius Antoninus*, *cognomine Heliogabalus*).

---

(1) Cod., 7, 25, *de nud. jur. quir.* — 7, 31, *de usucap. transform.*

(A. 975 de R.—A. 222 de J.-C). ALEXANDRE-SÉVÈRE (*Aurelius Alexander Severus*).

Parvenu à l'empire à seize ans, Alexandre-Sévère s'entoura de sages conseillers, de jurisconsultes illustres, parmi lesquels se trouvait Ulpien. Il conserva encore quelques années les lettres, les sciences et le droit, qui disparurent pour longtemps après lui. Aussi, ceux qui examinent le droit en lui-même, et sans le rattacher accessoirement aux événements politiques, marquent-ils après Alexandre-Sévère une période nouvelle. En effet, c'était sous les empereurs dont nous venons de parcourir les noms, sous la protection d'Adrien, d'Antonin le Pieux, de Marc-Aurèle, de Septime-Sévère, que l'étude de la jurisprudence montait à son plus haut point de splendeur. Les jurisconsultes se multipliaient et leurs disciples aussi. Ce n'était plus en suivant simplement la pratique du barreau que ces derniers se formaient, mais des leçons orales développaient dans des cours suivis les principes de la science (1); peut-être les professeurs, dont l'enseignement n'avait d'abord été rétribué que par les élèves eux-mêmes (2), recevaient-ils déjà du trésor public des honoraires, et Marc-Aurèle, en créant des chaires publiques pou l'éloquence et pour la philosophie, en avait peut-être fait autant pour le droit. De nouveaux ouvrages naissaient chaque jour; c'étaient des commentaires sur l'édit des préteurs ou des proconsuls (*Ad edictum; ad edictum provinciale*), des traités sur les fonctions des magistrats (*De officio præfectus urbi, proconsulis*, etc.), des livres étendus sur l'ensemble du droit (*Digesta, Pandectæ*), ou enfin des abrégés, des leçons élémentaires (*Institutiones, Regulæ, Sententiæ*). Les juriscon-

(1) Voir ci-dessus, page 248.
(2) *Ibid.*

sultes s'élevaient aux dignités les plus éminentes; ils étaient conseillers du prince, consuls, préfets du prétoire, préfets de la ville. Mais tout à coup, après Alexandre-Sévère, leur série nous paraît brusquement interrompue, et pendant longtemps nous ne rencontrons dans l'histoire que le trouble militaire porté à son comble, des empereurs de quelques mois faits et défaits tour à tour, des armées qui se battent sur divers points pour le triomphe de leurs candidats, trente prétendants à l'empire, qui dans le courant de quelques années apparaissent et se détruisent.

A. de R. A. de J.-C.

(988—235). MAXIMIEN (*Julius Maximinus*).

(990—237). GORDIEN Ier et GORDIEN II (*Gordianus I[us] et II*).

(Moins de deux mois après). MAXIME et BALBIN (*Maximus Pupienus*, *Balbinus*).

(991—238). GORDIEN III.

(997—244). PHILIPPE (*Philippus Arabs*).

PHILIPPE père, *Auguste*; PHILIPPE fils, *César*.

(1002—249). DÈCE (*Decius*).

(1004—251). GALLUS HOSTILIEN et VOLUSIEN (*Gallus Hostilius* et *Volusius*).

(1006—253). ÉMILIEN (*Æmilianus*).

(Trois mois après). VALÉRIEN Ier et GALLIEN (*Licinius Valerianus* et *Gallienus*).

LES MÊMES et VALÉRIEN II, *César*.

Ce fut à cette époque que commencèrent à paraître les prétendants, qui bientôt, au nombre de trente, répandirent les guerres civiles sur tous les points du royaume, et finirent par s'entre-tuer.

A. de R. A. de J.-C.

(1013—260). GALLIEN seul.

(1021 — 268). CLAUDE II (*M. Claudius*).
(1023 — 270). AURÉLIEN (*Aurelianus*).
(1028 — 275). TACITE (*Tacitus*).
(1029 — 276). FLORIANUS.
(Trois mois après). PROBUS.
(1035 — 282). CARUS, CARINUS et NUMÉRIANUS.
(1036 — 283). CARIN et NUMÉRIEN seuls.

Au milieu de cette succession rapide de princes, les regards de l'historien doivent se porter sur deux tableaux généraux qui ne se placent sous aucun règne en particulier, parce qu'ils se développent chaque jour; ces tableaux sont : dans l'intérieur la propagation de la religion chrétienne, à l'extérieur les irruptions des barbares.

### 73. Propagation du christianisme.

Dès le règne de Tibère les apôtres, parcourant les provinces de l'empire, avaient répandu autour d'eux la religion nouvelle qu'ils annonçaient aux peuples. Cette morale pure, cette idée grande de la Divinité frappaient les esprits, et couvraient de honte ou de ridicule les principes et les dieux du paganisme. Comme foi, le polythéisme, déjà abandonné par la philosophie et par les hautes classes de la société romaine, s'en allait de jour en jour. Il n'existait plus que comme institution, comme culte extérieur, dans les habitudes et les pratiques de la vie publique et de la vie privée. La croyance des apôtres, qui venait apporter la plus grande révolution sociale, non par la force, mais par l'esprit, par le sentiment, appelait à elle les petits comme les grands, les faibles comme les forts, les pauvres comme les riches. Le nombre des personnes qui s'y ralliaient augmenta rapidement; les églises où elles se réunissaient se multiplièrent; tout contribuait chez les particuliers, dans l'ordre privé, à propager la religion chrétienne. En était-il de même dans le gouvernement? On n'a pas assez considéré ce point sous le rapport des lois politiques. Jusqu'ici nous avons fait voir le droit sacré de Rome fortement attaché au droit public, et formant une partie intime de ce droit. Les pontifes étaient des magistrats du peuple, nommés dans les élections comme les autres magistrats, faisant intervenir leurs fonctions dans les affaires majeures de l'État; la première puissance du droit public, l'empereur, était aussi la première puissance du droit sacré, le souverain pontife. L'unité de lois religieuses n'était pas moins essentielle au gouvernement que l'unité de lois politiques, puisque ces lois se confondaient les unes avec les autres. Cette unité avait toujours été produite précisément par la pluralité des dieux. Une province nouvellement ajoutée à Rome avait-elle de nouvelles divinités, on les recevait, on leur élevait des temples, on leur donnait des prêtres, et le système religieux n'était pas troublé un seul moment: les dieux du paganisme étaient accommodants. Mais lorsque parut une religion qui, révélant l'existence d'un seul Dieu infini, ne pouvait être reçue sans anéantir toutes les institutions actuelles, une religion qui donnait des prêtres indépendants du choix des autorités civiles, qui se séparait entièrement de la puissance publique, et qui disait: Mon empire n'est pas de ce monde, mais d'un autre, alors le droit public se trouva attaqué dans une de ses bases fondamentales. Les chefs du gouvernement durent songer à le défendre ou à le changer totalement; ce fut le premier parti qu'ils prirent. Quelque absurde que fût le polythéisme, l'homme ne revient pas si facilement de ses erreurs, surtout lorsqu'à ces erreurs est attaché le gouvernement d'un grand empire. Comme empereurs et comme souverains pontifes, les princes voulurent arrêter une religion qui menaçait le droit de l'État, et pour accomplir leurs desseins, ils employèrent le moyen le plus vicieux, celui de la force et des cruautés, que du reste leur caractère féroce inspirait à la plupart d'entre eux. Les persécutions de Néron, de Domitien, de Vérus et de Gallus ne firent que des martyrs : les chrétiens se multiplièrent au milieu des souffrances; la religion se répandit plus brillante et plus vénérée, et bientôt ces vastes provinces, sur toute leur surface, virent les habitants divisés en deux classes distinctes : les chrétiens et les païens. Une guerre, une peste, un fléau quelconque frappaient-ils l'empire, les païens ne manquaient pas de l'attribuer aux innovations funestes des chrétiens, et ceux-ci de le rejeter sur l'aveuglement et sur l'obstination des païens.

Les jurisconsultes, hommes de la loi régnante et des institutions, furent, dans la lutte contre le christianisme naissant, les auxiliaires des chefs du gouvernement, et souvent leurs ministres comme dépositaires des pouvoirs publics. Leur philosophie, venue de la Grèce, naturalisée à Rome, et cultivée par eux comme la mère de toutes les sciences, avait progressivement substitué au droit civil quiritaire, droit matérialiste, exclusivement propre aux seuls citoyens, un droit plus rationnel et plus large, ouvert à tous les hommes; mais ils l'avaient fait à l'aide de procédés ingénieux, en proclamant le droit civil, et prenant sa place, quand ils ne paraissaient que se mettre à côté. Le christianisme fut pour eux un ennemi de l'État et des institutions, à repousser; peut-être un rival de leur science philosophique, qu'avec sa simplicité il venait détruire radicalement. Toutefois, il est permis de conjecturer que leur morale allait, même à leur insu, s'éclairer aux lumières nouvelles de cet ennemi; que l'influence des doctrines évangéliques pénétrait indirectement leur propre philosophie; et que, même lorsqu'il était proscrit et persécuté, le christianisme agissait sur les progrès de la jurisprudence et de la législation dans une voie plus large et plus douce pour l'humanité (1).

### 74. Irruption des Barbares.

Les Romains dans les forêts de la Germanie, par delà le Danube, chassant devant eux des peuplades sauvages et libres, avaient refoulé les hommes vers le nord. Une force de compression retenait des nations nombreuses accumulées entre des limites froides et incultes : mais la force diminua; les armées romaines faiblirent; la barrière se rompit sur divers points, et la réaction repoussa ces nations dans l'empire. Sous Domitien, sous Adrien, sous Marc-Aurèle, sous Gallus, sous chaque empereur, on vit les Barbares s'avancer sur les terres romaines, puis rentrer avec leur butin ; reparaître plus nombreux, rentrer encore dans leurs forêts, et, chaque jour enhardis davantage, apporter dans leurs excursions nouvelles plus d'audace, plus de force. Des empereurs les éloignèrent avec de l'argent : alors, attirés par l'appât du gain et du pillage, les Scythes, les Goths, les Sarmates, les Alains, les Carses, les Quades, les Francs parurent à la suite les uns des autres, et bientôt presque tous à la fois. C'était ainsi qu'ils préludaient à ces irruptions terribles qui devaient un jour morceler l'empire et l'anéantir.

Telle était au dehors et au dedans la situation critique de l'État lorsque Dioclétien fut appelé à gouverner.

A. de R. A. de J.-C.

(1037. — 284). DIOCLÉTIEN (*Diocletianus*).

---

(1) Voir, sur ce point, le mémoire remarquable lu par M. TROPLONG à l'Académie des sciences morales et politiques : *De l'influence du christianisme sur le droit civil des Romains*. Revue de législation et de jurisprudence de M. WOLOWSKI, tome 14, pages 165 et 341.

A. de R. A. de J.-C.

(1039 — 286). DIOCLÉTIEN et MAXIMIEN AA. (*Maximianus Herculius*).
CONSTANCE et GALÈRE, Césars.

Porté d'une famille d'affranchis dans la classe des empereurs, Dioclétien par son énergie dissipa les troubles, remit les légions sous la discipline, fit reculer les Barbares, et rendit quelque stabilité au trône qu'il occupa.

C'est un des empereurs les plus féconds en rescrits et en constitutions sur des matières de législation, à en juger par les extraits qui nous sont parvenus; car nous en trouvons, sous son nom, plus de mille deux cents, dans le Code de Justinien. Ce qui signale le plus son règne dans l'histoire du droit, c'est le changement final qu'il accomplit dans la procédure, en substituant définitivement et généralement la connaissance extraordinaire au système des instances organisées par formule. Dans l'ordre politique, le partage de l'empire et du gouvernement entre deux *Augustes* et deux *Césars*, est l'institution capitale à remarquer.

**75. Décadence de la procédure formulaire ou de l'*ordo judiciorum*. — La procédure extraordinaire (*judicia extraordinaria*) devient le droit commun. — Juges pédanés (*Judices pedanei*).**

De même que la procédure formulaire ne s'est pas substituée brusquement et sans transition au système des actions de la loi, mais que nous l'avons vue préparée et amenée graduellement (*ci-dessus page* 189), de même en fut-il ainsi de la disparition que subit, à son tour, le système formulaire, et de son remplacement définitif par la procédure extraordinaire.

Le principe de la *cognitio extraordinaria*, consistant en ce que le magistrat connaît de l'affaire et la résout lui-même, ce principe était existant déjà dans le système des actions de la loi et dans celui des formules.

C'est l'exercice le plus simple, le moins ingénieux, le moins savant, du pouvoir judiciaire. Seulement dans les deux premiers systèmes de la procédure romaine, et surtout dans celui des formules, il n'existait que comme exception. La procédure par formules, qui offrait la séparation du *jus* et du *judicium*, la garantie du juge-juré choisi ou agréé par les parties, et le règlement formulaire de la mission de ce juge, cette procédure était le droit commun. Le magistrat ne connaissait et ne statuait lui-même, que comme mesure extraordinaire (*extra ordinem*) : dans des cas où sa *juris-dictio* pouvait terminer l'affaire ; dans des cas où il avait besoin de faire usage de son *imperium* ; dans des cas où il n'y avait pas d'action ouverte d'après le droit civil ni d'après l'édit, et où l'on avait extraordinairement recours au pouvoir même du magistrat (*cognitio extraordinaria*, *persecutio*, et non pas *actio*). Mais, sous le régime impérial, où l'omnipotence du prince s'établit de jour en jour, où sa volonté et ses décisions avaient une autorité supérieure, où les affaires évoquées ou portées devant lui se multipliaient, où ses officiers, son préfet du prétoire, ses lieutenants, participaient, par délégation, aux pouvoirs du maître, l'usage des *cognitiones extraordinariæ* se multiplia considérablement. Le prince ne jugeait pas toujours lui-même ces affaires dans lesquelles il intervenait extraordinairement : il en déléguait souvent la connaissance, soit au sénat, soit à un officier, soit à un citoyen ; mais comme c'était sans emploi de formules, sans observation de l'ordre des procès (*ordo judiciorum*); et comme celui à qui la connaissance était renvoyée prononçait sans distinction, en sa personne, du *jus* et du *judicium*, il y avait toujours là, une procédure extraordinaire (*cognitio extraordinaria*).

Voilà ce qui avait été répandu de plus en plus par l'usage, avant même les dispositions de Dioclétien sur ce point. D'un autre côté, déjà à cette époque on a perdu toute trace de ces listes annuelles de juges-jurés, de ces décuries dressées annuellement au forum, au milieu du peuple, et affichées publiquement. Tout nous indique que ces institutions de la république, conservées pendant quelque temps sous l'empire, étaient tombées en désuétude, et que le choix du juge n'était plus renfermé dans les mêmes limites et ne se faisait plus selon les mêmes règles.

Ce fut en cet état de choses que Dioclétien, par une constitution que nous trouvons insérée dans le Code de Justinien (an de J.-C. 294), ordonna aux présidents des provinces de connaître eux-mêmes de toutes les causes, même de celles pour lesquelles il était dans l'usage auparavant de donner des juges. Cette règle, qui ne paraît s'appliquer, dans les termes de la constitution, qu'aux provinces, se généralisa pour tout l'empire. Dioclétien réserve bien aux présidents le droit de donner aux parties des juges inférieurs, lorsque leurs occupations publiques ou la multiplicité des causes les empêchent d'en connaître eux-mêmes (1); mais le renvoi devant ces juges ne se fait plus, selon le système formulaire, avec distinction du *jus* et du *judicium*, avec règlement de leur mission au moyen d'une formule : c'est un renvoi de la connaissance entière. La procédure par formules est complétement tombée. Ce qui était l'exception est devenu la règle : toutes les procédures sont extraordinaires. Le *jus* et le *judicium*, l'office de magistrat et celui de juge se confondent. Le nom de *judex*, *judices majores*, est appliqué au magistrat.

---

(1) « Placet nobis, Præsides de his causis, in quibus, quod non ipsi possent cognoscere, antehac pedaneos judices dabant, notionis suæ examen adhibere : ita tamen, ut, si vel propter occupationes publicas, vel propter causarum multitudinem omnia hujusmodi negotia non potuerint cognoscere, judices dandi habeant potestatem. » Cod., 3, 3, *de pedaneis judicibus*, 2 const. Dioclet. et Maximian.

Dès lors, le mot action change une seconde fois complétement de sens ; et les exceptions, les interdits, ces institutions de la procédure formulaire, perdent leur véritable caractère. — L'action n'est plus, ni, comme sous les actions de la loi, une forme déterminée et sacramentelle de procéder ; ni, comme sous le système formulaire, le droit conféré par le magistrat de poursuivre devant un juge ce qui nous revient, ni la formule conférant et réglant ce droit. L'action n'est plus que le droit, résultant de la législation même, de s'adresser directement à l'autorité judiciaire compétente pour la poursuite de ce qui nous est dû, de ce que nous réclamons ; ou bien, l'acte même de cette poursuite.— Le mot exception, en réalité, n'a plus de sens : ce n'est plus une restriction mise par le magistrat au pouvoir de condamner conféré au juge, c'est un moyen de défense que le défendeur fait valoir de son chef devant le tribunal. — Les interdits, véritablement, n'existent plus. Dans les cas où ils auraient été accordés par le préteur, on a directement une action devant l'autorité judiciaire compétente. — Cependant, la destruction, dans la forme, ne paraît pas aussi radicale. De même que la procédure formulaire a été rattachée à quelques vestiges ou imitations de la loi de la procédure des actions, de même la procédure extraordinaire conserve, du moins nominalement, plusieurs vestiges du système auquel elle se substitue (1). Les noms restent, mais en désharmonie avec les institutions, qui sont radicalement changées.

Nous trouvons dans la constitution de Dioclétien, indiqués, comme institution déjà existante et en pratique,

---

(1) Ainsi, par souvenir, et comme moyen de transition d'un système à l'autre, l'usage se maintint quelque temps de demander, lors de la dénonciation au greffe, la formule d'action (*impetratio actionis*), quoiqu'il n'y eût pas renvoi devant un juge. Cet usage fut abrogé par Théodose et Valentinien. Cod. Théod., 2, 3, 1, et Cod. Just., 2, 58, 2 const. Théod. et Valent.

les juges pédanés (*judices pedanei*), qui viennent se ranger, d'une manière de plus en plus ostensible, sous le Bas-Empire, dans les rangs secondaires des autorités judiciaires. Quelle que soit l'étymologie que l'on donne à cette qualification de *pedanei*, elle indique bien certainement des juges inférieurs. C'étaient eux que, déjà, les magistrats donnaient aux parties, comme juges, avant la constitution de Dioclétien; c'est à eux que Dioclétien permet encore de renvoyer la cause quand la multiplicité des affaires l'exigera. Mais qu'était-ce que ces *judices pedanei?* Étaient-ils de simples citoyens, nommés juges dans chaque cause et pour la cause seulement; ou, en d'autres termes, les successeurs des anciens *judices selecti*, ceux qui ont pris leur place quand l'usage des listes et des décuries dressées annuellement a été abandonné? ou bien, faut-il voir en eux, tout simplement, selon une conjecture ingénieuse de M. Bonjean, les magistrats inférieurs des localités, auxquels les magistrats impériaux purent renvoyer le jugement des causes de peu d'importance? ou, enfin, étaient-ce des juges permanents et de degré inférieur, institués dans le ressort de chaque magistrature supérieure? C'est ce qu'on ne saurait affirmer : le champ est ouvert aux conjectures, mais aussi aux incertitudes sur ce point.

Ce qui nous paraît incontestable, c'est que cette institution a subi elle-même des vicissitudes dans le cours du régime impérial, et que vouloir la juger comme étant la même à toutes les époques, c'est s'exposer à de graves méprises. Dans le système antérieur à la constitution de Dioclétien, à l'époque où la procédure formulaire existait encore, il est permis de ne voir dans les juges pédanés que les successeurs des anciens *judices selecti*, c'est-à-dire des citoyens donnés pour juges dans chaque cause, selon des règles quelconques d'aptitude; mais certainement, après la généralisation de la procédure extraordinaire, ils apparaissent avec un caractère permanent et spécial, distinct de celui des magistrats municipaux des diverses localités. Ainsi ce sont des juges, destinés à connaître des affaires de peu d'importance, que l'empereur Julien donne aux présidents le droit de constituer dans leur ressort : « *Pedaneos judices, hoc est qui negotia humiliora disceptant, constituendi damus præsidibus potestatem* (1). » Ainsi, une constitution de Zénon les attache, en un certain nombre, à chaque prétoire : « *Zenonis constitutio quæ unicuique prætorio certos definivit judices* (2). » Ainsi Justinien, du moins en ce qui concerne Constantinople, les organise de nouveau, les forme en collége permanent, limite leur juridiction à la somme de trois cents solides, et les nomme lui-même, comme nous le voyons par une constitution de lui, où nous pouvons lire plusieurs nominations pareilles (3). Tout nous les signale donc, au temps du Bas-Empire, comme des juges inférieurs, revêtus d'un caractère permanent et spécial, sur lesquels le magistrat peut se décharger de la connaissance des affaires de peu d'importance, en les donnant individuellement pour juges aux parties; et que celles-ci, du reste, conservent toujours le droit de récuser pour s'en remettre à des arbitres choisis par elles (4).

---

(1) Cod., 3, 3, *de pedaneis judicibus*, 5, const. Julian. — Voir aussi la constitution 4, de Dioclétien.

(2) Novell. LXXXII, *de judicibus*, cap. 1. — Et aussi la préface, où l'on voit que Zénon avait nommé, dans sa constitution même, le personnel des juges pédanés.

(3) Ibid., cap. 1, 2, 3, 4, 5, etc. — C'est dans le chap. 1, que certains avocats, personnellement dénommés, sont qualifiés « *pedanei judices tui fori*, « ceci s'adresse au préfet du prétoire; et un autre, » *pedaneum judicem Prætorii gloriosissimi magistri sacrorum officiorum.* »

(4) Cod. III, 1, *de judiciis*, 16, const. Justinian. « Apertissimi juris est, licere litigatoribus judices delegatos, antequam lis inchoetur, recusare : cum etiam ex generalibus formis sublimissimæ tuæ sedis statutum sit,

### 76. Division du gouvernement impérial. — Deux Augustes et deux Césars.

Avant Dioclétien on avait vu quelquefois dans l'empire plusieurs princes, des Augustes et des Césars; Dioclétien, s'emparant de cet usage et le régularisant, le transforma en un système, et composa le gouvernement de quatre chefs : deux empereurs égaux en puissance avec le titre d'*Augustes*; deux empereurs subordonnés aux premiers, leurs lieutenants pour ainsi dire et leurs successeurs présomptifs, portant le titre de *Césars*. Ces quatre chefs, distribués dans les provinces, à la tête des armées, devaient, appuyés les uns sur les autres, former un corps politique plein de vigueur, à l'abri des secousses et des mutineries militaires. Ce système était sage sous un certain rapport; il eût rempli entièrement son but si quatre empereurs avaient pu s'unir et ne faire qu'un seul gouvernement; mais ils se divisèrent : on vit quatre cours différentes dans l'empire. Si d'un côté l'indiscipline et le soulèvement des soldats disparurent, de l'autre la rivalité des Augustes, l'ambition des Césars survinrent, et les guerres intestines, changeant de cause, n'en existèrent pas moins. Dioclétien avait choisi pour son collègue Maximien, pâtre de naissance, officier de son armée, et pour Césars Constance Chlore et Galère. Un an après, les deux Augustes abdiquèrent tous deux leur puissance, et les deux Césars, prenant leur place, reçurent les droits et les titres d'Augustes.

A. de R. A. de J.-C.

(1058 — 305). CONSTANCE-CHLORE et GALÈRE, AA.

---

necessitatem imponi, judice recusato, partibus ad eligendos arbitros venire, et sub audientia eorum sua jura proponere. »

(*Constantius Chlorus* et *Galerius Maximianus*).
**SÉVÈRE et MAXIMIN, Césars.**

Nous voici arrivés au moment où la mort de Constance-Chlore laissa paraître sur la scène politique son fils Constantin, destiné à remplir un si grand rôle. Avant de peindre tous les changements apportés par cet empereur, jetons un regard sur le passé, et voyons le point où sont parvenues toutes les institutions depuis la disparition de la république.

---

## RÉSUMÉ SUR L'ÉPOQUE QUI PRÉCÈDE.

### SITUATION EXTÉRIEURE DE L'EMPIRE.

Rome ne comptait d'abord que des citoyens; bientôt au dehors se formèrent ses colonies, puis ses alliés, ses sujets; enfin, colons, alliés, sujets, tous furent engloutis; tous depuis la constitution de Caracalla sont citoyens; il suffit pour avoir ce titre d'être né libre entre les bornes de l'État. Ces bornes sont presque celles du monde connu; ce qui était frontière est devenu point central, et ce qui se rattachait à la position extérieure de la république se rapporte aujourd'hui à la situation intérieure de l'empire.

Cependant vers le Nord, par delà cette ligne qu'on n'a point dépassée, dans ces terres qu'on n'a point explorées, se trouvent des peuples nombreux : c'est à eux qu'appartient le titre d'étrangers ou plutôt de Barbares. Ces Barbares, d'abord inconnus, puis incommodes, maintenant redoutables, fondent sur les frontières, font plier les armées, augmentent le nombre, la durée, l'étendue de leurs irruptions, et de loin préparent la ruine de l'empire.

DROIT PUBLIC.

Le peuple, les plébéiens, les chevaliers ne sont plus rien dans la balance de l'État. Le simulacre de puissance que leur avait laissé Auguste s'est effacé. L'armée, le sénat, l'empereur, voilà les corps politiques.

L'armée ne tient ses droits que de sa force. Veut-on réformer son indiscipline, la priver des distributions d'argent, tribut qu'elle a imposé aux princes, elle se mutine, massacre l'empereur, et met à sa place un homme, quelquefois le premier venu, sauf à le renverser à son tour s'il déplaît encore. « Ce qu'on appelait »l'empire romain dans ce siècle-là, dit Montesquieu, »était une espèce de république irrégulière, telle à peu »près que l'aristocratie d'Alger, où la milice, qui a la »puissance souveraine, fait et défait un magistrat, »qu'on appelle le Dey ». Cependant les réformes de Dioclétien, l'épuisement des trésors privés, peut-être aussi le dégoût de pareilles révolutions, ont enfin mis un terme à ces soulèvements, et l'armée, au point où nous sommes parvenus, est rentrée presque entièrement dans la limite de ses attributions.

Le sénat se compose des membres désignés par l'empereur, et réciproquement c'est lui qui doit décerner l'empire. Dépouillé de son ancienne splendeur, il n'est plus qu'un instrument qui obéit soit aux révoltes des soldats, soit aux volontés du chef; il ne conserve du pouvoir administratif et du pouvoir judiciaire que ce qu'on veut bien lui en laisser. S'il reprend son indépendance c'est un seul moment, à la fin de chaque règne, pour classer au rang des dieux l'empereur mort ou pour flétrir sa mémoire; pour lui dresser des statues ou pour abattre celles que de son vivant il lui avait élevées : encore ces jugements derniers ne sont-ils pas libres lorsque la gloire ou la honte du prince qui vient de mourir n'est pas indifférente à celui qui va lui succéder.

L'empereur doit être nommé par le sénat. Souvent la qualité de fils naturel ou adoptif du dernier prince, des liens de parenté moins rapprochés, à défaut l'intrigue, rarement le mérite, dirigent le choix; mais toujours le sénatus-consulte est préparé pour celui qui s'avance sur Rome, proclamé par une armée victorieuse. Quelquefois deux empereurs ont régné ensemble. Aujourd'hui le système de Dioclétien amène d'importants résultats : l'existence de deux Augustes égaux en pouvoir conduit à la division réelle de l'empire ; et la nomination que font ces Augustes de deux Césars, leurs délégués actuels, leurs héritiers futurs, prépare pour le trône une succession toujours réglée d'avance, si toutefois l'ambition, la rivalité des Augustes et des Césars ne viennent pas troubler cet ordre et allumer les guerres civiles.

Les anciennes magistratures ont disparu ou sont frappées de nullité. Les consuls, les proconsuls, les préteurs qui restent encore, ont perdu la plus grande partie de leur puissance et toute leur suprématie. Des débris de ces magistratures républicaines se sont formées les magistratures impériales. Le prince apparaît entouré d'une foule de dignitaires, que sa faveur seule élève, dont les fonctions durent autant qu'il le veut bien; le préfet du prétoire, ministre unissant encore le pouvoir militaire au pouvoir civil; le préfet de la ville, chargé des fonctions des anciens édiles et d'une grande partie de la juridiction criminelle; le préfet des gardes de nuit, les lieutenants, les procureurs de César, en un mot tous les officiers créés par Auguste; car ce prince, sans qu'on s'en doutât, avait tout fait pour le pouvoir absolu; il ne restait plus qu'à développer les germes qu'il avait posés.

Les principaux magistrats, tels que les préfets du prétoire, les préfets de la ville, les présidents des provinces, se font assister par plusieurs personnes qu'ils choisissent, et qui reçoivent des honoraires publics : ces personnes portent le nom d'assesseurs (*adsessores*); elles prennent connaissance des diverses affaires, les préparent, rédigent les édits, les décrets, les lettres, en un mot tous les actes qui doivent émaner du magistrat; ce dernier quelquefois même leur délègue son autorité.

Tous les pouvoirs résident dans les mains des empereurs, qui n'en confient à d'autres mains que la partie qu'ils veulent.

*Pouvoir législatif.* Dès les premières années de l'empire les lois, les plébiscites ont cessé, plus tard les sénatus-consultes (1); aujourd'hui une seule source du droit existe, la volonté des princes. Quant aux édits des magistrats ils se rattachent plus à l'administration qu'à la législation.

*Pouvoir exécutif* et *pouvoir électoral.* Si le sénat y concourt encore ce n'est que faiblement, dans la désignation de l'empereur, dans l'élection de certains magistrats et dans les affaires sur lesquelles on le consulte. Quelques princes ont formé autour d'eux une espèce de conseil d'État, nommé *consistorium*, qui sert à les aider dans l'administration générale de l'empire.

*Pouvoir judiciaire.* L'empereur, le sénat, les préteurs, les consuls, les préfets de la ville, ceux du prétoire, les magistrats locaux de chaque cité, les juges pédanés sont les autorités judiciaires. Le collége des centumvirs qui est allé en déclinant, paraît toucher à sa fin; les listes annuelles des juges-jurés sont tombées en désuétude. Le prince s'est entouré aussi d'un conseil, nommé *auditorium*, auquel il remet l'examen des

(1) Le dernier sénatus-consulte que nous connaissions date du règne d'Alexandre Sévère.

affaires ou des questions importantes qu'il veut juger ou résoudre lui-même.

*Affaires criminelles*. Aux plébiscites rendus sous la république contre certains crimes il faut joindre des sénatus-consultes et des constitutions qui frappent d'une peine les faits désignés sous le nom de crimes extraordinaires (*extraordinaria crimina*). Dans bien des cas on s'écarte des formes criminelles de la république, quoiqu'elles soient encore les formes ordinaires. Ainsi l'empereur fort souvent prononce lui-même par un décret ; le préfet de la ville, conjointement avec le consul, juge la plupart des crimes extraordinaires ; le sénat est investi de la connaissance de quelques accusations : par exemple, de celles de lèse-majesté.

*Affaires civiles*. Dix-huit préteurs à Rome président à la justice civile; dans les provinces le *rector* ou président (*præses*) de chaque province ; le *vicarius* ou autre lieutenant délégué du préfet ; au-dessus, le préfet du prétoire jugeant sur l'appel comme représentant l'empereur (*vice sacra*); et, pour recours souverain, l'empereur lui-même. A la fin de l'époque où nous sommes parvenus, le système de la procédure formulaire, de plus en plus restreint par l'extension de la procédure extraordinaire, est définitivement abandonné. Toutes les procédures sont extraordinaires. On ne sépare plus le *jus* et le *judicium*, l'office du *judex* et celui du *magistrat*. Seulement, le magistrat supérieur ou *judex major* peut, dans le cas de multiplicité des affaires, se décharger sur un juge pédané de la connaissance des causes de peu d'importance. Le prince, par un rescrit, indique quelquefois au juge la décision qu'il faut prendre ; quelquefois, par un décret, il vide lui-même la contestation.

Les causes sont maintenant plaidées devant le juge par des jurisconsultes qui en font leur profession, et qui portent le nom d'advocats (*advocati*).

L'empereur a sous sa puissance toutes les provinces ;

cependant les unes sont considérées comme appartenant plus spécialement au peuple, les autres comme appartenant à César. Les premières sont administrées par des sénateurs-proconsuls, les secondes par les lieutenants de l'empereur. Du reste, depuis Dioclétien, l'existence des Augustes et des Césars a amené entre ces chefs le partage de ces différentes provinces.

Chaque ville importante possède une espèce de conseil municipal, appelé curie (*curia*); on y traite de la nomination aux diverses magistratures et des affaires particulières de la ville. Les habitants destinés à fournir les membres de ce conseil forment un ordre particulier; on les nomme curiaux, soumis à la curie (*curiales*, *curiæ subjecti*). C'est la naissance (*curialis origo*) qui les range dans cet ordre; les enfants issus de pères curiaux prennent eux-mêmes cette qualité. Les citoyens riches peuvent aussi se faire agréer par la curie, eux ou leurs enfants, et entrer ainsi dans la classe des curiaux. C'est dans cette classe que l'on choisit les décurions (*decuriones*), c'est-à-dire les membres qui composent la curie. Ceux qu'on y appelle ne peuvent refuser; s'ils cherchaient à se soustraire à leurs devoirs, soit en voyageant dans d'autres villes, soit en passant dans les armées, soit en se cachant à la campagne, la curie les réclamerait et les contraindrait à revenir. Voilà d'où leur vient ce nom de *curiæ subjecti*, qui indique une sorte de sujétion; mais lorsque l'ordre des curiaux de la cité est nombreux, on doit avoir soin, en dressant la liste des décurions (*in albo decurionum describendo*), de faire tomber ces fonctions alternativement sur chacune des personnes qui y sont soumises. Plus le titre de curial avait entraîné des obligations et des responsabilités onéreuses, surtout pour le payement et pour la rentrée intégrale de l'impôt dû par la localité, plus le gouvernement impérial avait cherché à l'environner de considérations et de priviléges apparents. Ainsi, les curiaux forment le premier ordre de la ville ; on ne prononce pas contre eux les mêmes peines que contre les plébéiens ; enfin c'est dans leur rang que l'on choisit les principaux magistrats de la cité. A la tête de ces magistrats se trouvent ordinairement les duumvirs, dont l'autorité n'est qu'annuelle, qui dirigent les affaires de la cité et président la curie (1). Telle est l'administration municipale qui s'est généralisée pour les diverses villes de l'empire. Elle est calquée sur celle de l'ancienne Rome ; aussi n'est-il point difficile de reconnaître dans la curie une espèce de sénat, dans les décurions les sénateurs, dans les curiaux les patriciens, dans les duumvirs les deux consuls. Mais sous le coup des misères, de l'avidité fiscale et de l'oppression du Bas-Empire, la condition des décurions et des curiaux, la responsabilité dont ils étaient chargés pour les actes les uns des autres et pour toute la localité en fait d'impôt, devinrent si intolérables, que la curie fut traitée comme une sorte de servitude, qu'on chercha par tous les moyens possibles à s'y soustraire, et que les charges ou les situations sociales qui en libéraient ou qui en dispensaient furent considérées comme un affranchissement.

### DROIT SACRÉ.

Le paganisme est encore la religion que le droit public reconnaît ; l'empereur en est le souverain pontife. Aux divinités adorées des Romains le sénat ajoute les princes qu'il déifie : ces princes prennent le nom de divins (*divini*) ; nouveaux dieux, ils reçoivent des temples et des prêtres.

Cependant, le christianisme s'étend et triomphe ; les lois politiques le mettent au rang des crimes, les sujets

---

(1) Cod., 10, 31, *de decurionibus et filiis eorum*.

l'embrassent avec ardeur; le polythéisme touche enfin au moment où il doit perdre jusqu'à la protection légale qui fait dans cet instant toute sa force.

### DROIT PRIVÉ.

Nous venons de traverser l'âge le plus brillant de la jurisprudence. Pendant une longue suite d'années ont paru, comme s'ils naissaient les uns des autres, tous ces jurisconsultes illustres dont les écrits nombreux, ouvrages transmis par fragments jusqu'à nous, passent encore chez les divers peuples pour la raison écrite. La révolution commencée à la fin de la période précédente s'est entièrement développée pendant celle-ci. Le droit primitif, laconique, rude et sauvage, a été la base sur laquelle on a élevé une science vaste, rattachée à l'équité naturelle, et propre à la civilisation commune des hommes. Comment se fait-il que ce soit sous les empereurs, lorsque la liberté disparaissait, que tant de génies supérieurs aient si bien développé les lois civiles? Serait-ce parce que, dans une république, la vie publique étant la vie de chaque citoyen, les droits politiques étant les premiers de tous les droits, c'est sur eux que portent principalement les actions et les écrits : tandis que dans un empire, les sujets n'ayant qu'une vie privée, les droits publics étant nuls, les jurisconsultes portent toute leur science sur les droits privés, qui deviennent d'autant plus précieux qu'ils sont les seuls que l'on ait encore? Comment se fait-il aussi que ce soit sous les empereurs, lorsque les nations s'accommodaient au pouvoir absolu, lorsque le droit public se corrompait, que le droit civil se soit étendu, adouci en se rapprochant de ces règles naturelles d'équité qui existent entre tous les hommes? Serait-ce parce qu'une république, forte de son organisation, séparée de toutes les nations, se donne des lois propres à elle seule, courtes, empreintes de l'énergie républicaine, contraires souvent aux lois de la nature, car chaque individu n'y est pas homme, il y est citoyen; tandis qu'un empire vaste, tel que l'empire romain, composé de nations diverses, ne renfermant en réalité plus de citoyens, mais seulement des hommes, doit recevoir des règles générales communes à tout le genre humain, plus nombreuses et plus rapprochées du droit naturel? Quelle qu'en soit la cause, le changement s'est opéré; mais ce n'est point sur une base nouvelle qu'on a posé le nouveau droit, c'est sur l'ancienne base. On n'a point refait les lois; on a voulu les corriger en les conservant : les principes fondamentaux des douze tables et du droit civil sont toujours proclamés; la contradiction qui règne entre ces souvenirs des vieilles institutions et la réalité des institutions modernes forme toujours le caractère principal du droit romain.

*Sur les personnes*. Les affranchis se divisent en trois classes : affranchis *citoyens*, affranchis *latins juniens*, affranchis *déditices* : les seconds sont assimilés aux anciens colons latins, dont ils ont les droits; les derniers aux peuples qui se livrent à discrétion. La puissance sur les esclaves est modérée; le droit de mort a été retiré au maître : l'esclave auquel on fait subir de mauvais traitements peut se plaindre au magistrat. La puissance paternelle est toujours plus adoucie; le père ne peut plus ni vendre ses enfants, ni les donner, ni les livrer en gage. Le fils commence à avoir maintenant une personnalité à lui, à être considéré comme un être susceptible d'avoir des droits qui lui soient propres. Il est seul entièrement propriétaire de son pécule castrans (*castrense peculium*), c'est-à-dire des biens acquis à l'armée. La puissance maritale n'existe presque plus; l'usage n'est plus un moyen de l'acquérir; la coemption est un moyen rare; la confarréation n'est pratiquée que par les pontifes. La parenté naturelle produit toujours plus d'effets aux yeux du préteur; la tutelle perpétuelle des femmes sous leurs agnats a cessé ; la gentilité n'existe plus. Depuis Auguste, une différence bien grande est établie entre les célibataires et les mariés, entre ceux qui ont des enfants et ceux qui n'en ont point; cette différence donne à ces personnes des droits inégaux, surtout pour la faculté de recevoir par testament.

*Sur les choses et sur la propriété.* On distingue toujours les choses *mancipii* des choses *nec mancipii;* les immeubles situés en Italie de ceux qui sont dans les provinces : la mancipation est par conséquent toujours en usage. Le droit de propriété se dépouille de ses anciennes appellations quiritaires; il commence à prendre le nom plus général, plus philosophique de *proprietas*, qui désigne que la chose nous est appropriée (1). Ainsi la philologie, dans les trois noms successifs qui lui ont été donnés, retrouve l'histoire même des vicissitudes et des transformations de la société romaine. *Mancipium*, dans les temps primitifs, de *manu capere*, lorsque la guerre, la lance, sont le moyen d'acquérir par excellence. *Dominium*, plus tard : c'est la maison (*domus*) qui est propriétaire, toutes les individualités s'absorbent dans la personne du chef. Enfin, *proprietas* : la personnalité de chacun, même des fils de famille, est constituée ; ils ont une propriété à eux ; ce n'est plus la maison seulement, c'est chaque individu qui peut être propriétaire.

*Sur les testaments.* Le père de famille n'est plus le seul qui puisse tester; le fils de famille le peut aussi sur le pécule castrans. Pour pouvoir sans restriction être institué héritier ou recueillir des legs, il faut ne pas être dans la classe des célibataires, et, de plus, avoir

(1) Dig., 41, 1, 13 fr. Nerat.

le *jus liberorum*, c'est-à-dire le droit de ceux qui ont des enfants. Les formes civiles du testament consistent encore, en droit civil, dans la mancipation de l'hérédité ; mais le préteur a introduit une autre forme dans laquelle il a supprimé la mancipation. Les militaires en campagne sont, du reste, dispensés de toute formalité. Les *codicilles* sont valables, et dans ces actes, qui ne demandent aucune solennité, l'on peut insérer des legs et des fidéicommis, que l'héritier sera obligé de délivrer.

*Sur les successions.* La législation tend chaque jour à accorder des droits de succession aux parents naturels : en vertu de deux sénatus-consultes (1), les enfants succèdent à leur mère ; la mère, dans certains cas, succède à ses enfants. Le préteur, pour corriger ou pour aider le droit civil, ou pour y suppléer, donne toujours la possession des biens.

*Sur les contrats et les actions.* La théorie des quatre contrats du droit des gens, obligatoires par le seul consentement, s'est de plus en plus développée et a reçu tout son complément. Le nombre des pactes ou simples conventions, reconnues comme obligatoires par le droit impérial ou par le droit prétorien, s'est augmenté. Cependant ces pactes, bien qu'obligatoires, ne sont pas honorés du titre de contrats, réservé à ceux de l'ancien droit civil. Les anciennes actions de la loi se sont toujours plus éloignées des nouvelles mœurs ; la procédure par formules qui les a remplacées, vient elle-même, à la fin de l'époque examinée ici, de tomber définitivement, et de céder la place à la procédure extraordinaire.

---

(1) Le sénatus-consulte TERTULLIANUM, rendu sous Antonin le Pieux et le sénatus-consulte ORPHITIANUM, sous Marc-Aurèle, le premier pour les droits de succession de la mère, le second pour ceux des enfants.

## MŒURS ET COUTUMES.

Si, du tableau qu'offrent les mœurs au milieu de la république, lorsque chaque citoyen respire au dedans la liberté, au dehors la domination, on passait tout à coup au tableau qu'elles présentent actuellement, quel contraste ne trouverait-on pas? Mais c'est par degrés que nous sommes parvenus ici, les événements de chaque jour nous ont préparés à des changements que nous trouvons naturels, et nous avons besoin de nous transporter en arrière, de voir ce que Rome fut autrefois pour juger combien elle est différente aujourd'hui.

Accoutumés sous Auguste au commandement d'un seul homme, dépouillés bientôt de leurs droits politiques, de leurs anciens magistrats, baissant la tête sous le sceptre des empereurs, sous le glaive des soldats, assimilés à tous les sujets qui peuplent l'empire, les Romains ne savent même plus se souvenir que jadis ils ont été libres ; à la susceptibilité, à l'agitation républicaines, ont succédé l'ambition, l'adulation de cour. On cherche le sourire du maître, on demande des faveurs, on implore une grâce, on attend le rescrit qui doit les apporter ; les jurisconsultes eux-mêmes, si justes, si libres dans le droit privé, laissent leur savoir, leur indépendance lorsqu'il s'agit du droit public, et remettent dans les mains d'un seul la toute-puissance. Les dissensions religieuses se répandent dans l'état, et entraînent avec elles l'aigreur, les haines, les persécutions.

## § II. DEPUIS CONSTANTIN JUSQU'A JUSTINIEN.

Le système de Dioclétien ne tarda guère à porter ses fruits : les soulèvements désordonnés des soldats disparurent; les guerres plus régulières des Augustes et des Césars s'allumèrent. Dioclétien du fond de sa retraite put encore voir l'incendie et ses ravages; il put voir son vieux collègue Maximien reparaître sur la scène avec Maxime, son fils. Tous deux revêtent la pourpre impériale. Les deux Augustes Sévère et Galère se hâtent de marcher contre ces usurpateurs : au milieu des troubles les deux Césars Constantin et Maximin se décorent du titre d'Augustes, et l'état est déchiré par les efforts de six empereurs qui se le disputent (an de J.-C. 307.)

*En Orient* GALÈRE, LICINIUS, MAXIMIN;
*En Occident* MAXENCE, MAXIMIEN, CONSTANTIN.

La mort réduit le nombre à quatre (an de J.-C. 310.—311) :

*En Orient* MAXIMIN, LICINIUS;
*En Occident* MAXENCE, CONSTANTIN.

Alors, d'un côté, guerre entre Maxence et Constantin: celui-ci traverse rapidement l'Italie; Maxence est battu, périt dans le Tibre; Constantin entre dans Rome triomphant, et se trouve seul maître de l'Occident. De l'autre côté, guerre entre Licinius et Maximin : ce dernier succombe, et Licinius commande à l'Orient (an de J.-C. 313).

*En Orient* LICINIUS; *En Occident* CONSTANTIN.

Guerre entre ces deux Augustes. Au bout de quelques années Licinius est vaincu, dépouillé de la pourpre;

Constantin, sans rival, reste propriétaire unique de tout l'empire (an de J.-C. 314). Tel est le sort des ambitieux; dans une guerre à outrance ils se détruisent les uns par les autres, et le dernier qui triomphe s'élève sur la ruine de tous.

Au milieu de ces guerres, les regards du jurisconsulte trouvent encore des objets sur lesquels ils doivent s'arrêter. Après sa victoire sur Maxence, Constantin, sans embrasser la religion chrétienne, l'avait placée sous la protection impériale (1), et plus tard (an de J.-C. 320), comme par une conséquence de cette protection, il abolit les incapacités dont les célibataires étaient frappés; incapacités qui tombaient principalement sur les chrétiens, puisque déjà la plupart d'entre eux se faisaient un mérite religieux de garder le célibat. Ce fut ainsi que s'évanouit alors, entre les citoyens célibataires et les citoyens mariés, cette différence politique dont les jurisconsultes, les historiens et les poëtes s'étaient également préoccupés.

On pourrait citer encore quelques constitutions de Constantin ; nous ferons remarquer celle qui est relative aux notes d'Ulpien, et de Paul sur Papinien, et nous traiterons ici de deux recueils de constitutions dont on ne connait pas la date précise, mais qui se réfèrent à peu près à l'époque où nous nous trouvons.

### 77. Constitutions infirmant les notes de Paul et d'Ulpien sur Papinien, et donnant approbation aux écrits de Paul.

Depuis le rescrit d'Adrien, qui avait donné autorité aux opinions des jurisconsultes autorisés, lorsqu'elles étaient unanimes, il y avait un commencement de tentative pour régler législativement l'autorité des réponses

(1) Licinius favorisa aussi le christianisme dans l'Orient; ce fut en 314, lorsque Constantin et Licinius se partageaient l'empire, que fut rendu l'*edictum Mediolanense*, qui accordait une protection publique aux chrétiens et à leur religion.

des prudents. Deux constitutions de Constantin, insérées dans le code Théodosien, et découvertes de nos jours par M. Closius, peuvent nous faire conjecturer que ce prince avait réglé cette matière par des dispositions plus complètes, qui nous sont restées inconnues, et dont ces deux constitutions ne seraient qu'une partie. La première de ces constitutions déclare abolir ou dépouiller de toute autorité les notes que Paul et Ulpien avaient faites sur les écrits de Papinien, parce qu'elles ont corrompu plutôt qu'amendé ces écrits. La seconde, au contraire, confirme et investit d'une autorité indubitable devant les juges, les propres écrits de Paul, et notamment ses sentences (1).

### 78. Code Grégorien, Code Hermogénien (*Gregorianus Codex*, *Hermogenianus Codex*).

Ces deux codes ne sont pas émanés de l'autorité législative : deux jurisconsultes, Gregorius et Hermogène, s'attachèrent chacun à recueillir dans un ouvrage les rescrits qui leur parurent les plus importants parmi ceux que les empereurs avaient rendus sur le droit civil; ils donnèrent à leur collection le nom de Code, et ces Codes furent désignés ensuite par le nom des jurisconsultes qui les avaient réunis. Ces recueils

(1) Voici le texte de ces deux constitutions :

I. CONSTANTINUS A. AD MAXIM. PRÆF. PRÆT.

« Perpetuas prudentium contentiones eruere cupientes, ULPIANI ac PAULI in PAPINIANUM notas, qui dum ingenii laudem sectantur, non tam corrigere eum quàm depravare maluerunt, aboleri præcipimus. » DAT. III, KAL. OCT. CONSTANTINO II, et CRISPO II COSS. (A. 321).

I. CONSTANTINUS A. AD MAXIM. PRÆF. PRÆT.

« Universa, quæ scriptura PAULI continentur, recepta auctoritate firmanda sunt et omni veneratione celebranda Ideoque sententiarum libros, plenissima luce et perfectissima elocutione et justissima juris ratione succinctos, in judiciis prolatos valere minime dubitatur. » DAT., V, KAL. OCT. TREVIRIS, CONSTANTINO CÆS. V et MAXIMO COSS. (A. 327).

ne nous sont pas arrivés dans leur entier, mais nous en trouvons des passages dans quelques ouvrages anciens (1). Il est hors de doute qu'ils durent servir puissamment à Théodose, et plus tard à Justinien dans la rédaction de leur code. Quels étaient la forme et l'ordre de ces recueils? Les extraits que nous en connaissons sont cités comme appartenant à différents titres ; ainsi les constitutions y étaient rapportées sous ces titres divers : on a lieu de penser néanmoins que cela n'empêchait pas qu'elles fussent classées par ordre chronologique, les titres étant très-multipliés et donnés souvent à une seule constitution. A quels empereurs commençaient-ils? Nous ne savons s'ils remontaient au delà du règne d'Adrien; mais il est certain qu'ils contenaient des rescrits de ce prince. A quels empereurs s'arrêtaient-ils? Le code de Grégorius ne dépassait pas le règne de Dioclétien; d'après l'opinion la plus commune il en serait de même pour le code d'Hermogène ; cependant on trouve dans un ancien ouvrage (2) des rescrits de Valentinien et de Valens, cités comme appartenant au Code Hermogénien, ce qui ferait croire que ce code allait jusqu'au règne de ces empereurs. A quelle époque ces deux recueils ont-ils été faits? Jugeant d'après les constitutions qu'ils contiennent, on place le Code Grégorien après Dioclétien, dans l'intervalle écoulé entre cet empereur et Constantin ; il en est de même, d'après grand nombre d'écrivains, pour le Code Hermogénien ; mais si l'on considère les constitutions de Valens et de

(1) *Lex Romana Visigothorum; Mosaicarum et Romanarum legum collatio; Consultatio veteris jurisconsulti*; ouvrages dont nous aurons occasion de parler à leur rang.

(2) C'est dans la *Consultatio veteris jurisconsulti* que l'on trouve plusieurs rescrits portant pour titre ces mots : *Ex corpore Hermogeniano* IMPP. VALENS ET VALENTININ. AA. Les auteurs qui pensent que le Code Hermogénien s'est arrêté à Dioclétien attribuent ces rescrits de Valens au Code Théodosien, et lisent : *Ex corpore Theodosiano*.

Valentinien, dont nous venons de parler comme extraites réellement de ce code, il faudra le ranger sous le règne de ces deux empereurs, à une époque d'environ cinquante ans postérieure à celle où nous sommes parvenus; et le Code Hermogénien devra être considéré comme n'ayant été simplement qu'un supplément à celui de Grégorius.

## (1078—325). CONSTANTIN (*Constantinus A.*).

Le triomphe du christianisme, la fondation d'une nouvelle capitale, des changements dans l'administration de l'État, signalent l'époque où Constantin commanda seul à l'empire.

### 79. Le christianisme devient la religion impériale.

Nous avons présenté le christianisme s'étendant rapidement de sujets en sujets, de provinces en provinces; les efforts rigoureux des empereurs n'avaient fait que redoubler son élan. Constantin changea de système. Soit par modération, soit par politique, soit par conviction : César dans les Gaules, il avait défendu les chrétiens contre les persécutions; vainqueur de Maxence et de l'Occident, il leur avait accordé des faveurs; maître de tout l'empire, il proclama leur religion. Ce fut ainsi que sa protection pour eux s'accrut avec sa fortune. Quoiqu'il n'eût pas encore reçu le baptême, Constantin professa le christianisme : la plupart des grands, la plupart des sujets suivirent son exemple. Alors s'écroula tout le droit sacré de l'ancienne Rome, toute cette partie du droit politique qui s'y rattachait, et le peu qui dans le droit civil s'y liait encore. Alors disparurent de la cour les pontifes, les flamines, les vestales, remplacés par les prêtres, les évêques. Alors cette division des sujets, en chrétiens et en païens, ne s'effaça point; mais, les rôles changeant, les chrétiens se trouvèrent sous la protection des lois et du gouvernement, tandis que les païens, déchus de leur rang, furent frappés de plusieurs peines et de plusieurs incapacités. A ces païens on joignit encore les hérétiques; car déjà, au berceau de l'Église chrétienne, s'élevaient sur les croyances religieuses des discussions opiniâtres, causes perpétuelles de troubles et de discordes (1).

Dès ce moment l'influence du christianisme sur le droit, qui n'avait été jusqu'à ce jour qu'une influence indirecte, opérant par la propagation des idées, à l'insu même de ceux qui la subissaient, cette influence devient plus marquée. Elle agit avec autorité. Quoiqu'elle n'amène pas une révolution dans les institutions publiques, ni surtout dans la législation privée, quoiqu'elle les accepte au point où elle les trouve, cependant, en beaucoup d'objets et notamment pour tous ceux qui se rattachent au culte, elle modifie sensiblement les premières; et quant au droit privé, elle y jette un esprit et des tendances toutes nouvelles.

### 80. Fondation d'une nouvelle capitale.

Rome, perdant chaque jour ce caractère de force et de grandeur que lui donnaient jadis les hommes et les institutions, avait cessé d'être la première ville de l'empire. Les princes l'avaient délaissée, et, fixant leur résidence loin de ses murs, ils avaient successivement augmenté la distance qui les séparait de cette capitale déchue. Dioclétien avait porté sa cour à Milan, tandis

(1) Ce fut pour apaiser ces troubles qu'eut lieu à Nicée, en 325, la première assemblée générale connue sous le nom de Concile : il s'y réunit trois cent dix-huit évêques, un grand nombre de prêtres; l'empereur y assista lui-même. On y condamna comme une hérésie les opinions d'Arius; mais on ne les éteignit pas, et longtemps encore elles étaient destinées à diviser l'Empire.

que son collègue faisait briller la sienne à Nicomédie. Constantin montra encore plus d'éloignement pour Rome; il n'y fit que quelques apparitions d'un moment. Enfin, resté sans rival, il voulut que sa capitale fût le centre de ses vastes États : l'Italie n'était qu'une extrémité; l'Orient se présentait plus brillant; il offrait Byzance placée sur le Bosphore, communiquant avec deux mers, s'ouvrant sur toutes les provinces. Constantin choisit cette ville, la fit rapidement agrandir, ou pour mieux dire élever, lui donna le nom de Constantinople, et y transporta le siége de l'empire. Abandonnant l'Italie déshéritée, les grands, les dignitaires, les courtisans suivirent l'empereur au sein de la nouvelle capitale. Tout le luxe, toute la mollesse, toute la servilité de l'Orient parurent bientôt : la foule des valets de cour fut augmentée et remplit le palais; les eunuques se montrent au milieu d'eux; le grec devient la langue générale : les idées grandes, les souvenirs glorieux du passé n'avaient point suivi la cour sur le Bosphore; ils étaient restés aux bords du Tibre, au fond de l'Italie, où, pour contraster avec ces souvenirs, Rome n'offrait plus qu'un sénat impuissant, exilé dans des murs presque déserts. Et cependant telle est la force de l'habitude et d'une longue domination, que les noms de Rome et d'Italie restèrent dans les lois comme entourés d'une faveur spéciale; que leurs habitants conservèrent les droits particuliers qu'ils avaient jadis; que les immeubles situés dans ces lieux furent longtemps encore distincts des immeubles des autres provinces, et rangés dans cette classe de biens nommés *res mancipii*; que les empereurs enfin, pour élever Constantinople, se bornèrent à lui accorder les priviléges de Rome.

Il était impossible que le changement de religion et de capitale n'amenât point de modifications dans l'administration de l'État et dans les diverses magistratures : quelques dignités nouvelles parurent ; parmi celles qui existaient déjà les unes reçurent plus d'éclat, tandis que d'autres furent affaiblies. Nous arrêterons spécialement nos regards sur les évêques, les patrices, les comtes du consistoire, le questeur du sacré palais et les magistrats des provinces.

### 81. Les évêques (*Episcopi*).

Au milieu des premiers dignitaires de l'empire s'élevèrent les évêques ; ils prirent pour fonctions principales les devoirs que l'humanité, que la charité de leur religion leur impose, et dont elle fait leur plus bel apanage : le soin des pauvres, des captifs, des enfants exposés, des enfants prostitués forcément par leurs pères. Placés au premier rang dans la ville où ils résidaient, entourés de ce respect, de cette vénération que toutes les religions répandent sur leurs ministres, ils furent membres des conseils qui nommaient les tuteurs, les curateurs ; ils reçurent, comme les consuls, les proconsuls et les préteurs, le pouvoir d'affranchir les esclaves, dans les églises ; ils remplacèrent même ces magistrats pendant leur absence. Enfin, pressés autour du trône, ils dirigèrent souvent l'empereur dans les affaires majeures de l'État.

L'esprit du christianisme, esprit de charité et de conciliation, était ennemi des procès et de leurs animosités. Saint Paul engageait les chrétiens à s'abstenir des juridictions civiles, à faire terminer leurs différends comme des frères, par le ministère des principaux de l'Église. L'organisation judiciaire des Romains, qui laissait toute latitude aux plaideurs pour la récusation du juge et pour le recours à de simples arbitres, s'y prêtait facilement. L'usage s'en était répandu chez les chrétiens. Constantin en fit une institution législative, il investit les évêques d'un pouvoir de juridiction, qui forcée à l'égard de certaines personnes, pour des affaires concernant le culte et les églises, n'était que volontaire dans les autres cas, et constituait une sorte d'arbitrage amiable, auquel les parties pouvaient recourir. Ainsi les évêques eurent leur juridiction (*episcopalis audientia*), dont la confiance des fidèles alimentait les occupations (1).

### 82. Les patrices (*Patricii*).

Constantin donna le nom de patrices à quelques personnages éminents qu'il choisit pour ses conseillers intimes, et qui devaient lui tenir lieu en quelque sorte de pères (*loco patris honorantur — quem sibi patrem imperator elegit*). Cette dignité se perpétua sous les autres empereurs ; elle entourait d'honneurs ceux qui en étaient revêtus ; elle les élevait bien au-dessus des consuls, des préfets et de tous les autres magistrats (2).

### 83. Comtes du Consistoire (*Comites Consistoriani*).

Déjà depuis quelque temps plusieurs princes avaient réuni autour d'eux une sorte de conseil d'État, nommé *Consistorium*, dans lequel ils traitaient la plupart des affaires de leur empire. Constantin affermit cette institution, et augmenta le nombre des membres du Consistoire : ce sont ces membres qu'on nomme *Comites Consistoriani*. Il établit aussi à Constantinople un sénat semblable à celui de Rome ; ce sénat paraissait être le conseil de l'empire, tandis que le Consistoire était le conseil de l'empereur (3).

---

(1) Cod., 1, 4, *de episcopali audientia*.

(2) Cod., 12, 3, *de consulibus patriciis*.

(3) Cod., 12, 10, *de comitibus consistorianis*. Le titre de *comes*, qui

**84. Questeur du sacré Palais** (*Quæstor sacri Palatii*).

Chargé de conserver les lois, d'en rédiger les projets, de tenir la liste des faveurs et des dignités accordées par le prince, de préparer les rescrits, de les faire parvenir, le questeur du sacré palais était une espèce de grand chancelier. Il est probable que l'origine de cette charge est celle de questeur candidat de l'empereur, qui avait commencé sous Auguste, qui se développa sous ses successeurs, et changea de nom sous Constantin.

**85. Magistrats des provinces.**

L'empire fut partagé par Constantin en quatre grandes préfectures prétoriennes : l'Orient, l'Illyrie, l'Italie, les Gaules; chaque préfecture se divisait en plusieurs diocèses, chaque diocèse en plusieurs provinces (1). A la tête de chaque préfecture fut placé un préfet du prétoire; dans les diocèses l'empereur envoyait pour représenter les préfets, des magistrats nommés vicaires (*vicarii*); enfin chaque province était confiée à un pré-

---

signifie à proprement parler *compagnon*, et d'où nous avons fait venir celui de *comte*, ne s'appliquait pas seulement aux membres du Consistoire; il y avait plusieurs autres officiers qui le portaient : *comes sacrarum largitionum*, *comes rerum privatarum*, *comes sacri palatii*, *comites militares*. Ce fut aussi à cette époque que le nom de *dux*, duc, commença à former le titre de diverses fonctions. Voir COD, I, 46, *de officio militarium judicum*, 3, const. Théodos. et Valent.

(1) *Préfecture de l'Orient*, comprenant l'Asie, l'Égypte, la Libye et la Thrace : cinq Diocèses, quarante-huit Provinces.

*Préfecture de l'Illyrie*, comprenant la Mœsie, la Macédoine, la Grèce et la Crète : deux Diocèses, onze provinces.

*Préfecture de l'Italie*, comprenant l'Italie, une partie de l'Illyrie et l'Afrique : trois Diocèses, vingt-neuf Provinces.

*Préfecture des Gaules*, comprenant la Gaule, l'Espagne et la Bretagne : trois Diocèses, vingt-neuf provinces.

sident, qui portait le titre ou de proconsul ou de recteur (*rector provinciæ*).

### 86. Autres dignités de l'Empire. — Nouvelle noblesse hiérarchique.

Pour compléter ce tableau des dignitaires, il faut y joindre les consuls, les préteurs, le préfet des gardes de nuit, celui des approvisionnements, celui de la ville, qui n'était pas encore établi à Constantinople, le maître de la cavalerie, celui de l'infanterie (*magistri militum*), qui avaient hérité de tout le pouvoir militaire des préfets du prétoire; car Constantin avait supprimé les soldats prétoriens, et n'avait laissé aux préfets qu'une puissance civile; quelques autres encore; et cette foule de nobles valets dont le prince s'environna, connus sous les divers noms de *cubicularii*, *castrensiani*, *minesteriani*, *silentiarii*, etc., tous compris dans l'expression générale de *palatini*, officiers du palais, qui tenaient à la maison de l'empereur, non à l'État, et que nous passerons sous silence.

De toutes ces dignités était sortie une sorte de noblesse nouvelle, rangée par hiérarchie, et dont chaque degré avait ses insignes, ses honneurs, ses priviléges, ses exemptions. Les princes de la famille impériale étaient *Nobilissimi*. Certaines dignités, placées au premier degré, parmi lesquelles se trouvaient celles des préfets du prétoire et de la ville, des questeurs du sacré palais, et de plusieurs comtes, donnaient à ceux qui en étaient revêtus le titre et le rang de *Illustres*. D'autres, au second degré, notamment celles de certains proconsuls ou vicaires, de certains comtes ou ducs (*duces*), etc., donnaient le titre et le rang de *Spectabiles*. D'autres, comme celles des consulaires, des correcteurs, des présidents, etc., le titre et le rang de *Clarissimi*. Au quatrième rang, les *Perfectissimi*, parmi lesquels on compte les duumvirs et les décurions des cités. Enfin en dernier lieu les *Egregii*. Ce fut ainsi que parmi les nobles furent établis différents degrés bien marqués et bien distincts de noblesse. Une notice des dignités de l'Orient et de l'Occident, sorte d'almanach de l'empire romain, vers le milieu du cinquième siècle, nous a présenté le tableau de ces divers dignitaires et de leur hiérarchie (1).

### 87. Innovations de Constantin quant au droit privé.

Constantin ne se borna pas à porter ses innovations sur le droit public, il les étendit au droit privé. Déjà nous avons parlé de la constitution par laquelle il supprima toute différence entre les célibataires et les gens mariés; il adoucit aussi sous plusieurs rapports la puissance paternelle : ainsi il ne permit au père de vendre son enfant qu'au moment de sa naissance, et lorsqu'il y était forcé par une extrême misère; ainsi il accorda aux officiers du palais (*palatini*), quoiqu'ils fussent fils de famille, la propriété exclusive des biens qu'ils avaient gagnés à la cour, comme s'ils les avaient acquis à l'armée, et c'est là l'origine du pécule *quasi castrans* ; ainsi il retira au père la propriété, et ne lui laissa que l'usufruit des biens que le fils de famille tenait de sa mère : c'est encore l'origine du pécule qu'on nomma par la suite pécule *adventif*. Sur ces divers points et sur quelques autres, qui échappent ici à un travail aussi résumé que le nôtre, il est impossible de méconnaître l'influence du christianisme, devenue directe et puissante.

---

(1) Notitia *dignitatum Orientis et Occidentis*.

### 88. Agricoles ou Colons (*Agricolæ sive Coloni*).

Avant d'aller plus loin dans l'histoire des empereurs, il faut remarquer une classe particulière d'hommes, différents quant à leur situation juridique, et des hommes libres et des esclaves proprement dits. Déjà introduits à l'époque où nous sommes parvenus, non-seulement dans les provinces reculées, mais dans toutes les parties, mais au cœur même de l'empire, jusqu'en Italie, leur origine et leur existence sont antérieures à Constantin. Si nous en parlons seulement ici, c'est que les lois qui les concernent, et qui nous sont connues, ne remontent pas plus haut. Ces hommes se nommaient *agricolæ* ou bien *coloni*, parce qu'ils étaient principalement destinés à la culture du sol. L'esclavage, tel que l'ont connu les anciens Romains, a commencé sa transformation; le servage a pris naissance : à côté de l'asservissement de l'homme à l'homme, vient se placer l'asservissement de l'homme à la terre.

On distinguait des colons de deux classes; les uns s'appelaient indifféremment *censiti*, *adscriptitii*, ou *tributarii*, les autres se nommaient *inquilini*, *coloni liberi*, ou quelquefois simplement *coloni*. Une chose commune à tous ces colons, c'est qu'ils étaient attachés à perpétuelle demeure aux terres qu'ils cultivaient; ils ne pouvaient les abandonner pour aller habiter ailleurs. Leurs maîtres ne pouvaient les transporter d'une terre à l'autre, et quand la terre était vendue, ils la suivaient nécessairement dans les mains de l'acquéreur : c'est la servitude de la glèbe : c'est l'origine de nos anciens serfs. Les différences entre les deux classes de colons consistaient en ce que les colons *censiti*, *adscriptitii* ou *tributarii* se rapprochaient plus des esclaves; ils ne possédaient rien pour eux-mêmes; et leurs pécules, comme ceux des autres esclaves, étaient à leurs maîtres (1). Les noms de *censiti*, *adscriptitii* ou *tributarii* leur venaient de ce qu'ils payaient un tribut nommé capitation (*census in capite*), ou tribut de tant par tête, qui n'était imposé qu'à cette espèce d'esclaves. Les colons libres (*coloni liberi*), autrement dits *inquilini*, ou simplement colons (*coloni*), se rapprochaient davantage de la classe des hommes libres : ils n'étaient pas assujettis à la capitation; leur propriétés étaient à eux et non à leurs maîtres; mais ils étaient débiteurs envers ces derniers d'une redevance annuelle en denrées ou quelquefois en argent (2). Quoiqu'ils soient libres sous un certain rapport, on peut dire cependant qu'ils sont esclaves du fonds auquel ils sont attachés (3).

A quelles causes faut-il attribuer l'origine de cette forme nouvelle de l'asservissement humain? L'exploitation agricole opérée, depuis les derniers temps de la république, et plus encore sous l'empire, par des troupeaux d'esclaves transportés et entretenus sur les terres; le dépérissement prodigieux de cette culture, et même son abandon total sur bien des points, à mesure que l'impôt foncier s'étendait jusqu'à l'Italie et devenait de plus en plus onéreux : de telle sorte que les propriétaires aimaient souvent mieux laisser la terre inculte que d'avoir à payer l'impôt; la dépopulation des campagnes amenée par cet état de choses : telles sont les causes sous l'empire desquelles ont dû prendre naissance les diverses pratiques ou

(1) *Alii sunt adscriptitii et eorum peculia dominis competunt.* (Cod., XI, 47, *de agricolis et censitis et colonis*, 19, const. Theod. et Valent.)

(2) *Alii coloni fiunt, liberi manentes cum rebus suis, et ii etiam coguntur terram colere et canonem præstare.* (Cod., *ib.*)

(3) *Ut licet conditione videantur ingenui, servi tamen terræ ipsius cui nati sunt existimentur.* (Cod., XI, 51, *de colonis thracensibus.*)

institutions de ces temps, qui nous paraissent tendre à obtenir, soit par le propriétaire, soit par des tiers intéressés, la culture du sol. De ce nombre est le colonat. Le colon asservi à la terre, où il est retenu par un lien que ni lui ni le maître ne peuvent rompre, livré à la culture, avec obligation de payer l'impôt à l'État et la redevance au maître : admis, en récompense, à jouir de la vie et de quelques droits de la famille, du surplus du produit de son travail et de tout son avoir, comme d'un pécule, pour quelques-uns même comme d'une propriété : voilà une situation qui, pour sa part, peut contribuer à résoudre le problème, en donnant satisfaction à l'État, au propriétaire, et même au colon, s'il sort, pour cet asservissement à la terre, d'une condition plus misérable. Voilà, comment la servitude personnelle des esclaves employés à la culture des terres, a pu se tranformer en servitude territoriale; voilà comment de misérables agriculteurs, même libres, ont pu accepter la culture de la terre d'autrui à cette condition. Joignez à cela que dans les provinces reculées, conquises par les armes impériales, ce genre de servitude agricole a été plus utile à créer que l'ancien esclavage des captifs. Joignez encore que l'histoire et les constitutions elles-mêmes nous montrent des transportations de barbares vaincus, en des terres auxquelles ils sont attachés sous la condition du colonat. Telle est une constitution d'Honorius, parmi les nouveaux fragments du code Théodosien qu'a découverts de nos jours M. Peyron (1).

(1) Cod. Theod., *de bonis milit.*, const. 4, d'Honorius : « Scyras barbaram nationem..... imperio nostro subegimus. Ideoque damus omnibus ex prædicta gente hominum agros proprios frequentandi; ita ut omnes sciant susceptos non alio jure quam colonatus apud se futuros, nullique licere ex hoc genere colonum ab eo cui semel adtributi fuerint, vel fraude aliqua abducere, vel fugientem suscipere; pœna proposita quæ recipientes alienis censibus adscriptos vel non proprios colonos insequitur.

L'établissement du colonat une fois produit et réalisé sous l'empire des faits et des besoins agricoles, les naissances l'ont ensuite perpétué, parce que les enfants suivent la condition de leurs parents. La prescription pouvait même faire passer un citoyen de la condition d'homme libre à celle de colon libre, si pendant trente ans il avait été considéré comme tel et avait payé les redevances annuelles. La servitude qui le frappait s'étendait après lui sur toute sa postérité. C'était ainsi qu'on oubliait ces beaux principes de la vieille Rome : la liberté est inaliénable, la liberté est imprescriptible.

A. de R. A. de J.-C.

(1090 — 337). CONSTANTIN II, CONSTANCE ET CONSTANT (*Constantinus, Constantius et Constans* AAA).

(1093—340). CONSTANT ET CONSTANCE (*Constans et Constantius* AA).

**89. Suppression des formules de droit** (*De formulis sublatis*).

Cette sévérité de formes et de paroles sacramentelles, qui avait pris naissance avec Rome, et qui s'était mêlée à tous les actes juridiques, n'était plus dans les mœurs de l'empire. Le droit, suivant la marche commune des sociétés, était allé en se dématérialisant : on abandonnait la forme corporelle, pour s'attacher à l'esprit. Déjà sous la république avaient été supprimées les actions de la loi; et la procédure formulaire elle-même, depuis Dioclétien, avait été abandonnée. Le tour vint de ces paroles consacrées, qui devaient être employées

---

» Opera autem eorum terrarum domini libera *esse sciant*, ac nullus sub acta peræquatione vel censui *sub*jaceat : nullique liceat velut donatos eos a jure census *in* servitutem, urbanisve obsequiis addicere. »

nécessairement pour la validité de certains actes, et dont l'inobservation ou l'altération entraînait soit une nullité entière, soit des effets différents de ceux qu'on avait voulus. Telles étaient, par exemple, les paroles à employer dans les stipulations et les promesses diverses, dans les dictions de dot, dans les institutions d'héritiers; dans les legs, distingués, selon les termes, en quatre espèces différentes; dans les acceptations solennelles, ou *crétions* d'hérédité; dans les cessions juridiques, dans les manumissions, émancipations, adoptions, et dans plusieurs actes du droit civil romain. Ce sont toutes ces formules juridiques et consacrées, dont l'empereur Constance prononce (an 1095 de R.—342 de J.-C.) l'abolition radicale dans tous les actes, les considérant comme des piéges de syllabes tendus aux parties. « *Juris formulæ, aucupatione syllabarum insidiantes cunctorum actibus, radicitus imputentur* (1). Tels sont les termes de la constitution. On ne connaît pas bien l'étendue du changement qu'il opéra ainsi; car déjà avant lui cette suppression avait été commencée. Ainsi déjà une constitution de Constantin II, an 339 de J.-C., avait abrogé toute nécessité de formule sacramentelle dans les institutions d'héritiers, dans les legs et généralement dans les dispositions de dernière volonté (2). Le rescrit de Constance généralisa l'abrogation dans toute son étendue Il s'applique, par ses termes, à toutes les formules de droit, dans tous les actes (*juris formulæ, cunctorum actibus*). Ce n'est pas que dans beaucoup de cas encore, des paroles ne doivent être prononcées ou inscrites solennellement,

(1) Cod., 2, 58, *de formulis et impetrationibus actionum sublatis*. 1. Cette constitution est indiquée comme étant de Constantin, mais la date de l'année (342) et l'indication du Consulat démontrent qu'elle appartient à Constant.

(2) Cod., 6, 23, *de testamentis*, 15 const. Constanstin. II. — 6, 37, *de legatis*, 21 cont. Constantin. II.

comme par exemple, pour le contrat *verbis*, mais ces paroles n'ont plus rien elles-mêmes de sacramentel dans leurs termes, de quelques expressions que les parties se soient servies pour rendre leur pensée, peu importe : c'est à cette pensée qu'on devra s'attacher pour régler la validité de l'acte, et ses effets.

Ce fut aussi Constance qui, ordonnant de fermer les temples du paganisme, punit de mort et de confiscation ceux qui célébreraient encore les sacrifices païens (1). Les hérétiques, les apostats, les juifs, les gentils, formaient alors des classes réprouvées, frappées d'incapacités et souvent de peines cruelles. Il appartenait à la religion chrétienne d'être persécutée : ceux qui la rendirent persécutrice la méconnurent et se déshonorèrent. Mais qu'attendre d'un siècle où Constantin le Grand avait condamné à être brûlés les aruspices, les pontifes qui prédisent l'avenir, les magiciens qui, par leurs maléfices, jettent sur les hommes les calamités, la fureur et la mort? Qu'attendre de Constance, qui, quelques années plus tard, renouvela toutes les lois de son père contre ces criminels chimériques, qu'il nomme les ennemis communs (*communis salutis hostes*)? Parmi ces coupables étaient classés les mathématiciens ; mais on entendait par là ceux qui, à l'aide des mathématiques, cherchaient à lire dans les astres, et à fixer l'avenir : non ceux qui étudiaient simplement la géométrie ; car Dioclétien et Maximien proclament cette science comme utile dans l'État (2).

A. de R. A. de J.-C.

(1103—350). CONLTANCE ET MAGNENCE (*Constantius et Magnentius* AA). GALLUS, César.

(1106—353). CONSTANCE seul, Auguste. GALLUS, César.

---

(1) Cod., 1, 11, *de Paganis et sacrific.*, 1 const. Const., an 342.

(2) Cod., 9, 18, *de maleficiis et mathematicis*, 2 const. Dioclet. et Maxim.

(1108—355). CONSTANCE seul, Auguste. JULIEN, César.

Ce fut à cette époque à peu près (an 360 de J.-C.) que Constance établit à Constantinople un préfet de la ville comme il y en avait un à Rome.

A. de R. A. de J.-C.
(1114—361). JULIEN (*Julianus* A).

Julien est un de ces grands hommes qui s'élèvent au milieu de l'histoire pour rompre la monotonie de ses narrations, soit que simple César il gouverne les Gaules et repousse les barbares de la Germanie, ou que, devenu Auguste, il apporte sur le trône la justice, la simplicité, honore les consuls, les magistrats, et balaye le palais de la foule de valets salariés qui l'encombraient; soit que, déposant un moment le sceptre et l'épée, il prenne la plume et transmette à la postérité ou des satires ingénieuses contre la mollesse et la corruption de ses sujets, ou des idées grandes de philosophie; soit que, pour venger l'honneur de l'empire, il s'enfonce audacieusement avec son armée dans des pays inconnus, et, brûlant ses vaisseaux pour ne laisser au soldat d'autre ressource que la victoire, il aille chercher Sapor, ce terrible ennemi des Romains, jusque dans le cœur de ses États; soit que, trompé par un transfuge, promené longtemps dans des plaines désertes, il ramène son armée découragée, ranimant ses soldats affaiblis, leur distribuant ses provisions, supportant sans se plaindre et la faim et la soif; et qu'enfin, frappé dans la bataille et porté sur son lit de mort, il entretienne avec calme les officiers qui l'entourent, déroule devant eux le tableau de sa vie qui va finir, et meure en leur recommandant de lui choisir un successeur digne de l'empire.

Cependant il lui faut reprocher celle de ses actions qui lui a fait donner le nom d'apostat. Julien fut l'auteur d'une tentative de réaction en faveur du polythéisme. Il voulut renverser la religion chrétienne, et relever les autels des dieux de la république. Il était trop éclairé pour être conduit là par des croyances superstitieuses : il ne vit dans la religion qu'un ressort politique. A juger les choses sous cet aspect, il eut encore tort. Il prétendait replacer l'empire sur ses bases anciennes, lui rendre toutes ses institutions, son droit public, son droit sacré, ses dieux, ses souvenirs. Mais qu'un prince se garde bien de rêver les gouvernements en théorie; qu'il laisse ce soin aux philosophes; pour lui, il doit observer la nation qu'il gouverne, et baser les institutions qu'il lui donne sur l'état moral où elle se trouve. La situation de tout l'empire, le grand nombre de sujets chrétiens, la vénération publique qui entourait leur religion, le ridicule et le mépris déversés sur le polythéisme et sur ses dieux, tout aurait dû faire pressentir à Julien qu'il ne pouvait plus arrêter le cours des choses; que ses innovations, maintenues sous son règne par la force, seraient après lui renversées par l'esprit public, et que par conséquent, sans produire aucun bien, elles ne pouvaient apporter que des secousses dangereuses. Cependant la modération naturelle de ce prince diminua ces secousses; car, s'il voulut arrêter le christianisme et l'expulser du droit public, du moins il ne le persécuta jamais.

Le règne de Julien ne fut pas long : après sa mort prématurée, l'armée nomma pour empereur Jovien, qui se hâta de rappeler la religion chrétienne à la tête de l'État.

A. de R. A. de J.-C.

(1116—363). JOVIEN (*Jovianus*).

(1117—364). VALENTINIEN Ier ET VALENS (*Valentinianus Ius et Valens AA*).

(1120—367). VALENTINIEN Ier, VALENS ET GRATIEN.

(1128—375). VALENTINIEN II, VALENS ET GRATIEN.

(1132—379). VALENTINIEN II, THÉODOSE Ier ET GRATIEN.

(1136—383). VALENTINIEN II, THÉODOSE Ier. (384). ARCADIUS (*fils de Théodose, déclaré Auguste*).

(1145—392). THÉODOSE Ier, ARCADIUS.

(1146—393). THÉODOSE Ier, ARCADIUS, HONORIUS (*fils de Théodose, déclaré Auguste comme son frère*).

**90. Défenseurs des cités** (*Defensores civitatum*).

Ces magistrats municipaux étaient nommés dans chaque cité pour protéger surtout la classe inférieure des habitants, qui ne pouvait se défendre elle-même. Les premières constitutions, qui, à notre connaissance, existent sur ce sujet, sont de Valence, Valentinien et Théodose ; peut-être cependant les défenseurs des cités existaient-ils avant ces constitutions. Ils doivent être nommés par une assemblée composée de l'évêque, des curiaux, des propriétaires et des personnes distinguées de la ville. Leurs fonctions durent cinq ans ; ils ne peuvent s'en déporter avant ce temps. Ils doivent chercher à prévenir les vols, dénoncer les voleurs au juge, et les traduire devant son tribunal; ils ont aussi une juridiction, et c'est à eux que doivent être soumises les causes de peu d'importance qui n'excèdent pas cinquante solides. Mais leur attribut le plus beau et le plus utile est d'embrasser les intérêts du pauvre plébéien, de le garantir de toute vexation, de toute injustice dont on voudrait le rendre victime. Montrez-vous le père des plébéiens, disent Théodose et Valentinien aux défenseurs (*parentis vicem plebi exhibeas*); vous devez les défendre comme vos enfants (*liberorum loco tueri debes*). Magistrature bienfaisante qui aurait dû élever l'âme de celui qui en était revêtu, l'entourer de respect et d'honneurs; mais qui, tombée dans le mépris, c'est Justinien lui-même qui nous l'apprend, était, comme un emploi trop inférieur, abandonnée à des subalternes asservis aux magistrats contre lesquels ils auraient dû défendre les pauvres, et prêts à obéir à leur signe de tête (1). Les Romains n'étaient plus faits pour ce qui est noble et généreux (2).

### 91. Division de l'Empire.

Depuis longtemps on avait compté à la fois plusieurs Augustes; mais dans leurs mains l'empire ne faisait qu'un seul tout; ce n'était que les provinces qui étaient partagées. Théodose, avant de mourir, divisa réellement ses états entre ses deux fils, et à sa mort le monde romain se décomposa en deux empires distincts, qui, bien que régis en général par les mêmes lois, ne furent plus réunis en un seul corps.

| *Occident.* | *Orient.* |
|---|---|
| An de R.—An de J.-C. | An de R.—An de J.-C. |
| (1148—395). HONORIUS. | (1148—395). ARCADIUS. |
| (1161—408). THÉODOSE II. | |
| | (1176.—423). JEAN (*Joannes, tyrannus*). |
| | (1178 — 425). VALENTINIEN III. |

### 92. Ecoles publiques de Constantinople et de Rome.

Déjà il existait à Rome une école; Théodose en établit une à Constantinople (an 425 de J.-C.). Sa constitution, publiée sous son nom et sous celui de Valentinien, fixait relativement à l'instruction quelques règles qu'il est bon de remarquer. Elle établissait des profes-

(1) JUSTINIEN, Novelle 15, préface.
(2) COD., 1, 55, *de defensoribus civitatum*.

seurs chargés d'enseigner dans des cours publics, les uns l'éloquence et la grammaire latines, les autres la grammaire et l'éloquence grecques, un pour la philosophie, deux pour la jurisprudence. Attribuant à ces professeurs les leçons publiques, et leur défendant sévèrement d'en donner de particulières, cette constitution à l'inverse défendait, sous peine d'infamie, à tout autre qu'à eux, de donner publiquement des leçons; mais elle permettait à chacun d'en donner en particulier dans des maisons privées (1).

**93. Réponses des prudents. — Loi sur les citations.**

(An de J.-C. 426.) La jurisprudence depuis près de deux siècles ne s'honorait que des jurisconsultes qui avaient existé jadis : les ouvrages qu'avaient laissés ces grands hommes, transformés pour ainsi dire en droit écrit, dirigeaient aujourd'hui ceux qui étudiaient les lois, ceux qui les appliquaient et ceux même qui les faisaient. La science était déchue; on vivait sur le passé. Mais dans ces travaux, si nombreux, des anciens prudents, où les magistrats et les juges allaient chercher leurs décisions toutes faites, comment se retrouver, et quel guide suivre si les autorités auxquelles on recourait étaient contradictoires? Cette manière de décider les questions de droit, par l'autorité des anciens écrits, et la multiplicité, la confusion de ces écrits, conduisirent les empereurs à établir quelques règles à ce sujet, à désigner les travaux des anciens jurisconsultes auxquels on donnerait crédit et ceux auxquels on le refuserait. Déjà nous avons vu des constitutions pareilles rendues par Constantin (*ci-dessus, page* 301). Ici nous trouvons une constitution qui érige, sur ce point, un système complet. Émanée réellement de Théodose II (an 426

---

(1) Cod., 11, 18, *de studiis liberalibus urbis Romæ et Constantinopolitanæ.*

de J.-C.), mais publiée d'abord pour l'empire d'Occident, au nom de Valentinien III encore enfant, et mise plus tard également en vigueur dans l'Orient, cette constitution nous était parvenue dans les anciens fragments du Code Théodosien, et il est d'usage de la désigner par le titre de *loi des citations*. Limitant rigoureusement le nombre des prudents qu'elle accréditait, elle permettait d'invoquer Papinien, Paul, Ulpien, Modestin, Gaïus aussi bien que les autres, et les passages que ces auteurs citaient comme les ayant puisés dans les jurisconsultes plus reculés qui les avaient précédés, tels que Scævola, Sabinius et Julien, pourvu qu'une collation des manuscrits en eût fait vérifier l'exactitude. Si ces auteurs étaient d'avis différents, la majorité l'emporterait; s'il y avait partage, Papinien prévaudrait; si Papinien ne se prononçait pas, le juge déciderait lui-même. Les notes d'Ulpien et de Paul sur Papinien continuaient à être proscrites, comme elles l'avaient été déjà par Constantin (1). Ainsi, lorsque les consultations publiques avaient cessé, lorsqu'il

---

(1) Voici le texte de cette constitution :

« IMP. THEOD. ET VALENT. AA. AD SENAT. URB. ROM. »

. . . . . . . . . . . . . . . . . . . . . . . . . . . . .

« PAPINIANI, PAULI, GAII, ULPIANI atque MODESTINI scripta universa firmamus, ita ut Gaium, quæ Paulum, Ulpianum et cæteros, comitetur auctoritas, lectionesque ex omni ejus opere recitatur. Eorum quoque scientiam, quorum tractatus atque sententias prædicti omnes suis operibus miscuerunt, ratam esse censemus, ut SCÆVOLÆ, SABINI, JULIANI atque MARCELLI, omniumque quos illi celebrarunt; si tamen eorum libri, propter antiquitatis incertum, codicum collatione firmentur. Ubi autem diversæ sententiæ proferuntur, potior numerus vincat auctorum; vel si numerus æqualis sit, ejus partis præcedat auctoritas, in qua excellentis ingenii vir Papinianus emineat, qui, ut singulos vincit, ita cedit duobus. Notas etiam Pauli atque Ulpiani in Papiniani corpus factas, sicut dudum statutum est, præcipimus infirmari. Ubi autem pares eorum sententiæ recitantur, quorum par censetur auctoritas, quod sequi debeat, eligat moderatio judicantis. Pauli quoque sententias semper valere præcipimus. DAT., VII, ID. NOV. RAVENNÆ, DD. NN. THEOD. XII ET VALENT. II. AA. COSS. (Code Théodosien, *de responsis Prudentum*.)

n'existait plus de prudents qui, entourés d'une foule de plaideurs, pussent les diriger et résoudre les difficultés de la jurisprudence, ceux qui jadis avaient rempli ce noble ministère étaient comme vivants toujours pour le remplir encore, et, par leurs écrits, ils répondaient à leur postérité. Mais les magistrats, les juges, dont l'office était ainsi réduit à une compilation, à un compte mécanique d'opinions, qu'étaient-ils? Quel usage avaient-ils à faire de leur raison, de leur propre science, s'ils en avaient? Aussi Justinien les rendit-il plus tard à leur libre arbitre, en défendant cette opération numérique qu'avait ordonnée la loi des citations (1).

### 94. Code Théodosien.

(An de J.-C. 438). Grégoire et Hermogène avaient chacun publié, sous le nom de Code, une collection privée de rescrits émanés des empereurs. Théodose fit rédiger par une commission de plusieurs jurisconsultes, sous la direction d'Antiochus, ex-consul et ex-préfet du prétoire, un recueil à peu près semblable, mais beaucoup plus important, dans l'histoire du droit, que les deux précédents. Cet ouvrage, accompli en neuf ans de travail, revêtu de la sanction impériale, parut sous le nom de Code Théodosien. L'empereur d'Occident, Valentinien III, le publia aussi, dès la même année, dans ses états, et la découverte faite de nos jours par M. Clossius nous a révélé, entre autres documents intéressants, le procès-verbal de la réception de ce Code dans le sénat romain et des acclamations qui y furent poussées (2). Ce Code contient les constitutions des empereurs chrétiens, depuis Constantin jusqu'à

(1) Justinian., *de conceptione Digest.*, § 6.

(2) M. Blondeau a inséré ce procès-verbal dans sa collection de textes antéjustiniens, page 21.

Théodose. Il est divisé en seize livres, et chaque livre en un certain nombre de titres, dans lesquels les matières sont méthodiquement distribuées et chaque constitution placée à son rang, selon le sujet qu'elle traite. Le droit civil, classé dans l'ordre de l'édit, ne dépassait pas le cinquième livre. Dans les autres, sauf de temps à autre quelque confusion peu rationnelle, était rangé le droit concernant : les diverses magistratures, les matières militaires, les matières criminelles, les matières fiscales, les villes en particulier, les travaux et les jeux publics, et enfin les matières ecclésiastiques. Les cinq premiers livres, consacrés au droit civil, sont précisément ceux qui nous font le plus défaut. Depuis la fin du sixième jusqu'au dernier, nous possédons les autres complétement. Mais des cinq premiers, nous n'avions que des extraits incomplets ou un abrégé, tirés du bréviaire d'Alaric, lorsque, de nos jours, et à peu près à la même époque, M. Amédée Peyron, dans la bibliothèque de Turin, et M. Clossius, dans la bibliothèque ambrosienne de Milan, ont découvert et publié, non pas la totalité, mais une partie des constitutions qui composaient les cinq premiers livres (1).

| *Occident.* | *Orient.* |
|---|---|
| A. de R.—A. de J.-C. | A. de R. A. de J.-C. |
| (1203—450). Toujours VALENTINIEN III. | (1203 — 450). MARCIEN (*Marcianus*). |
| (1208—455). MAXIME (*Petronius Maximus*). | |
| (Même année). AVITUS. | |
| (1209 — 456). Le trône est vacant. | |

(1) Les premières publications de MM. Amédée Peyron, à Turin, et Clossius, à Tubingue, sont de 1824.

| | |
|---|---|
| (1210 — 457). MAJORIEN (*Majorianus*). | (1210—457). LÉON Ier (*Leo*) |
| (1214—461). SÉVÈRE (*Lybius Severus*). | |
| (1218 — 465). Deux ans d'interrègne. | |
| (1220—467). ANTHÉMIUS. | |
| (1225—472). OLYBRIUS. | |
| (1226—473). GLYCERIUS. | |
| (1227—474). JULIUS NEPOS. | (1227—474). LÉON II. |
| | (Même année). ZENON (*Zeno Isaurus*). |
| (1228—475). ROMULUS AUGUSTULE. | |

### 95. Fin de l'empire d'Occident.

Ici s'arrête la liste des princes d'Occident : leur trône, heurté par les Barbares, s'écroula, et leur empire tomba en dissolution dans les mains des hordes sauvages qui se le partagèrent. Rien n'est plus dramatique que ce tableau.

Jusqu'au règne de Valens les Barbares, accourant au pillage des provinces, se retirant avec leur butin devant les armées, avaient été plus souvent vaincus que vainqueurs. Plusieurs d'entre eux, attirés par les empereurs, s'étaient enrôlés dans les légions, avaient formé des corps de troupes séparés : combattant à côté des Romains, intervenant dans les querelles des princes, s'approchant de la cour, sans perdre leur force, leur dureté, leur rudesse, ils s'étaient fait à l'art de la guerre, avaient mesuré la faiblesse romaine, observé l'intérieur des terres. Sous Valens, des hommes jusque-là inconnus, les Huns, race asiatique, paraissent en foule par delà le Danube. Ils se pressent sur les Alains, les Alains se pressent sur les Goths, les Goths se jettent dans l'empire; et, tandis que les Huns s'établissent à la place des hordes qu'ils ont détruites ou chassées, les Goths, dépossédés, demandent aux Romains qu'on les reçoive quelque part. Ils furent reçus; mais privés de leurs femmes et de leurs enfants, qu'on avait exigés en otage, victimes de la rapacité des officiers de l'empereur, accablés de besoins, tourmentés par la faim, ne recevant rien pour la satisfaire, et tenant leurs armes, ils s'en servirent, ravagèrent le territoire, firent périr Valens lui-même, et, s'établissant par la force, ils soumirent les Romains à un tribut. Déjà les empereurs étaient accoutumés à ces tributs; les Huns, comme les autres nations les plus redoutables, en obtinrent à leur tour. On voyait les chefs de ces barbares, dans des cabanes de bois, sous des tentes de peaux de bêtes, entourés d'hommes sauvages, recevoir insolemment des ambassadeurs couverts de pourpre, et compter l'or que leur envoyaient les maîtres de Rome ou de Constantinople. Un temps vint où cet or ne suffit plus; alors ils prirent des terres, et s'établirent dans les contrées qu'autrefois ils se contentaient de ravager. Alaric et Rhadagaise sous Honorius, Attila et Genseric sous Théodose, dispersèrent leurs soldats sur toute la surface de l'empire, et commencèrent son démembrement.

Alaric amena les Goths, auxquels on refusait le tribut ordinaire : des Huns, des Alains et des Sarmates s'étaient joints à lui. Après avoir ravagé la Thrace et passé sous Constantinople, il se précipita sur l'Occident (an de J.-C. 403); mais, battu par Stilicon, payé pour consentir à se retirer, battu de nouveau pendant sa retraite, il sortit en méditant une vengeance terrible (an 406).

Rhadagaise jeta dans l'Italie les Suèves, les Vandales, les Bourguignons, des Germains, des Alains et des Sarmates qui l'avaient suivi (an de J.-C. 406). Stilicon dispersa cette armée, et fit périr le chef. Mais, quoique vaincus, tous ces barbares n'en étaient pas moins dangereux : ils avaient pénétré dans l'Italie, et ne devaient plus en sortir.

Alaric reparut : en le chargeant de trésors immenses on le renvoya. Il reparut encore pour proclamer un empereur d'Occident, qui à son tour le nomma maître général de l'empire. Enfin à sa troisième apparition il brisa les portes de Rome, et poussa dans cette antique cité les hordes dévastatrices qui ne l'abandonnèrent que lassées de pillage (an de J.-C. 410). La mort arrêta Alaric au milieu de ses triomphes. Le roi goth qui lui succéda accepta pour femme la sœur de l'empereur, et, revêtu du titre de général romain, il alla combattre dans les Gaules.

Les Francs, les Bourguignons, les Visigoths se partageaient cette contrée : Les Francs occupaient vers le nord les provinces situées autour de la Loire et de la Seine; les Bourguignons (an 414), les provinces tournées à l'Orient; les Visigoths toute la partie méridionale (an 419); et là se fondaient trois royaumes, dans lesquels les Romains et les anciens habitants du pays se trouvaient englobés parmi les membres de la nation conquérante, mais placés néanmoins dans un rang inférieur (1).

Attila, Genseric, remplacèrent bientôt Alaric et Rhadagaise.

Attila, roi des Huns, qui, ravageant les provinces de l'Orient, posant ses tentes sous Constantinople, consentant au poids de l'or à les replier, les porta dans l'Occident (an 450). Il se jeta d'abord sur les Gaules; mais aussitôt les Saxons, les Francs, les Bourguignons,

(1) Je recommande sur ce grand sujet du renversement de l'empire romain par les Barbares, et surtout du premier établissement des Francs dans la Gaule, un ouvrage qui réunit l'érudition solide à l'intérêt et à la largeur des vues : *Histoire des institutions mérovingiennes*, par M. LEHUEROU. Paris, 1842, 1 vol. in-8. Joubert.

les Visigoths, tous les peuples établis sur ces terres, se levèrent pour défendre leur proie. Attila, battu près de Châlons, se détourna, et tomba dans l'Italie. Il marchait vers Rome, promenant avec lui le pillage, l'incendie, le massacre, réclamant pour sa femme Honoria, la sœur de Valentinien III, qui, presque captive à la cour de Constantinople, avait eu l'idée de recourir au Barbare : l'intercession du pape Léon Ier, et les conditions offertes à Attila, l'arrêtèrent; Rome, pour ce moment, fut sauvée. Cependant le roi des Huns faisait ses préparatifs pour une seconde invasion; il voulait aller chercher, le fer et la flamme à la main, Honoria qui ne lui avait pas encore été livrée, lorsque la mort le frappa subitement, et déliva l'empire du *fléau de Dieu* (an 453 de J.-C.).

Genseric, roi des Vandales, avait arraché à l'empire romain d'abord l'Espagne, ensuite quelques provinces de l'Afrique, et ses soldats s'y étaient établis. C'est lui qui devait porter à Rome le coup le plus terrible : en 455, il se présente sous les murs de cette ville; elle se rend à discrétion; les Barbares s'y précipitent. Le sac dura quatorze jours : ce qu'avaient épargné les Goths n'échappa point aux Vandales. Enfin Genseric, après avoir chargé ses vaisseaux des richesses qu'il avait amassées, s'éloigna, laissant aux lieux où il avait passé un amas de débris et de cendres, un trône vacant et un empire à demi renversé.

Cet empire, après le sac de Rome, languit encore pendant près de vingt ans. Quelques empereurs se succédaient d'année en année; un Barbare de naissance, Ricimer, décoré du titre de général, les faisait et les défaisait à sa volonté : il saccaga Rome une troisième fois pour poser sur le trône Olybrius : Gondebald, chef Bourguignon, lui succéda, et comme lui fit un empereur, Glycerius. Enfin un troisième Barbare, Orestes, l'un des ambassadeurs d'Attila, fit proclamer son fils Romulus Augustule. Alors les Huns, les Suèves, les Hérules et tous ceux qu'il commandait, et qui formaient une grande partie de l'armée, réclamant leur part dans les dépouilles de l'Occident, demandèrent à grands cris qu'on leur partageât l'Italie. Orestes refusait : Odoacre rassemble autour de lui ces Barbares révoltés, massacre Orestes, contraint Augustule à abdiquer la pourpre, et se proclame roi de toute l'Italie, qu'il distribue à ses soldats. Ainsi périt sous son glaive ce qui restait de l'empire d'Occident.

Cependant le trône des empereurs de Byzance, au milieu de toutes ces secousses, n'avait point encore été renversé. Écoutons Montesquieu en développer les raisons : « Les Barbares, ayant passé le Danube, trouvaient à leur gauche le Bosphore, Constantinople et toutes les forces de l'empire d'Orient, qui les arrêtaient; cela faisait qu'ils se tournaient à main droite du côté de l'Illyrie, et se poussaient vers l'Occident. Il se fit un reflux de nations et un transport de peuples de ce côté-là. Les passages de l'Asie étant mieux gardés, tout refoulait vers l'Europe, au lieu que dans la première invasion, sous Gallus, les forces des Barbares se partagèrent. L'empire ayant été réellement divisé, les empereurs d'Orient, qui avaient des alliances avec les Barbares, ne voulurent pas les rompre pour secourir ceux d'Occident; cette division dans l'administration fut très-préjudiciable aux affaires d'Occident. »

Odoacre ne garda pas longtemps le trône qu'il avait pris; à l'instigation de l'empereur d'Orient, Théodoric, conduisant les Ostrogoths, vint lui disputer sa conquête, la lui ravit, et s'établit à sa place avec ses soldats.

**96. Lois romaines publiées par les Barbares. — Ouvrages sur le droit, de la même époque.**

Tandis que tous ces peuples nouveaux se fixaient ainsi dans les Gaules, dans l'Espagne, dans l'Afrique, dans l'Italie, que devenait le droit romain? Les Barbares apportant leur mœurs non civilisées, leurs coutumes grossières, comme l'avaient été jadis celles de Rome, anéantirent-ils les lois de l'empire? Ils les laissèrent subsister, et s'y soumirent : partageant les terres et les biens, se mêlant aux Romains vaincus, ils laissèrent à ceux-ci le privilége d'être jugés selon leurs lois. La législation prit alors ce caractère particulier, qu'elle fut non pas territoriale, mais personnelle, chacun étant jugé selon les lois et les coutumes de la nation à qui il appartenait personnellement. Bientôt même, à côté des lois barbares, c'est-à-dire des propres lois ou coutumes nationales pour la plupart, d'origine germanique, que les diverses races de conquérants arrêtèrent par écrit et publièrent (*leges barbarorum*), on vit divers rois barbares publier aussi des recueils de lois romaines, sous le titre générique de *Lex romana*.

Ainsi, dans l'Italie, chez les Ostrogoths, parut L'ÉDIT DE THÉODORIC (*edictum Theodorici*. An de Rome 1253.— An de J.-C. 500), publié à Rome même, remarquable en ce que, s'écartant du système des lois personnelles, ce fut une loi générale, obligatoire même pour les Ostrogoths : ce qui n'empêcha pas la distinction entre la loi du Barbare et celle du Romain de continuer à subsister pour toutes les matières qui n'étaient pas com prises dans l'édit (1).

Dans le midi des Gaules, chez les Visigoths, la LOI ROMAINE DES VISIGOTHS (*lex romana Visigothorum*. An de

(1) Puisé spécialement dans le Code et dans les Novelles de Théodose; et, en outre, dans les Codes Grégorien et Hermogénien, et dans les Sentences de Paul; mais où ces matériaux ont été complétement altérés et accommodés au but que se proposait Théodoric.

Rome 1259. — An de J.-C. 506), composée d'après les ordres d'Alaric II, ce qui lui a fait donner le nom de *Breviarium Alaricianum*, ou *Aniani* (1).

A l'orient des Gaules, chez les Bourguignons, la LOI ROMAINE DES BOURGUIGNONS (*lex romana Burgundiorum*), qui porte aussi le nom de *Responsa Papiani* ou *Papiniani*, par suite d'une méprise de Cujas, reconnue bientôt par lui-même (depuis l'an 517 jusqu'à 534 de J.-C.) (2).

Tous ces ouvrages sont précieux au jurisconsulte his-

(1) Le nom d'*Aniani* lui vient de ce que Anien, référendaire particulier d'Alaric, avait, par les ordres d'Alaric, revêtu de sa signature les exemplaires adressés aux divers *comites*. Cette compilation ne fut publiée que comme loi des Romains dans le royaume visigoth. Elle fut faite par des jurisconsultes romains, sous la direction de Gojarich, comte du palais, et publiée à Aire, en Gascogne. Les sources où elle est puisée y sont rangées dans cet ordre : 1° le Code Théodosien ; 2° les Novelles des empereurs postérieurs ; 3° les Instituts de Gaïus ; 4° les Sentences de Paul ; 5° et 6° les Codes Grégorien et Hermogénien ; 7° un fragment des réponses de Papinien. Les extraits tirés de ces sources n'y sont pas toujours insérés intacts ; souvent ils y sont abrégés. Il en fut ainsi, notamment des Instituts de Gaïus, qui s'y trouvent seulement en *Epitome*, et que nous ne connaissions que dans ce résumé, avant la découverte du manuscrit de Vérone. Les textes insérés dans le *Breviarium* y sont accompagnés souvent d'une *interpretatio*, en latin de l'époque. Cette compilation d'Alaric est fréquemment citée au moyen âge, sous les noms de *lex Theodosiana*, *corpus Theodosianum*, *liber legum*, *lex romana*. Ce fut celle dont l'autorité, comme loi romaine des Barbares, se répandit le plus loin et dura le plus longtemps.

(2) Ce recueil est moins riche pour nous que le précédent, en révélations de documents originaux du droit romain. Cependant il nous en fournit aussi quelques-uns. Le titre de *Papien*, ou *Responsa Papiani*, qui n'est qu'une contraction de Papinien, lui vient de ce que, dans le manuscrit d'où Cujas tira sa première édition, la loi romaine des Bourguignons était précédée, sans séparation et sans intitulé nouveau, d'une citation des réponses de Papinien, sous la rubrique *Liber I responsorum Papiani*, contraction usitée quelquefois dans les vieux manuscrits, et que Cujas prit d'abord pour le nom d'un jurisconsulte inconnu, qui aurait été l'auteur de tout ce qui suivait. Le *Papien*, comme loi romaine des Bourguignons, dura peu de temps et laissa peu de traces dans le pays même pour qui il avait été fait. On revint, pour ceux qui suivaient la loi romaine, aux sources mêmes de ce droit, notamment au Code Théodosien.

torien; ils nous ont transmis des débris du droit romain, qui, sans eux, eussent été perdus sans retour. La loi romaine des Visigoths surtout nous a conservé, outre les extraits de diverses constitutions impériales, des fragments tirés des ouvrages de Gaïus et de Paul, des Codes de Grégoire et d'Hermogène, des livres de Papinien.

Sous le rapport de la même utilité, nous devons placer à côté des édits de ces rois barbares, deux ouvrages qui, selon les conjectures les plus probables, doivent être classés tous deux à la même époque, dans les premières années du 6e siècle (1) : la *Mosaïcarum et Romanarum legum collatio,* nommée aussi dans le moyen âge *Lex Dei*, comparaison des lois de Moïse avec les lois romaines, pour démontrer que celles-ci ont puisé leur source dans les premières; et la *Consultatio veteris cujusdam jurisconsulti.* Écrits qui, par eux-mêmes, auraient peu de prix, s'ils ne contenaient des citations nombreuses de Papinien, de Paul, d'Ulpien, de Gaïus, de Modestin, des Codes Grégorien et Hermogénien, et de plusieurs constitutions anciennes.

Cependant ANASTASE avait succédé à Zénon dans l'empire de Byzance (1244—491). JUSTIN succéda à Anastase (1271—518) : issu d'un pâtre barbare, il était sorti, pour monter au trône, des cabanes de la Bulgarie. Il en tira à son tour son neveu Justinien, qu'il fit élever avec soin au milieu de sa cour; il lui donna par la suite le titre d'Auguste, l'associa à l'administration de ses États (1280 — 527. JUSTIN ET JUSTINIEN AA), et mourut quelques mois après, le laissant ainsi empereur d'Orient.

---

(1) Telle est, entre autres, l'avis de M. Haubold, quoique, dans une autre opinion, on fasse remonter plus haut, jusque sous Théodose II, la *Mosaïcarum et Romanarum legum collatio.*

## § III. JUSTINIEN (an de Rome 1280, de J.- 527) (1).

L'invasion des Barbares dans le Midi s'était assise : l'Afrique et l'Espagne étaient aux Vandales et aux Goths; les Gaules aux Francs, aux Bourguignons, aux Visigoths; l'Italie aux Ostrogoths, et les autres parties de l'Occident à d'autres bandes de Barbares. L'empire de Constantinople subsistait seul; il conservait encore l'épithète de romain, qu'il aurait dû perdre avec Rome pour prendre celle de grec. Sur ses limites asiatiques se trouvaient, entre autres ennemis, les Perses qui, profitant, pour se relever, de la chute d'un empire et des troubles de l'autre, étaient devenus redoutables. Ce fut dans ces circonstances que Justinien parvint au trône. Les victoires d'un jeune Thrace, Bélisaire, paraissant pour la première fois à la tête d'une armée, lui procurèrent bientôt un traité honorable avec les Perses; et alors une paix de quelques années lui permit de donner son attention à la situation intérieure de ses États.

Il ne restait plus rien dans l'Orient des mœurs originaires de Rome que quelques mots, quelques souvenirs et plusieurs vices : le grec était la langue généralement répandue, le latin presque entièrement oublié dans l'usage vulgaire. Les disputes sur la religion et sur le cirque agitaient tous les esprits. Sur la religion, des opinions nouvelles, émises par quelques-uns, combattues par d'autres, remplissaient l'empire de discussions théologiques, et divisaient les chrétiens en plusieurs sectes, les orthodoxes et les hérétiques, eutychéens, ariens, ou autres, qui toutes se réunissaient pour ré-

(1) Pour de plus amples détails biographiques, voir notre article *Justinien*, en tête de notre *Explication historique* des Instituts, page CI.

prouver les juifs et les idolâtres. Dans le cirque, les couleurs que prenaient les cochers qui se disputaient le prix partageaient la ville en quatre factions : les Blancs, les Rouges, les Bleus et les Verts. C'étaient surtout ces deux derniers partis, les Bleus (*veneti*) et les Verts (*prazini*), dont les rivalités aigrissaient les esprits à l'époque de Justinien; et ces divisions, nées pour une cause frivole, s'étaient transformées graduellement en des divisions politiques ardentes et envenimées.

Nous n'examinerons pas quelle fut sur ce point la conduite de Justinien; nous passerons sous silence ses persécutions contre tous ceux qui n'étaient pas chrétiens orthodoxes; le massacre qu'il ordonna de tous les Juifs samaritains qui s'étaient révoltés dans la Palestine; l'ardeur avec laquelle il embrassa le parti des Bleus contre les Verts; les résultats fâcheux qu'entraîna plus d'une fois cette prédilection; enfin, la sédition terrible des Verts, dont il faillit être la victime, et qui, commencée par l'exaspération des Verts, appuyée par le mécontentement du peuple contre les exactions de Jean, préfet du prétoire, et de Tribonien, alors questeur, n'allait à rien moins qu'à replacer sur le trône la famille d'Anastase, le dernier empereur. Ce sont principalement les actions de Justinien, sous le rapport des lois, qu'il nous importe d'examiner.

Depuis que, sous Alexandre Sévère, s'était interrompue la série de ces hommes illustres qui, par leurs ouvrages, avaient porté la lumière et le raisonnement dans la jurisprudence, aucun grand jurisconsulte n'avait paru : l'étude des lois n'avait pas été entièrement abandonnée; mais elle n'avait produit que des hommes ordinaires qui, se bornant à suivre les écrits laissés par les prudents et les constitutions promulguées par les empereurs, dirigeaient les affaires devant le magistrat (*advocati*, *togati*), ou donnaient des leçons de droit (*antecessores*) dans les écoles publiques, parmi lesquelles s'élevaient celle de Constantinople, et celle de Béryte, ville située dans la Syrie. Ce n'étaient en quelque sorte, pour employer l'expression d'un poëte, que les larves et les spectres des jurisconsultes anciens.

Si la science était ainsi déchue, il faut avouer que les lois s'étaient bien obscurcies en se multipliant. Les plébiscites de l'ancienne Rome, les sénatus-consultes, les édits des préteurs, les livres nombreux des prudents, les codes de Grégorius, d'Hermogène, de Théodose, les constitutions de tous les empereurs venus ensuite, accumulés, confondus, se contredisant, s'étouffant, formaient un véritable chaos législatif. Ce fut ce chaos que Justinien se donna pour mission d'éclaircir, de ramener à un système plus simple et plus concordant; ce fut dans cette intention qu'il publia sur le droit ancien et sur le droit des empereurs plusieurs travaux législatifs que nous allons parcourir. Nous nous garderons bien de dire nous-même quels furent le but et la méthode de chacun de ces ouvrages; nous laisserons ce soin à l'empereur, en rapportant sinon la traduction, du moins l'analyse de ses constitutions préliminaires.

### 97. Code de Justinien (*Codex Justinianeus*).

On avait consacré le nom de *Code* à des recueils de constitutions impériales. Le premier corps de lois que promulgua Justinien fut un pareil recueil.

« Pour arrêter la longueur des procès, et pour faire disparaître cette multitude confuse de constitutions contenues dans les Codes Grégorien, Hermogénien et Théodosien, publiées par Théodose, par ses successeurs et par nous-même, nous voulons les réunir toutes dans un seul Code qui sera décoré de notre nom glorieux.

» Pour suffire à un si grand travail, nous choisissons : » suivent les noms de dix personnages que Justinien décore chacun en particulier de l'une de ces épithètes, *Excellentissimum*, *Eminentissimum*, *Magnificum*, *Disertissimum*, etc. A leur tête on remarque JEAN, ex-questeur du sacré palais, ex-consul et patrice; parmi eux TRIBONIEN ou TRIBUNIEN, qui devait bientôt se placer le premier; et THÉOPHILE, professeur de droit à Constantinople.

« Nous leur permettons, supprimant les préfaces, les dispositions semblables, contradictoires ou tombées en désuétude, de recueillir et de classer ces lois sous des titres convenables, ajoutant, retranchant, modifiant, rendant le sens plus clair, mais conservant cependant dans chaque titre l'ordre chronologique des constitutions, de sorte qu'on puisse juger cet ordre aussi bien par le rang que par la date. » Ides de février (13), 528 (1).

Ce travail, confié à dix jurisconsultes, fut divisé en douze livres; on a vu là une analogie entre les *décemvirs* de la république et les douze tables de lois qu'ils donnèrent. Le code de Justinien, terminé dans l'espace d'une année, fut publié le sept des ides (7) d'avril 529. « Nous défendons à tous ceux qui plaident et aux avocats de citer, sous peine de se rendre coupables de faux, d'autres constitutions que celles qui sont insérées dans notre code, et qui doivent avoir force de loi, bien qu'elles soient sans date ou qu'elles n'aient été jadis que des rescrits particuliers (2). »

### 98. Cinquante décisions (*Quinquaginta decisiones*).

Peu de mois après la publication du code, au commencement de l'année 530, Justinien fit paraître suc-

(1) *De novo Codice faciendo.*
(2) *De Justinianeo Codice confirmando.*

cessivement plusieurs constitutions, par lesquelles il trancha de sa propre autorité des questions qui longtemps avaient divisé les anciens jurisconsultes. Le nombre de ces *décisions* s'éleva jusqu'à cinquante, et ce furent autant de constitutions qui se trouvèrent en dehors du code.

### 99. Digeste ou Pandectes (*Digesta*, *Pandectæ*) (1).

Ces noms avaient été donnés par des écrivains anciens à des traités fort étendus sur le droit. Justinien fit aussi composer un ouvrage qu'il nomma *Digeste* ou *Pandectes*; la constitution dans laquelle il développe ce projet est adressée à Tribonien ; en voici l'analyse :

« Après le code que nous avons publié sous notre nom, nous avons résolu de corriger complétement tout le droit civil, toute la jurisprudence romaine, en rassemblant dans un seul volume les volumes dispersés de tant de jurisconsultes.

» Nous vous avons chargé de choisir pour ce travail les plus habiles professeurs, les plus grands avocats, et agréant ceux que vous nous avez présentés, nous leur ordonnons de faire cet ouvrage, mais sous votre direction.

» Choisissez, corrigez tout ce qu'ont écrit les jurisconsultes à qui les empereurs avaient permis d'interpréter les lois. Embrassez toute la jurisprudence ancienne en la divisant en cinquante livres, et chaque livre en plusieurs titres, suivant l'ordre de notre code ou celui de l'édit, comme vous le jugerez convenable.

» Ne jugez pas une opinion comme la meilleure, parce que le plus grand nombre l'a adoptée ; ne rejetez pas les notes d'Ulpien, de Paul et de Marcien sur Papi-

(1) Le mot *Digesta* a une étymologie latine, *Pandectæ* une étymologie grecque : le premier signifie qui est classé méthodiquement ; le second, qui comprend tout.

nien, mais prenez celles que vous croirez utiles. Les décisions de tous les auteurs que vous citerez feront autorité comme si elles étaient émanées de nous.

» Retranchez ce qui paraîtra déplacé, superflu ou mauvais; les corrections que vous ferez, même contraires à l'ancien droit, auront force de loi; ne laissez point d'antinomie, c'est ainsi qu'on nomme en grec la contradiction entre deux lois; point de répétition; évitez autant que possible d'insérer de nouveau les constitutions impériales qui se trouvent dans notre code; mettez de côté ce qui est tombé en désuétude.

» Tout se réglera par ces deux recueils, auxquels nous ajouterons peut-être par la suite des Instituts, pour faciliter l'étude de la science.

» Cet ouvrage portera le nom de *Digeste* ou *Pandectes*; nous défendons aux jurisconsultes d'y attacher des commentaires et de l'obscurcir avec leurs observations prolixes, comme on avait fait pour le droit ancien. » Le 18 des kal. de janvier 531 (15 décembre 530) (1).

Les collaborateurs de Tribonien étaient au nombre de seize; ils terminèrent le Digeste dans l'espace de trois ans. Cette rapidité pour un travail immense dut nuire à sa perfection. Les recommandations de Justinien ne furent pas toujours suivies; on trouve quelquefois dans le Digeste de la confusion, des répétitions et des antinomies dont le nombre, prodigieusement grossi par les commentateurs, exerce encore la patience de ceux qui se condamnent à les concilier. Mais cet ouvrage nous a conservé les principes, les lois, les plébiscites, les sénatus-consultes de l'ancienne jurisprudence; il est composé, comme une espèce de mosaïque, de fragments pris à trente-neuf des jurisprudents les plus illustres : chacun de ces fragments porte le nom de l'auteur et de l'ouvrage où il a été puisé. Cependant il ne faut pas se

(1) *Præfationes*, 1, *de conceptione Digestorum*, 1, § 12.

trop fier à cette indication. Les rédacteurs du Digeste usèrent amplement de la faculté qu'ils avaient reçue de changer, de corriger les citations, et tel jurisconsulte n'a jamais avancé ce qu'on lui fait dire au Digeste; ces falsifications se nomment des *tribonianismes*.

Les Pandectes furent publiées, et reçurent force de loi par deux constitutions, l'une en grec, l'autre en latin, que Justinien adressait au sénat de Constantinople et à tous les peuples, à la date du 17 des kalendes de janvier 534 (16 décembre 533) (1).

### 100. Instituts (*Institutiones*, *Instituta*, *Elementa*).

Avant même la publication du Digeste, l'empereur, comme il l'avait annoncé, confia à Tribonien, à Théophile, et à Dorothée professeur à l'école de Béryte, le soin de composer un ouvrage élémentaire destiné à ouvrir aux étudiants l'entrée de la science, et à leur donner, d'une manière simple, abrégée, les principes des lois. Cet ouvrage fut rapidement terminé; il fut extrait en grande partie des traités élémentaires des anciens jurisconsultes, et surtout des Instituts de Gaïus. La division, l'ordre des matières, une infinité de passages sont identiques. Mais ici l'on n'a pas séparé, comme dans le Digeste, les divers fragments; on n'a pas indiqué les sources d'où on les a tirés; ils sont tous confondus et mêlés aux explications, aux théories nouvelles que les rédacteurs des Instituts donnèrent eux-mêmes.

Ce traité, bien qu'il ne fût, pour ainsi dire, qu'un livre destiné aux écoles de jurisprudence, reçut cependant le caractère de loi. Il avait été commencé longtemps après le Digeste, il fut publié près d'un mois

(1) *Præfationes*, II, *de confirmatione Digestorum*, ad senatum et omnes populos.

avant (le 22 novembre 533). Mais ces deux recueils ne durent être exécutés tous les deux qu'à partir du 30 décembre 533 (1).

**101. Nouvelle édition du code** ( *Codex repetitæ prælectionis* ).

Justinien au sénat de Constantinople : « Depuis la publication de notre code, nous avons promulgué cinquante décisions et plusieurs autres constitutions; nous avons de plus exposé tout le droit ancien dans le Digeste et dans les Instituts. Ces diverses constitutions ne se trouvant pas dans notre premier code, et plusieurs de celles qui y étaient ayant besoin d'être corrigées, nous avons chargé Tribonien, Dorothée, Menas, Constantin et Jean, de réunir, sous les titres qui les concernent, les nouvelles constitutions aux premières, et de supprimer sans crainte parmi celles-ci celles qui leur paraîtraient superflues, abrogées, répétées ou contradictoires.

» Ce nouveau travail nous a été présenté; nous ordonnons qu'on en fasse une seconde édition du code, et nous défendons de citer devant les juges rien des cinquante constitutions, des constitutions postérieures ou du premier code que ce qui se trouve dans cette seconde édition. » Le 16 des kalendes de décembre (17 novembre 534) (2).

Cette édition nouvelle est celle que nous possédons. L'autre, probablement détruite, nous est inconnue. Ce code est, comme le premier, partagé en douze livres; il contient de moins plusieurs constitutions qui ont été supprimées; aussi arrive-t-il quelquefois que les Instituts renvoient à certains passages qui ne se

(1) Pour de plus amples détails, voir notre article Institut, en tête de notre *Explication historique des Instituts*, pag. CVIII.

(2) *De emendatione Codicis D. Justiniani.*

trouvent pas dans le nouveau code, et qui sans doute étaient dans le premier. Les constitutions sont placées sous différents titres, avec l'indication des empereurs à qui elles appartiennent; mais elles ont été altérées comme les fragments des jurisconsultes. La plus ancienne est d'Adrien, et c'est ce qui a donné lieu à cette erreur historique, que les constitutions impériales datent seulement de ce prince.

### 102. **Novelles** (*Novellæ*, *Authenticæ*, *Corpus authenticorum*).

Déjà le nom de *Novelles* avait été donné à des édits publiés après le code Théodosien par Théodose et par ses premiers successeurs. Justinien, qui, après les recueils législatifs qu'il avait fait faire, régna encore plus de trente années, promulgua des novelles qui souvent modifient le Digeste, les Instituts et le Code. Publiées quelques-unes en latin, la plupart en grec, elles furent traduites en latin peu de temps après la mort de Justinien, et réunies en un seul corps. Cette traduction nous est parvenue, c'est ce qu'on nomme la Vulgate (*Versio vulgata novellarum*). Ce recueil a pris par la suite le nom de *Corpus authenticorum*, et les novelles celui de Authentiques (*Authenticæ*), c'est-à-dire les originaux, les novelles elles-mêmes, pour les distinguer d'un extrait, ou sorte d'abrégé en latin, de cent vingt-cinq novelles, que fit, après la mort de Justinien, vers l'an 570, Julien, antécesseur à Constantinople, abrégé qui se désigna sous le titre de *Epitome* ou *Liber novellarum* (1).

---

(1) La réunion du Digeste, des Instituts, du Code et des Novelles se désigne sous le titre de *Corpus Juris*. Dans le Code et dans le Digeste on nomme depuis longtemps *lois* les divers fragments qui sont séparés les uns des autres; mais plusieurs auteurs préfèrent, pour le Code le nom de *Constitutions*, pour le Digeste, celui de *fragments*. Les mots de *constitution* et de *fragment* sont plus conformes à l'histoire générale du droit,

Le règne de Justinien brilla par les armes autant que par les lois. Avec Bélisaire reparurent des soldats, la discipline, le courage, l'audace et les triomphes. Les Instituts et le Digeste n'étaient pas encore promulgués que le royaume des Vandales était renversé dans l'Afrique, et cette contrée, rattachée de nouveau comme préfecture à l'empire, se divisait en diocèses, en provinces, recevait un préfet, des recteurs, des présidents (an 533). Aussi Justinien, qui, dans le titre de ses lois, s'était contenté jusque-là des épithètes vulgaires de *Pius*, *Felix*, *semper Augustus*, en publiant ses Instituts, surchargea-t-il son nom des surnoms de *Alemanicus*, *Gothicus*, *Alanicus*, *Vandalicus*, *Africanus*, et de plusieurs autres encore, dont la plupart ne lui étaient pas dus.

A l'Afrique succéda bientôt la Sicile, à la Sicile l'Italie ; et enfin les Goths abandonnèrent Rome elle-même, dont les clefs furent comme un gage de sujétion envoyées à Constantinople (an 537). Mais, prises et reprises tour à tour par les Barbares et par les armées de Justinien, les villes d'Italie n'étaient pas encore définitivement reconquises. Cependant, tandis que sous les murs de Car-

---

ils indiquent l'origine et la nature primitive des passages cités : le mot de *lois* convient mieux au caractère du Code et du Digeste, tous les passages qu'on y a insérés ont pris une autorité légale, et sont devenus dans ce recueil de véritables *lois*, dans le sens où nous entendons ce mot aujourd'hui. Du reste, la chose est peu importante. Il est bon aussi de dire qu'on emploie souvent pour désigner le Digeste ou Pandectes ce signe *ff*, que l'on croit venir du $\pi$ grec. = La manière de citer le Code et le Digeste n'est pas uniforme chez tous les auteurs. Jadis elle consistait généralement à indiquer les premiers mots de la rubrique du titre, ainsi que de la loi et du paragraphe. Aujourd'hui l'usage prédominant est d'en donner les numéros. Il est bon, crainte d'erreur dans les chiffres, d'indiquer aussi les premiers mots de la rubrique du titre ; et, comme renseignement historique, le nom de l'empereur et du jurisconsulte à qui appartient la loi citée. Par exemple : (COD., IV, 28, *ad senatusc. Macedonianum*, 5 const. Alexand. — DIG., VII, 8 *de usu et habitatione*, 4 frag. Ulpian. — C'est-à-dire : Code, livre IV, titre 28, loi 5, constitution de l'empereur Alexandre, ou Digeste, livre VII, titre 8, loi 4, fragment d'Ulpien.

thage, aux rivages de la Sicile, sur les bords du Tibre, Bélisaire avait réveillé l'ancienne gloire, en Orient, dans la cour de Justinien, l'envie s'attachait au grand homme. A-t-il soutenu dans Rome un siége héroïque d'une année, et, libre enfin, a-t-il parcouru l'Italie et enfermé dans Ravenne le roi goth qui ne peut lui échapper : un traité de l'empereur détruit la plus belle partie de ces avantages, et un ordre le rappelle à Constantinople. A-t-il porté la guerre au milieu de l'Assyrie, et menaçant la capitale du roi de Perse, a-t-il forcé ce roi à abandonner les provinces romaines qu'il attaquait, pour venir à la hâte défendre ses propres États (an 544): un ordre de l'empereur le rappelle à Constantinople. Reparaissant dans l'Italie, où sa première conquête était menacée, a-t-il arraché Rome aux Goths qui la reprenaient, et se dispose-t-il à briser en entier le joug de ces Barbares : un ordre de l'empereur le rappelle à Constantinople. C'était ainsi qu'on choisissait le genre de persécution le plus sensible à un homme tel que lui.

L'eunuque Narsès qui le remplaça n'était pas indigne de cet honneur : il acheva glorieusement l'ouvrage de Bélisaire. Livrant toute l'Italie à l'empire d'Orient, il reçut, sous le titre d'*exarque*, le commandement de ces contrées, et s'établit à Ravenne qu'il choisit pour la capitale de son *exarchat*.

Quant au vieux Bélisaire, une fois encore il repoussa loin de Constantinople des ennemis redoutables, les Bulgares, qu'une irruption subite avait apportés (an 559); mais jusqu'au bout de sa carrière victime des intrigues de cour, tombé en disgrâce, accusé de complot, dépouillé de ses dignités et de ses honneurs, réintégré, mais trop tard, quoique dès l'année suivante, il mourut, et la poésie et la peinture s'emparant de ses malheurs, les ornant de tout le merveilleux de leurs fictions, l'ont montré les orbites brûlées par le fer et fermées pour toujours à la lumière, demandant aux passants, dans son casque, sous la conduite d'un enfant, une obole pour Bélisaire. C'est ainsi que la tradition poétique a imputé à Justinien un crime qu'il n'avait pas commis.

L'empereur ne survécut pas longtemps à Bélisaire; il mourut en 565, après un règne de trente-neuf ans, âgé d'environ quatre-vingt-quatre ans. Quel jugement porter sur lui ? Il fut un temps, à l'époque de l'étude générale et florissante des lois romaines en Europe, où c'était une passion d'attaquer ou de défendre sa mémoire; où les historiens et les jurisconsultes se divisaient en deux sectes, les *Justinianistes* et les *Anti-justinianistes*. Montesquieu est bien loin de l'épargner. « La mauvaise conduite de Justinien, dit-il, ses profusions, ses vexations, ses rapines, sa fureur de bâtir, de changer, de réformer, son inconstance dans ses desseins, un règne dur et faible, devenu plus incommode par une longue vieillesse, furent des malheurs réels, mêlés à des succès inutiles et à une gloire vaine. » C'est à peu près le résumé laconique des inculpations de Procope, d'Évagrias, d'Agathias et de Jean Zonaras contre lui. La plupart de ces reproches sont mérités. On peut y joindre ses faiblesses impériales pour Théodora, qui monta avec lui sur le trône de Constantinople, après en avoir servi le cirque, orné le théâtre, habité le fameux portique de prostitution l'*embolum*, et à laquelle il remit plus d'une fois le sceptre qu'il aurait dû porter lui-même. Ses travaux législatifs n'ont pas suffi pour le défendre; et, comme les victoires appartiennent à Bélisaire et à Narsès, on attribue les lois à Tribonien et à ses collaborateurs. Toutefois Justinien se piquait d'être versé dans l'étude de la philosophie, de la théologie, des arts et des lois; il décidait, de son autorité, des controverses théologiques; il traçait lui-même le plan de ses monuments; il révisait ses lois. Le projet qu'il conçut personnellement de les réformer et de les codifier, quoique emprunté à de précédents essais, suffit pour honorer son intelligence législative. Il eut le mérite de persévérer dans sa volonté et d'amener à fin ce grand ouvrage.

Les jurisconsultes, surtout ceux de l'école historique, lui ont reproché amèrement d'avoir, dans son corps de droit, mutilant sans respect les anciens auteurs, défiguré leurs opinions et celles des empereurs. Agissait-il en historien ou en législateur? devait-il donner à ses sujets un tableau de la science du droit ancien, ou devait-il leur donner des lois? Il ne faut pas juger les choses par rapport à nous, à qui Justinien ne songeait pas, mais par rapport aux habitants de Constantinople. D'ailleurs, pour être équitables, ce n'est pas le corps de Justinien, mais la barbarie qu'il faut accuser de la perte des manuscrits des anciens monuments du droit. La plupart des changements qu'introduisit Justinien sont heureux pour son époque; il ne s'agissait plus de Rome, d'institutions aristocratiquement républicaines, de droit rigoureux : écartant ce qui n'était alors pour l'Orient que subtilités inutiles, il créa plusieurs systèmes plus naturels, partant plus simples, plus équitables. Et certainement, dans notre moyen âge, lorsque l'étude du droit, ravivée et propagée en Europe, se porta principalement sur le corps du droit de Justinien, la législation de cet empereur, plus naturelle et plus humaine, exerça alors sur la civilisation européenne une influence que n'aurait pu avoir le droit subtil et contre nature qui l'avait précédée. Cependant, les idées d'innovation de Justinien furent poussées trop loin. Ce code modifiant le Digeste et les Instituts, ces Novelles modifiant le code et se détruisant entre elles, jetèrent dans la législation une fluctuation toujours funeste, qui a servi de fondement au reproche adressé à Justinien, d'avoir participé au trafic infâme de Tribonien, dans la vente à prix d'or des jugements et même des lois.

### 103. Tribonien ou Tribunien.

Comme ministre, Tribonien par ses exactions, qu'atteste plus d'un historien de cette époque, souleva le peuple; et l'empereur, pour apaiser la sédition, se vit contraint de l'éloigner pour quelque temps. Comme jurisconsulte, il possédait des connaissances variées, il avait parcouru les anciens ouvrages de jurisprudence; ce fut lui qui dirigea la rédaction de tout le corps de droit, et c'est à lui en grande partie qu'il faut attribuer le mérite et les défauts de cette collection.

### 104. Théophile.

Professeur de droit à Constantinople, il a pris part au travail du premier Code, du Digeste et des Instituts. Nous avons de lui un écrit bien précieux. C'est une paraphrase grecque de ces mêmes Instituts auxquels il avait travaillé. Il est vrai qu'on a prétendu que cet ouvrage n'était pas de lui, mais bien d'un auteur beaucoup plus rapproché, portant le même nom. La fausseté de cette assertion est communément reconnue. Dans l'opinion de tous les jurisconsultes qui s'occupent de droit romain, les Commentaires de Théophile ont repris l'importance qu'ils méritent.

Nous voici parvenus au point qui sert de borne à cet ouvrage. C'est sur la législation de Justinien que notre travail doit s'arrêter, et il ne nous reste plus qu'à porter un dernier regard vers les institutions de l'empire, pour embrasser, dans leur ensemble, les variations qu'elles ont éprouvées depuis Constantin.

## RÉSUMÉ SUR L'ÉPOQUE QUI PRÉCÈDE.

### SITUATION EXTÉRIEURE DE CONSTANTINOPLE.

Ce titre nous dit assez que les nations qui se pressaient jadis sur les frontières, menaçant d'envahir les provinces, ont achevé leur ouvrage. Il nous rappelle et la migration de Constantin avec sa cour au sein d'une nouvelle capitale, et la division du monde romain en deux empires, et les flots de Barbares poussés du Nord au Midi, et la disparition de l'empire d'Occident.

Sous le règne de Justinien, les victoires de Bélisaire, celles de Narsès ont, pour un moment, reconquis le littoral de l'Afrique, la Sicile et l'Italie. Là où fut la république de Rome est aujourd'hui l'exarchat de Ravenne.

Vers l'Orient, les Bulgares, les Perses, les Avares, des peuplades sorties de la Thrace se jettent dans l'empire. Bélisaire les a repoussés plusieurs fois; mais ces victoires ne suffisent point. Ces peuples sont toujours prêts à faire de nouvelles irruptions, et quelques-uns d'entre eux reçoivent des tributs de l'empereur de Constantinople.

### DROIT PUBLIC.

Le peuple, l'armée, ne sont plus rien, l'empereur est tout.

Les patrices, les évêques, le préfet de la ville, le préfet du prétoire, le questeur du sacré palais, les officiers de sa maison, les comtes du consistoire, tous *illustres*, *spectabiles* ou *clarissimi*, forment son cortége. Ces magistrats ne sont que ses sujets les plus soumis, le sénat qu'une espèce de tribunal, le consulat qu'une date. Du fond de son palais, il ordonne la guerre ou la paix, lève dès impôts, promulgue des lois, donne ou retire les magistratures, condamne ou absout les sujets. Pouvoir législatif, pouvoir judiciaire, pouvoir exécutif, tout est dans ses mains.

Plus d'autre loi que la volonté du prince. Le corps de droit publié par Justinien offre le recueil de l'ancienne législation modifiée par cette volonté.

Plus d'autre justice que celle que rend ou fait rendre le prince. Le nombre des préteurs est réduit à trois, leurs pouvoirs sont éclipsés par ceux du préfet de la ville, du préfet du prétoire et de plusieurs autres officiers.

*Affaires criminelles.* Il ne s'agit plus, comme sous la république, d'une loi ou d'un plébiscite pour mettre un citoyen en accusation. Celui qui veut poursuivre inscrit sa dénonciation auprès du magistrat, à Constantinople l'un des officiers supérieurs suivant la nature du délit, dans les provinces le recteur, le président ou le préfet du prétoire provincial; ce magistrat forme le tribunal; l'affaire est jugée. Le sénat connaît de quelques causes; fort souvent l'empereur prononce lui-même.

*Affaires civiles.* Depuis Dioclétien et surtout après la constitution de Constant, après celle de Théodose et de Valentinien, plus de formules solennelles judiciaires, même par fiction; plus de nécessité d'obtenir du préteur l'action (*impetrare actionem*); plus de division du procès en deux parts, le *jus* et le *judicium.* Tous les jugements sont aujourd'hui extraordinaires (*extra ordinem*), c'est à dire que dans tous le magistrat examine la contestation et prononce. Le plaideur se présente dès l'abord devant lui; la procédure commence par l'exposé de la demande et la présentation des titres (*editio*); après un certain délai a lieu l'ordre de comparution forcée (*in jus vocare*); l'affaire est développée par des avocats (*causidici, togati, advocati*); le juge prononce sur le vu des pièces, sur la déposition des témoins, sur la preuve des faits; il veille à l'exécution du jugement. C'est ainsi qu'il réunit tous les pouvoirs qu'on séparait autrefois, *jurisdictio*, *imperium*, *judicium*.

L'administration de l'État, hors la capitale, est à peu près telle que l'a établie Constantin. Les préfectures divisées en diocèses et les diocèses en provinces sont dirigés par des préfets, des vicaires, des recteurs et des présidents. Les évêques y exercent une grande autorité. Chaque ville a de plus ses décurions et ses magistrats municipaux; les défenseurs des cités occupent aussi une magistrature tombée en discrédit, et que Justinien, dans une novelle, cherche à rehausser. C'est à leur tribunal que se portent les affaires de peu d'importance.

## DROIT SACRÉ.

Le christianisme était un crime que les empereurs punissaient autrefois; maintenant c'est le paganisme qu'ils poursuivent. Tous ceux qui ne professent pas les opinions orthodoxes sont frappés par des lois sévères; ils forment dans l'État des classes réprouvées; les sujets chrétiens se croiraient souillés s'ils vivaient à côté d'un apostat, d'un hérétique, d'un juif ou d'un païen, et tous ces mots sont parvenus jusqu'à nous comme synonymes d'une injure grossière.

Par ses principes et par sa morale, la religion du Christ plane au-dessus du pouvoir terrestre dont elle se détache entièrement; mais oubliant ce caractère si digne de la Divinité, les prêtres, les évêques se rapprochent autant que possible de la puissance temporelle; les évêques sont élus par le suffrage des fidèles; ils se rangent parmi les premiers magistrats de l'empire; à leurs fonctions spirituelles ils unissent une puissance civile fort étendue.

L'Église s'enrichit par les dons des empereurs et des sujets ; ses grands biens croissent chaque jour ; les couvents de femmes, les couvents d'hommes se multiplient, les moines se répandent. Cependant les controverses théologiques continuent avec la même aigreur, le même acharnement ; souvent des conciles sont obligés de se réunir pour décider des contestations qu'ils ne parviennent jamais à éteindre.

## DROIT PRIVÉ.

Né avec Rome, inscrit sur les Douze Tables, le droit civil primitif conserva toute l'énergie, toute la dureté républicaines jusqu'au moment où l'Italie entière fut soumise. Alors les principes du droit des gens, les décisions prétoriennes commencèrent à le modifier lentement, et l'on peut dire qu'il n'existait plus en réalité lorsque la république tomba. La nouvelle législation, entée sur la première, fut dirigée vers un tout autre but, le droit naturel et l'équité. Un siècle parut qui amena avec lui des génies supérieurs ; jurisconsultes illustres qui se succédaient comme s'ils naissaient les uns des autres, et qui, par leurs écrits, firent de la jurisprudence une science immense. Il est curieux de suivre dans ces changements ce droit originaire des Romains tombé avec la république, et de chercher quelle fut sa destinée. D'abord ses principes toujours proclamés forment un contraste saillant avec les institutions nouvelles, auxquelles on n'arrive qu'à l'aide de subtilités ingénieuses ; les constitutions impériales y portent plusieurs atteintes, le changement de capitale le dépayse ; dès ce moment on voit chaque jour disparaître quelques-unes de ces institutions ; celles qui restent sont toujours moins en harmonie avec les mœurs. Enfin Justinien, publiant un corps entier de jurisprudence, détruisant une grande partie des subtilités et des rigueurs qui subsistaient encore, ne laisse plus que des traces de la législation primitive, et dans une novelle finit même par détruire ce qu'il y avait jadis de plus remarquable, la composition civile des familles, et les droits attachés à cette composition.

*Sur les personnes.* Les lois favorisent l'affranchissement, les affranchis sont tous citoyens, les différences qui existaient jadis entre eux et les ingénus sont effacées ; des hommes d'une classe particulière, espèce de serfs de la glèbe, forment un passage entre l'esclave et le sujet libre. Plus de puissance maritale (*manus*) ; plus de droits sur l'homme libre, vendu ou abandonné en réparation (*mancipium*) ; la puissance paternelle s'est rapprochée entièrement de la nature ; le fils a une personnalité de plus en plus étendue ; il est propriétaire de plusieurs sortes de biens qui n'appartiennent pas à son père. La composition civile des familles, la différence entre la parenté de citoyen (*agnatio*) et la parenté de sang (*cognatio*) n'amènent pas de grands résultats dans les différences de droits que les parents ont entre eux ; et Justinien, par une novelle, les fait disparaître presqu'en entier.

*Sur les choses et sur la propriété.* Plus de distinction entre les choses *mancipi* ou *nec mancipi*, partant plus de mancipation ni d'autres formalités solennelles pour opérer la translation de propriété, plus de différence entre les biens de l'Italie et ceux des provinces ; il n'y a plus qu'une propriété, et c'est la propriété naturelle, du droit commun.

*Sur les testaments.* Plus de vente solennelle et fictive de l'hérédité. Des formalités plus simples sont assignées à l'acte testamentaire. Le fils de famille peut, comme le chef, tester sur plusieurs des biens qui lui appartiennent. Plus de restrictions, par rapport à la capacité de recevoir par testament, pour celui qui n'est pas marié (*cœlebs*) ou qui n'a pas d'enfant (*orbus*).

*Sur les successions.* Les possessions de biens, transportées dans les recueils de Justinien, accordaient aux parents naturels des droits de succession; mais cet empereur, supprimant par une novelle les distinctions d'agnats et de cognats, qui n'entraînaient plus qu'une confusion inutile, établit un ordre de succession dans lequel on ne retrouve aucun vestige des anciennes idées, et qui repose en entier sur la parenté naturelle.

*Sur les contrats.* Déjà modifiés pendant la période précédente, les contrats ont subi peu de changements. Les dispositions du préteur, qui rendaient obligatoires plusieurs conventions que le droit civil ne sanctionnait pas, ont passé dans le corps de droit de Justinien. Pour les stipulations, il n'est plus nécessaire de paroles sacramentelles, il suffit que l'interrogation et la réponse soient conformes. L'usage est généralement répandu de faire dresser les actes par des personnes revêtues d'un caractère public et qu'on nomme tabellions (*tabelliones*).

*Sur les actions.* Tous les caractères qu'on y rattachait jadis se sont évanouis; ainsi plus d'actes symboliques comme dans les actions de la loi; plus de formules judiciaires comme dans la procédure formulaire; plus de demande préalable de l'action. A cette époque, on n'entend réellement par le mot *actio* que le droit d'agir en justice pour nous faire rendre ce qui est à nous, ou ce qui nous est dû, ou bien l'acte même de cette poursuite.

## MOEURS ET COUTUMES.

Dans l'État, dans les magistratures, dans les familles, il ne faut plus chercher les mœurs de Rome, mais celles de Constantinople.

Dans l'État, si quelque chose agite encore les esprits, ce n'est pas la liberté, le bien public, le succès des armes, mais les couleurs des cochers ou les controverses religieuses.

Dans les magistratures, on ne voit pas l'occasion de payer une dette à son pays, de remplir à son tour des fonctions honorables et non lucratives; on voit le moyen d'accumuler des honneurs pour son ambition, pour sa cupidité des richesses.

Dans les familles, cette union rigoureuse des membres, cette discipline intérieure, cette soumission aux volontés du chef ne sont plus. Un contraste frappant s'offre à mon esprit : sous la république, le chef de famille propriétaire des biens, propriétaire des personnes, avait un pouvoir absolu ; les familles formaient autant de petits États despotiques, et de leur réunion naissait un grand État, libre au dedans, redoutable au dehors. Sous l'empire, le chef n'est propriétaire ni des personnes, ni des biens; les familles sont en quelque sorte libres, et de leur réunion naît un grand État, esclave au dedans, lâche et faible au dehors.

---

## CE QUE DEVINT LE DROIT ROMAIN APRÈS JUSTINIEN.

L'empire d'Orient vécut presque neuf cents ans encore après Justinien. Les ouvrages législatifs de ce prince, modifiés par les novelles de ses successeurs, continuèrent à former le droit de l'État, tandis qu'ils étaient supplantés dans la pratique par les traductions, par les abrégés, par les commentaires qui en étaient faits en langue grecque, la langue vulgaire, jusqu'à ce qu'en 867, l'empereur Basile le Macédonien fit commencer, dans cette langue, un nouveau recueil extrait du Digeste, des Instituts, du Code, des Novelles de Justinien, ainsi que de toutes les constitutions venues après, recourant même, pour certains points, aux sources antérieures et pures du droit romain. Cet ouvrage fut achevé pendant le règne de son fils Léon le Philosophe (an 887), et publié sous le nom de *Basiliques* : soit pour honorer la mémoire de Basile le Macédonien qui en avait conçu le projet et commencé l'exécution ; soit, tout simplement, d'après la signification grecque du mot (βασιλικαὶ διατάξεις, *imperatoriæ constitutiones*). Vers l'an 945, une seconde édition (*Basilica repetitæ prælectionis*), faite par ordre de Constantin Porphyrogénète, vint remplacer la première, qui ne nous est pas parvenue.

Les Basiliques conservèrent leur autorité jusqu'au moment où l'empire d'Orient tomba sous les coups de Mahomet II (an 1453) Alors le Koran remplaça les Basiliques, qui cependant restèrent comme la loi particulière des Grecs, laissée par le vainqueur au peuple vaincu, et qui ont continué ainsi, jusqu'à nos jours, à constituer l'élément principal et la base du droit civil grec (1).

Dans l'Occident, les conquêtes des généraux de Justinien furent de peu de durée. Dès le règne suivant, les Lombards, s'emparant d'une grande partie de l'Italie, n'y laissèrent aux empereurs d'Orient que l'exarchat de Ravenne, qui lui-même ne tarda guère à disparaître (an 752).

Cependant Justinien s'était hâté d'y installer et d'y mettre en vigueur, dans les tribunaux comme dans les écoles, son recueil de droit, et nous trouvons, dans l'abrégé des Novelles qu'exécuta Julien, une *sanctio pragmatica*, en date de l'an 554, par laquelle Justinien sanctionnait cette autorité de ses livres de droit en Italie.

(1) En 1830, le président Capo d'Istria, par un décret du 4 (16) février, chargea une commission de réviser les Basiliques ainsi que les Novelles des anciens empereurs de Byzance, et de corriger méthodiquement le droit en vigueur en Grèce. Depuis, on y a travaillé à la publication de Codes, sur le modèle moderne.

Ainsi l'Édit de Théodoric n'y eut qu'une existence d'un demi-siècle. L'établissement postérieur des Lombards et les révolutions si fréquentes des dominations qui se succédèrent sur cette terre, ne détruisirent pas cette autorité. Là, comme dans les autres établissements des Barbares, se produisit ce phénomène intéressant de la personnalité de la législation, personnalité que l'Édit de Théodoric lui-même, tout général qu'il fût, n'avait pas détruite, car cet Édit était resté presque étranger aux matières du droit civil.

Ainsi, dans toutes ces nations modernes qui se formaient de la superposition des Barbares sur le monde romain, le droit était personnel : les vainqueurs suivaient la loi barbare, les sujets d'origine romaine et tous les ecclésiastiques continuaient à être régis par le droit romain. Seulement, dans les parties de l'Italie qui avaient été soumises à l'autorité de Justinien, la loi romaine consistait dans le Droit de cet empereur. Dans les autres parties, comme aussi dans les Gaules et dans l'Espagne, c'étaient principalement les lois romaines qui avaient été recueillies et publiées par les lois barbares : par-dessus toutes, le *Breviarium alaricianum*, qui se maintint le plus longtemps et s'étendit sur le plus de pays. Ceux qui se livraient à ces études, les ecclésiastiques surtout qui en conservaient le dépôt dans les matières ecclésiastiques, y joignaient les sources mêmes où les lois romaines barbares avaient été puisées, telles que le code Théodosien, les écrits des jurisconsultes antérieurs. Des indices nous révèlent que le corps de Justinien lui-même ne leur était pas resté inconnu : il se manifestait quelquefois dans les décisions, dans les actes et dans les recueils de formules de ces temps. Le tout avec une variété de détails, suivant les localités, qu'il faut suivre dans une histoire spéciale, et que la brièveté de cet appendice ne nous permet pas d'exposer.

Ce fut ainsi que le droit romain survécut à la conquête, et que même dans l'obscurité et les déchirements de l'enfantement féodal, il se perpétua, sinon comme science, du moins comme pratique. L'illustre M. Savigny a suivi patiemment, sur tout le sol de l'Europe, pendant tout le long espace du moyen âge, la trace de cette vie pratique du droit romain, et des écrits et des études, si faibles qu'elles fussent, qui s'y rattachaient. C'est dans son livre qu'il faut aller chercher cette histoire (1). La preuve de l'autorité continue du droit de Justinien en Italie, se rencontre jusqu'au onzième siècle. Et même, à cette époque, avant la célèbre renaissance de sa culture, on trouve, en un ouvrage de droit composé dans le midi de la France, que même dans ce pays on avait recouru aux livres de Justinien (2).

Lorsqu'enfin, au douzième siècle, au sortir du travail de génération auquel l'Europe venait d'être livrée, une vigueur, désordonnée et souvent de mau-

---

(1) F. C. DE SAVIGNY : *Geschichte des Roem. Rechts in Mittelalter* (Histoire du droit romain au moyen âge). Traduction française, par M. GUENOUX. Paris, 1839, 4 vol. in-8°.

(2) *Petri Exceptiones legum Romanorum*, ou Extraits des lois des Romains : recueil qui, suivant les conjectures de M. Savigny, aurait été composé dans le Dauphiné, à Valence, un peu après le milieu du XIe siècle, et qui est extrait des Instituts, des Pandectes, du Code et des Novelles de Justinien. M. de Savigny en a donné une édition à la suite de son histoire du droit romain au moyen âge, tom. 4, page 297 de la traduction.

Le *Brachylogus* (qui porte aussi plusieurs autres titres : *Summa Novellarum constitutionum Justiniani Imperatoris*,— ou *Corpus legum per modum Institutionum*), est encore un ouvrage de la même époque que le précédent, composé vers les premières années du douzième siècle. Il peut servir à nous donner une idée de l'état de la science du droit romain en ces temps. Les Instituts de Justinien en sont la base; les Pandectes, le Code et les Novelles y sont mis quelquefois à profit. Mais ce sommaire a été fait en Lombardie, lorsque déjà l'école des glossateurs, en l'université de Bologne, est près de commencer. M. de Savigny est même tenté de l'attribuer à Irnérius.

vais goût, mais enfin une vigueur nouvelle pour le culte de la science se manifesta. L'étude du droit romain, sur les compilations de Justinien qui y avaient autorité, se réveilla en Italie. L'école de Bologne se mit à la tête du mouvement. Irnérius ou Werner, qui avait été précédé par Pepo, s'acquit tant de renom dans cet enseignement, que son nom se place comme le premier dans l'histoire de cette renaissance, et qu'il ouvre, comme chef, l'école des glossateurs.

Plusieurs jurisconsultes se formèrent sous lui. Se dispersant dans des contrées diverses, ils portèrent avec eux leurs explications sur les lois romaines et une émulation générale pour leur étude. De tout côté les États de l'Europe virent s'ouvrir des écoles de jurisprudence. Le droit romain fut introduit et répandu par la science avant de l'être par les lois: non plus seulement comme loi personnelle, ce temps était passé, et l'enfantement de chaque nationalité était terminé; mais comme loi générale, comme raison écrite, complément de toutes les institutions locales.

Ce fut ainsi qu'en France les tribunaux et les écoles se hâtèrent de rivaliser de zèle avec celles de l'Italie; et que le pays, suivant la démarcation qui s'était produite sous l'influence de la géographie et des événements, se divisa plus distinctement en deux parts bien tranchées : les pays de droit écrit, dans le midi, où le droit romain était la base principale du droit ; et les pays de coutume, provinces du nord, où le droit romain n'était reçu que comme le complément des coutumes. Époque confuse, où la législation, frappée encore de l'empreinte de la féodalité, variait dans chaque partie d'un même royaume; époque où l'on n'avait qu'à traverser une rivière, qu'à franchir une chaîne de montagnes pour se trouver rég par des lois différentes. Tel fut l'état de la France jusqu'au moment où parut dans le nouveau système de nos codes, simples, courts, pouvant circuler de main en main dans le peuple, une législation uniforme mise en harmonie avec le nouvel état social, et qui soumet enfin aux mêmes conditions tous les membres d'une même société.

Les trois pages qui terminent ce volume sur les dernières destinées du droit romain jusqu'à nos jours, ne sont qu'un coup d'œil, certes bien rapide et bien insuffisant. Le cercle du travail à faire, pour des études historiques sérieuses, doit être bien agrandi. Le droit romain n'est qu'un des éléments qui ont concouru à la génération de notre droit français : il importe de rechercher et de saisir l'ensemble de cette génération. Il importe de donner au droit barbare, au droit féodal, au droit coutumier, au droit des ordonnances de la monarchie, et au droit canonique, la place qui leur appartient dans ce long enfantement historique de notre nationalité. Je termine donc cet écrit comme je l'ai commencé (1), en engageant la jeune génération à qui je l'adresse, à n'y voir qu'une première excitation, à n'envisager cette étude préliminaire sur l'histoire du droit romain, que comme une introduction pour arriver à celle du droit français. En définitive, il faut être de son temps et de son pays ; tout notre labeur intellectuel doit venir se résoudre en profit pour la société au milieu de laquelle nous vivons.

(1) Voir la préface, page xv et suiv.

FIN DE L'HISTOIRE DE LA LÉGISLATION ROMAINE.

## PÉRIODES

### COMMUNÉMENT REÇUES POUR L'HISTOIRE DU DROIT ROMAIN.

J'ai suivi dans ce résumé la division que m'indiquait l'histoire romaine, j'en ai donné les raisons. Cependant je crois nécessaire d'exposer ici quelles sont les diverses périodes que généralement on distingue dans le droit, lorsqu'on le considère en lui-même, abstraction faite des événements. Les auteurs ne s'accordent pas entièrement sur ce point. Je prends le tableau qui suit dans l'*Histoire du droit romain*, par M. Hugo. Il contient du reste, à une différence près, les périodes qu'avait établies Gibbon, et que les écrivains venus après lui ont adoptées.

### PREMIÈRE PÉRIODE, OU AGE D'ENFANCE.

DEPUIS LA FONDATION DE ROME JUSQU'AUX XII TABLES (*An de Rome* 1 *à* 300). Enfance de la ville et du droit. A la fin de cette période paraît une loi écrite qui, par rapport aux droits privés, place sur le même rang tous les citoyens, patriciens ou plébéiens. Les fragments de cette loi sont la source où l'on doit puiser l'histoire du droit de cette époque.

*Jurisconsulte célèbre :* PAPIRIUS.

### SECONDE PÉRIODE, OU AGE DE JEUNESSE.

DEPUIS LES XII TABLES JUSQU'A CICÉRON (*An de Rome* 300 *à* 650). Age de jeunesse. Rome étend sa puissance. Le droit se divise en droit *civil* et droit *honoraire ;* on ne l'étudie pas encore comme une science, mais on s'y habitue par la pratique. La guerre sociale s'allume ; et, pour l'éteindre, des plébiscites accordent les droits de citoyen romain à la plupart des habitants de l'Italie.

*Source principale.* CICÉRON.

*Jurisconsultes célèbres :* APPIUS CLAUDIUS, FLAVIUS, CORUNCANIUS, ÆLIUS, CATON.

### TROISIÈME PÉRIODE, OU AGE DE VIRILITÉ.

DEPUIS CICÉRON JUSQU'A ALEXANDRE-SÉVÈRE (*An de Rome* 650 *à* 1000). Age de virilité. L'empire est un des plus vastes qui jamais aient existé. Les arts, les sciences, et surtout la jurisprudence, atteignent leur plus haut degré ; des plébiscites, des sénatus-consultes, des constitutions impériales apportent plusieurs dispositions importantes pour le droit ; des ouvrages nombreux développent les lois, et les présentent comme formant une science immense dont les principes s'enchaînent les uns aux autres. A la fin de cette période, les sujets des provinces sont assimilés presque en tout aux citoyens de Rome.

*Sources principales.* Les fragments qui nous restent des ouvrages parus pendant cette période.

*Jurisconsultes célèbres :* SCÉVOLA, SERVIUS SULPICIUS, LABÉON, SABINUS, JULIEN, GAÏUS, PAPINIEN, PAUL, ULPIEN, MODESTIN.

## QUATRIÈME PÉRIODE, OU AGE DE VIEILLESSE.

DEPUIS ALEXANDRE-SÉVÈRE JUSQU'A JUSTINIEN (*An de Rome 1000 à 1300*). Age de vieillesse. L'empire est pressé sur tous ses points, ses provinces sont dévastées. L'étude des arts et des lettres s'éteint ; la science du droit est toute dans la citation des anciens prudents et des constitutions impériales ; plusieurs recueils de ces constitutions paraissent. Ils forment les sources de l'histoire.

*Jurisconsultes célèbres :* HERMOGÈNE, GRÉGORIUS, TRIBONIEN, THÉOPHILE.

Cette division a été adoptée, notamment par M. MACKELDEY, dans l'introduction historique de son manuel ; par M. GIRAUD, dans son Introduction à l'étude du droit romain ; par M. WARNKOENIG, dans son Histoire du droit romain ; par M. BLONDEAU, dans le tableau chronologique qui termine la traduction des Instituts. — M. HOLTIUS marque sa première période, depuis l'origine de Rome jusqu'à la préture urbaine ; la seconde, depuis la préture urbaine jusqu'à Auguste ; la troisième, depuis Auguste jusqu'à Constantin.—M. MAREZOLL, dans son Histoire des sources du droit romain : la première, depuis les temps anciens jusqu'à la loi des XII Tables ; la seconde, depuis les XII Tables jusqu'à l'empire ; la troisième, depuis l'établissement de l'empire jusqu'à Constantin ; la quatrième, depuis Constantin jusqu'à Justinien. — Cette dernière se confond presque avec la nôtre.

# TABLE DES MATIÈRES

## PAR ORDRE CHRONOLOGIQUE.



# PREMIÈRE ÉPOQUE.

## LES ROIS.

# DEUXIÈME ÉPOQUE.

## LA RÉPUBLIQUE.

### § I. *Depuis l'établissement de la république jusqu'aux lois des XII Tables.*



### § II. *Depuis les XII Tables jusqu'à la soumission de toute l'Italie.*



RÉSUMÉ SUR L'ÉPOQUE QUI PRÉCÈDE.



### § III. *Depuis la soumission totale de l'Italie jusqu'à l'empire.*

RÉSUMÉ SUR L'ÉPOQUE QUI PRÉCÈDE.



# TROISIÈME ÉPOQUE.

## LES EMPEREURS.

### § I. *Depuis l'établissement de l'empire jusqu'à Constantin.*

PARIS. — IMPRIMERIE DE FAIN ET THUNOT,
IMPRIMEURS DE L'UNIVERSITÉ ROYALE DE FRANCE,
Rue Racine, 28.

www.ingramcontent.com/pod-product-compliance
Lightning Source LLC
LaVergne TN
LVHW020530230826
846091LV00002B/224

* 9 7 8 2 0 1 4 0 4 3 6 8 6 *